학급의
탄생

학급의 탄생

(함께 하는 교육 100년의 약속, 교육 공동체의 시작)

[행복한 교과서®] 시리즈 No. 48

지은이 ㅣ 이경원
발행인 ㅣ 홍종남

2020년 3월 20일 1판 1쇄 인쇄
2020년 3월 27일 1판 1쇄 발행

이 책을 만든 사람들

책임 기획 ㅣ 홍종남
북 디자인 ㅣ 김효정
교정 교열 ㅣ 이홍림
출판 마케팅 ㅣ 김경아
제목 ㅣ 이경원

이 책을 함께 만든 사람들

종이 ㅣ 제이피씨 정동수 · 정충엽
제작 및 인쇄 ㅣ 천일문화사 유재상

펴낸곳 ㅣ 행복한미래
출판등록 ㅣ 2011년 4월 5일. 제 399-2011-000013호
주소 ㅣ 경기도 남양주시 도농로 34, 부영e그린타운 301동 301호(다산동)
전화 ㅣ 02-337-8958 팩스 ㅣ 031-556-8951
홈페이지 ㅣ www.bookeditor.co.kr
도서 문의(출판사 e-mail) ㅣ ahasaram@hanmail.net
내용 문의(지은이 e-mail) ㅣ edu34@kakao.com
※ 이 책을 읽다가 궁금한 점이 있을 때는 지은이 e-mail을 이용해 주세요.

ⓒ 이경원, 2020
ISBN 979-11-86463-48-2
〈행복한미래〉 도서 번호 079

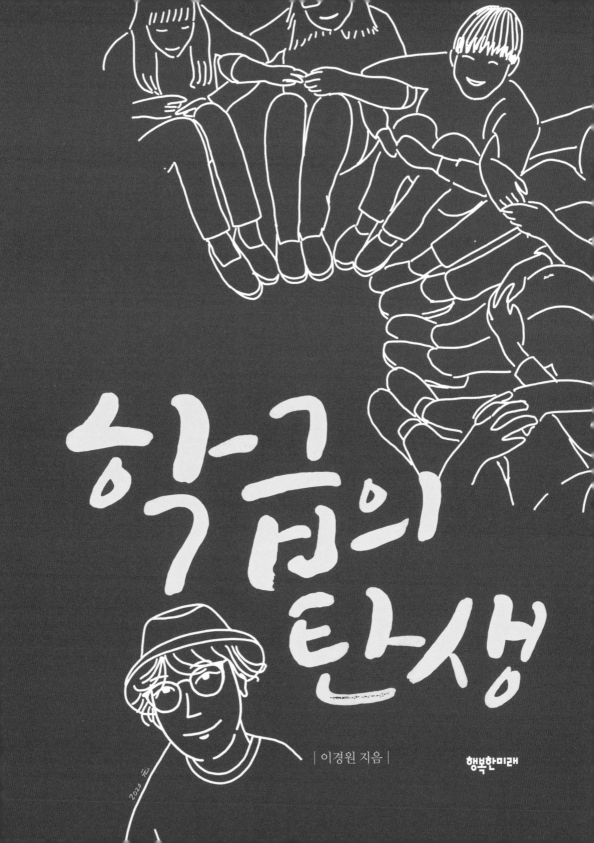

학급의 탄생

| 이경원 지음 |

행복한미래

차례

|1부|

만남 : 모든 것의 시작

둥근 사각형은
시간의 흐름 속에선
존재할수 있다.

2020. 瓜

듣는다 쉽게 말하지마라,
누가 누를 듣는단 말인가?
누군가를 도울수 있는
존재는 자기자신과
신뿐이다.

2예. 瓜

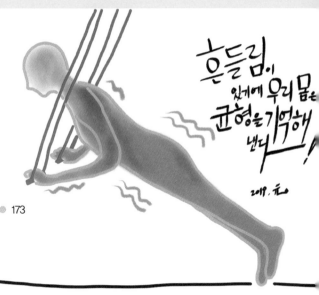

수업 : 학급과 수업의 만남

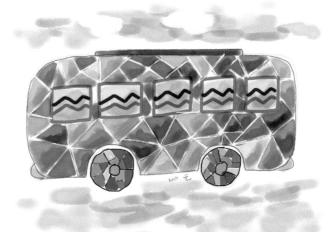

|에필로그|

학급의 탄생

"모든 사람의 일엔 시작이 있다.
단지 시작의 느낌을 기억하는 사람과 그렇지 못한 사람이 있을 뿐."

질문 : **철학이란?**

빛

땅속 깊은 곳에 안착해 있던 씨앗을 상상해봅니다. 씨앗은 어둠이 세상의 전부인 양 자신과 주변을 알지 못한 채 살아가고 있었죠. 어느 날, 이미 정해진 하늘의 뜻이 자신에게 일어날 것을 알지 못한 채 말입니다. 그리고 작은 꿈틀거림과 가려움으로 드디어 자신의 몸에 변화가 생겼음을 알게 됩니다. 폭풍우가 쓸고 지나가듯 변화가 씨앗의 온몸을 휘감고 두드립니다. 씨앗은 어느새 두꺼운 무엇인가를 아래로 아래로 내리고 있었고, 커지는 몸뚱이는 하늘을 향해 나아갔습니다.

마침내 땅속에서 마지막 하늘 지붕을 만난 씨앗은 무엇인지 모를 희미한 것을 느끼게 됩니다. 그리고 곧바로 그 다음에는 무엇이 있을지 알고 싶어졌습니다. 힘차게, 끈질기게 머리로 하늘 지붕을 밀쳐내고, 밀쳐내고, 밀쳐냅니다. 번쩍! 그것은 섬광과도 같았습니다. 희고 찬란한 무언가가 한 줄기 쏟아집니다. 너무 순식간이라 막을 수도 없고, 어떤 몸짓도 하지 못했습니다. 그리고 그것은 곧 씨앗과 만납니다. 그것의 이름은 바로 '빛'입니다.

학교라는 세상과의 첫 만남

매년 아이들이 학교에 입학합니다. 우리는 아이들을 곧잘 씨앗에 비유하기도 합니다. 씨앗이 자신도 모르게 성장의 순간을 맞이하듯이, 아이들 또한 어느새 학교라는 새로운 세상과 만나게 됩니다. 원하지 않았는데도 말이지요.

3월 첫날, 1학년 교실에서 만나는 얼굴들에는 낯설음이 잔뜩 묻어 있습니다. 아이에게 학교와의 첫 만남은 낯설음입니다. 그리고 아이들은 앞으로 살아갈 인생의 매 순간 이런 낯설음이 자신에게 찾아오게 된다는 것을 서서히 알아가게 되겠지요.

낯설음에 대처하는 우리의 방식

아무 말도 없이 주변을 한없이 두리번거립니다. 그리고 생각하게 되지요. 이곳에서 나는 어떻게 살아가야 할지 말입니다. 어떤 이는 낯설음을 즐기는 것 같기도 합니다. 적극적으로 모든 곳을 탐색하고, 지금 자신이 겪는 낯설음에서 한시라도 빨리 벗어나고자 말입니다. 모두 자신의 방식으로 낯설음에 대처할 것입니다. 그리고 그 대처법 속에 자신이 존재하는 것이기도 하겠지요.

각각의 대처법에는 나름의 장단점이 존재합니다. 말없이 주변을 살피는 조용한 모습이라면 새롭고 낯선 곳이라 하더라도 실수할 확률을 낮출 수 있습니다. 하지만 자신을 드러내는 법을 잊어버리고 자신만의 세상에 갇힐 수도 있지요. 반면에 적극적으로 주변을 탐색하며 낯설음을 이겨보려는 모습도 있습니다. 이런 경우엔 세상을 이해하고 받아들이는 것이 빨라져서, 우리가 흔히 말하는 사회화의 길을 조금은 빨리 걸을 수도 있습니다. 하지만 자신의 행위가 다른 사람에게 어떤 영향을 주는지 살피는 힘이 부족하다면 위험한 행동으로 이어져 제재를 받게 될 수도 있습니다.

우리는 어떤 방식이 자신의 삶과 비슷한 모습인지 정확히 알지는 못합니다. 하지만 저는 교사이기에 아이들의 이런 낯설음을 마주하고 바라보는 것이 필요하다고 생각했습니다. 제가 교사로서 첫발을 디디며 느꼈던 낯설음보다 아이들이 처음 학교에 와서 접하는 낯설음이 더 크고 강렬할 것이기 때문입니다. 낯설음에 대한 감각은 그래서 중요합니다.

유치원과 1학년, 그리고 6학년

"여기는 왜 이렇게 삭막하지?"
"알록달록하고 부드러운 것들은 어디 있는 걸까?"
"선생님은 왜 저렇게 딱딱하게 말하는 거야?"

유치원을 마치고 새로 초등학교 1학년으로 입학한 아이들의 마음속 말들은 이렇지 않을까요? 분명 얼마 전까지 바로 앞에 있던 유치원에 다녔는데, 그곳에서 멀지 않은 학교라는 곳은 왜 이렇게 다른지, 처음에는 그저 낯설기만 할 것입니다.

학교를 입학하는 아이들만 낯선 기분을 느끼는 것은 아닙니다. 학년이 올라가며 매년 새로 맞이하게 되는 학급과 친구들, 선생님도 낯설긴 마찬가지겠지요. 작은 학교에서 매년 같은 아이들과 함께 새 학년을 맞는다 하더라도 해마다 느껴지는 감각은 분명 다를 것이기에, 낯설음은 존재할 것입니다. 하지만 학교에 처음 입학하며 느끼는 낯설음과 학년과 학급이 바뀌며 느끼는 낯설음은 구별되어야

할 것 같습니다. 어느새 낯설음에 대처하는 방식이 굳어져버린 자신을 발견하는
경우도 있을 테니까요.

낯설음과 무감각

매년 낯설음을 겪으며 학년과 학급의 변화를 겪다 보면 어느새 그 낯설음도
그저 통과해야 할 하나의 과정일 뿐, 큰 어려움이 아니라는 것을 알게 됩니다. 때
로는 낯설음을 맞이하는 자신의 마음을 무시하기도 합니다. 그러면서 낯설음에
대처하던 초기의 모습이 아닌, 새로운 형태의 대처법이 생겨나게 됩니다. 그리고
자신에게 찾아온 낯설음을 최대한 객관적으로 보기 위한 방법을 찾게 됩니다. 자
신이 속한 곳을 한발 떨어져서 바라보는 인식의 단계로 나아가는 것이죠.

이처럼 어떤 것을 객관화하는 방법을 아는 것은 분명 우리의 삶에서 중요한
부분입니다. 하지만 그런 객관화의 기술이 지나치게 발휘되면, 자칫 자신의 고유
한 감각을 저 아래에 두고 왔다는 사실조차 잊어버릴 수도 있답니다.

객관화시키는 우리의 교실

낯설음에 익숙해지고, 그것을 객관적인 사건과 과정으로 인식하는 것은 결국
그 자체를 제도화시키는 것으로 귀결될 뿐입니다. 우리의 교육도 이런 객관적 심
리의 산물은 아닐까요? 그래서 우리는 교육을 이야기할 때 제도와 함께 이야기
하는 것에 익숙합니다. 구체적인 실행방법을 이야기하는 것이 더 편안하게 느껴
지기도 하고요. 어쩌면 그것이 우리가 그동안 자신도 모르게 만들어낸, 스스로 객

관화시켜 품은 교육에 대한 생각일 테니까요.

하지만 그런 과정에서 우리가 잃게 되는 것도 분명해집니다. 낯설음이라는 두꺼워 보이는 표피를 살짝 열어 젖히면, 그 속에 숨어서 우리를 기다리는 따뜻하고 부드러운 수많은 감정들과 상상의 실체들 말입니다. 그리고 거기에는 우리가 익히 알고 있는 희망이라는 녀석도 숨어 있을지 모릅니다.

안타깝게도 사람들은 낯설음이 우리에게 주는 유익에 대해 잘 모릅니다. 그래서 우리는 낯설음과 함께 성장하는 세상이 존재한다는 것을 인식조차 하지 못한 채 하루하루를 지내고 있는지도 모릅니다.

나의 매일을 낯설게 바라볼 수 있다는 것은 분명 어려운 일일 겁니다. 하지만 만약 가능하다면 매일매일이 새로워지는 기쁨도 함께 느낄 수 있지 않을까요?

아마추어와 전문가의 차이

예전에 아마추어와 전문가의 차이라며 인터넷에 떠돌던 이야기들이 있었습니다.

'아마추어는 자신이 좋아하고 잘하는 일만 열심히 하지만 전문가는 자신이 좋아하고 잘하는 일도 열심히 하면서, 동시에 자신이 해야 하는 일도 좋아하고 잘하는 일과 함께 하는 사람'이라는 내용의 글이었습니다. 그런데 당시에는 이 말의 의미를 깊이 생각하지 못하다 최근에야 알게 되었습니다. 단순히 좋아하고 잘하는 일만을 잘하는 것과, 꼭 좋아하지는 않지만 자신에게 주어진 책무에도 최선을 다하는 것에 대해 곰곰이 생각하게 된 것입니다. 제가 정리한 아마추어와 전문가의 차이는 이렇습니다.

"아마추어는 참여하는 사람이고 전문가는 살아가는 사람이다."

아마추어와 전문가는 모두 좋아하고 잘하는 것에 집중합니다. 하지만 둘 사이를 구별짓는 차이는 자신이 좋아하지도 잘하지도 않는 일을 만났을 때 드러납니다. 그때 보이는 모습을 참여하는 모습과 살아가는 모습으로 나누어본 것입니다.

참여하는 것은 비교적 쉬운 일입니다. 우리는 길을 지나가다가도 지구를 살리자는 캠페인에 참여할 수 있습니다. 누군가가 열심히 안내하는 것을 잠시 들어주고 서명하는 일도 크게는 참여하는 일이기 때문입니다. 하지만 살아가는 일은 쉽지 않습니다. 살아간다고 말하려면 직접 나서서 지구를 살리자는 캠페인을 하는 사람이어야 합니다. 물론 그러기 위해선 지구를 왜 살려야 하는지, 지구를 살리려면 무엇을 해야 하는지 등을 깊이 공부하고 알아야 하므로, 그 안에 뛰어들어 진정으로 함께해야만 하겠지요. 저는 최근에야 살아가는 일이 생각보다 어려운 일임을 깨달았습니다.

살아가는 데 필요한 것은?

우리가 어떤 일에 참여할 때 필요한 것은 그 일을 하는 순서나 방법에 대한 안내입니다. 지구를 살리기 위한 캠페인에 참여할 때도 마찬가지입니다. 어떤 순서로 어떤 곳에 어떻게 서명하면 되는지 안내를 받거나, 안내문을 읽고 실행하면 되니까요. 즉, 참여에는 계획서나 운영안내서가 필요합니다.

반면 살아가는 것에는 이런 매뉴얼로만 설명되지 않는 부분이 너무나 많습니다. 부부로 살아가기 위해 매뉴얼을 들고 시시때때로 참고하며 살아가는 부부가 있을까요? 친구와 잘 지내기 위해 운영계획서를 찾아서 그 방식을 따라 하며 친구를 사귀는 사람은 얼마나 있을까요? 설령 있다 하더라도 그 방법이 효율적이지 않다는 것을 금방 알 수 있을 것입니다.

네, 맞습니다. 살아가는 것에는 번듯하고 자세한 매뉴얼이 필요한 것이 아닙니다. 살아가는 것에는 삶에 대한 철학이 필요합니다.

철학이 뭐지?

철학(哲學)이라는 단어에서 '철'은 '밝을 철'이라는 한자어입니다. '학' 자는 우리가 많이 사용하고 보아온 '배울 학'이기에 익숙하지만, '밝을 철'은 그에 비하면 조금 더 어려워 보입니다. 그래서일까요? 철학이라는 말 자체는 어떤 두려움을 주기도 합니다. 어떻게 보면 무척 낯선 단어일지도 모릅니다. 주변에서 철학이라는 말을 듣거나 보기도 했지만, 어느 순간 나는 철학이라는 말 자체를 잊고 살아가고 있다는 것을 깨달았습니다. 누군가 나에게 나의 철학은 무엇인지 물어보면, 그저 겸연쩍은 미소로 넘기기도 했습니다. 내 속에 갇힌 채 말입니다.

하지만 그렇게 나만의 세상에만 머물러 있으면 안 되는 일이었습니다. 왜냐하면 교사로서 저는 끊임없이 아이들과 소통하며, 아이들 속에서 살아가야 하니까요. 그래서 적극적인 탐사자의 자세로 '밝을 철'에 대해 알아보아야겠다고 생각했습니다.

밝을 철

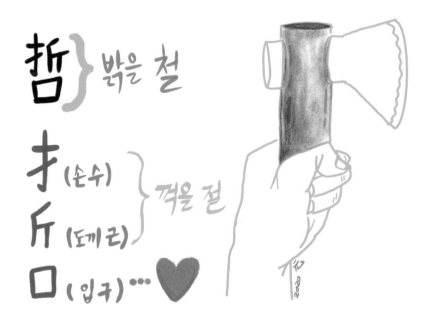

　많은 한자가 그렇듯이 '밝을 철' 자도 각각 뜻을 가진 글자들이 합쳐져서 하나의 단어를 이루고 있습니다. '손 수'와 '도끼 근', '입 구'라는 세 글자가 합쳐진 글자입니다. (여기서 '손 수'와 '도끼 근'이라는 두 글자만 합치면 '꺾을 절'이라는 글자가 되기도 합니다.) 저는 이렇게 한자를 하나씩 나누어서 보면서 '밝을 철'의 의미를 깊이 생각해보았습니다. 그러면서 이 글자가 담고 있는 것은 이런 의미가 아닐까 하는 생각이 들었습니다.

'옳은 말을 살리되 그렇지 않은 말은 꺾고, 생명을 살리는 말은 살리되 생명을 위협하는 말은 꺾고, 진심이 담긴 말은 살리되 껍데기만 번지르르한 말은 꺾는다. 그래서 우리의 삶에 옳은 말, 생명을 살리는 말, 진심이 담긴 말이 넘쳐나 밝은 삶을 영위하도록 하는 것.'

이렇게 풀어 나름대로 해석을 하고 보니 '밝을 철'이라는 글자를 처음 보았을 때 느꼈던 낯설음이 많이 해소되는 것 같았습니다. 그리고 어쩌면 우리는 모두가 이미 철학자가 아닐까 하는 생각도 하게 되었습니다. 누구라도 다른 사람의 말을 그냥 무작정 듣는 사람은 없을 테니 말입니다. 또 누구라도 생명의 말, 진심의 말을 모른 척하지는 않을 테니까요.

결국 철학이란 우리가 사용하는 말, 우리 주변에서 사용되는 흔한 말을 잘 다듬어 낯설게 바라보며 살아가는 것이 아닐까 하는 생각을 했습니다. 그리고 교사로서, 교사의 철학도 그런 자세를 품어야 한다는 생각이 들었습니다.[1]

학급이라는 삶의 터전

학생들이 학교에 입학하며 겪게 되는 낯설음은 그 자체로 소중합니다. 그 낯설음이 우리를 항상 깨어 있게 할 수 있으니까요.

한편 학교 안에서의 작은 단위는 학급일 것입니다. 첫날 학급에 발을 딛는 순간, 우리는 또 다른 낯설음과 함께하게 됩니다. 그리고 저는 항상 그 낯설음과 함께 살아가길 원합니다. 앞에서 말했듯 낯설음을 객관적인 시선으로 바라보는 것

---

1 초창기 한자의 어원을 살펴보면 '밝을 철' 자는 '손 수'와 '도끼 근' 두 글자에 '입 구'가 아닌 '마음 심' 자가 사용되었다고 합니다. 손에 도끼를 든 마음으로 세상을 바라보아야 한다는 의미가 들어 있었다는 생각도 드네요.

도 필요하지만, 낯설음이라는 껍질 아래 존재하는 소중한 것들과도 함께할 수 있기를 바라기 때문입니다.

그래서 제안하고 싶습니다. 학급 경영이나 학급 운영이라는 말보다는 '학급에서 살아가기', '학급살이'라는 말을 사용하자고 말입니다. 그러면 학급이라는 것이 그저 하나의 물리적인 장소나 단순히 제도적으로 만들어진 집단이 아니라, 그것을 넘어 그 속에 우리의 삶과 바람이 녹아 있고 따뜻함을 나눌 수 있는 곳이라는 사실을 알 수 있을 테니 말이지요. 비록 처음에는 낯설겠지만 말입니다.

낯선 바다 그리고 나만의 배

인간의 의식 속에 낯설음에 대한 경계심이 있는 것은 당연합니다. 하지만 아무리 내 주변을 객관화시키더라도 낯설음은 여전히 존재합니다. 우리 인생이 망망대해로 떠나는 항해와 같다고 표현한 많은 선배들의 이야기도 이런 낯설음에 기반한 것이라는 생각이 듭니다. 그래서 우리가 만나는 인생의 바다는 모두에게 같은 바다일까, 만약 다르다면 어떤 점이 다를까 하는 생각을 해보았습니다.

제 고향은 부산입니다. 부산에서 태어났기에 저에게 바닷가는 어릴 때부터 꽤 익숙한 곳이었습니다. 멀리 바다를 바라보면서 이 바다의 끝이 어디일까 생각하곤 했지요.

바다는 넓고 깊습니다. 하지만 누구에게나 그렇게 넓고 깊은 바다가 주어지진 않는 것 같습니다. 넓고 깊은 바다는 그냥 주어지는 것이 아니라 삶 속에서 자신이 만들어야 하는 것일 테니까요. 그러므로 우리는 자신의 삶이 넓고 깊어질 수 있도록 노력하고, 자신의 바다를 넓고 깊게 만들기 위해 열심히 삶을 살아내야 합니다.

학급은 학생들이 자신만의 넓고 깊은 바다를 만드는 공간입니다. 친구들과 선생님과 함께 서로 기대어 살아가며, 자신만의 바다를 만드는 곳이 학급입니다. 그리고 그 안에서 자신만의 멋진 배를 완성해가는 과정이 바로 배움의 과정일 것입니다. 이때 만들어진 배는 저 멀리 빛나는 나만의 별을 찾아 떠날 때 사용될 수 있겠지요.

▎ 저 멀리 보이는 별을 찾아 항해하는 것, 그것이 우리의 삶이다.

이 책이 원하는 것

이 책은 교사로 살아가며 아이들 속에서 답을 찾아가는 교사의 이야기입니다. 학술적인 내용도 아니고, 위대한 교육자의 이야기를 설명하고 있는 것도 아닙니다. 그저 아이들과 함께, 아이들의 세계로 들어가기 위해 몸부림치며 매 순간 낯설음에 기쁨과 떨림을 함께한 한 교사의 이야기입니다.

하지만 이런 제 이야기는 또 다른 누군가의 이야기와 연결되고 합쳐져서 만들어진 것이기도 하겠지요. 결국 이 이야기는 우리 모두의 이야기이기도 할 것입니다. 먼 누군가의 이야기가 아니라, 어쩌면 잊고 있었던 나의 이야기 말입니다. 그 이야기를 나누고 싶습니다.

책의 이야기 순서

이 책은 여섯 부분으로 나누어져 있습니다.

첫 번째 부분은 '만남'에 대한 이야기입니다. 모든 시작은 만남에서 비롯되니까요.

두 번째 부분은 '우리'에 대한 이야기입니다. 학급이 형성될 때 가장 중요한 철학이 될 것이기 때문입니다.

세 번째 부분은 '말'에 대한 이야기입니다. 교사는 학급에서 끊임없이 아이들과 소통하며 지냅니다. 교사와의 접촉은 아이들이 접하는 세상 중 가장 중요하고 효과적인 세상 중 하나일 것입니다. 그 속에서 사용되는 말은 결국 학급의 성장과

개인의 성숙에도 직결되기에, 말의 중요성에 대해 이야기해보고자 합니다.

네 번째 부분은 '용기'에 대한 이야기입니다. 학급에서 지내며 가장 필요한 삶의 자세는 용기가 아닐까 생각합니다. 용기 있는 사람이 있고, 반대로 그렇지 않은 사람도 있겠지만, 용기를 가지고 앞으로의 삶을 살아나가는 것을 연습하기에 가장 좋은 곳은 학교이며 학급일 것입니다.

다섯 번째 부분은 '시간'에 대한 이야기입니다. 누구에게나 시간은 동등하게 주어집니다. 그리고 의도하지 않아도 그저 무심히 흘러갑니다. 그래서 우리는 시간에 대해 자주 잊고 살아가지요. 하지만 시간에 대한 철학은 절대 놓쳐서는 안 되는 부분이기에, 시간에 대해서도 이야기해보려 합니다.

여섯 번째 부분은 '수업'입니다. 결국 교사는 수업이라는 도구를 통해 세상과 만나고, 아이들과도 만나야 하기 때문입니다. 이 수업 부분은 나중에 《수업의 탄생》이라는 제 다음 책과도 연계될 것입니다.

이 책이 이 여섯 가지 주제를 중심으로 아이들의 세계에서 살아가는 법에 대한 친절한 안내서가 된다면 좋겠습니다.

만남 : 모든 것의 시작

"만남이란 친구는 설렘과 두려움이라는 친구와 항상 함께한다."

질문 : **만남이란?**

1 첫 만남의 순간과 받아들임

학년 동아리 활동 결과인 칠판 그림.

"초등학교 6학년 때 그 선생님을 처음 만났습니다. 지금도 그 선생님과의 첫날이 생생합니다. 보통의 선생님이라면 종이 울리고 나서 교실에 들어오신 뒤 '불을 켜고' 칠판에 자신의 이름을 쓰고 자기소개를 한 다음 "잘 지내보자"와 같은 형식적인 인사를 하셨을 것입니다. 그런데 그날은 좀 달랐습니다. 저는 새로운 선생님이 들어오신다는 것에 긴장을 하고 있었습니다. 아마 반 친구들도 마찬가지였을 것입니다. 그런데 그 선생님은 '불도 켜지 않으시고' 자기소개도 하지 않고 형식적인 인사도 하지 않으셨습니다. 그저 말 한 마디 없이, 저희와 똑같이 학생 의자에 앉아 저희를 (아주 인자한 미소

를 지은 채) 쳐다보기만 하셨습니다. 당연히 저와 다른 아이들은 모두 당황했고, 어두운 교실에 숨 막히는 정적이 2~3분 흘렀을 때 아이들의 웅성거림이 시작되었습니다. '어떻게 해야 하지?' '우리가 뭘 해야 하지?'

그렇게 10분이 넘도록 웅성거리고 있을 때 한 친구가 자리에서 일어나 교실 앞쪽으로 나가 교실 불을 켰습니다. 그러자, 선생님께서는 비로소 이야기를 시작하셨습니다.

그때는 잘 몰랐지만 이제 와서 생각해보면 선생님께서는 앞으로 1년을 함께 생활하기 전에 아이들의 뇌를 살짝 깨워주려고 하신 것 같습니다. 그리고 제 예상대로 그 1년은 아주아주 힘들었습니다. 그런데 힘든 것이 10이었다면 얻은 것은 100, 아니 그 이상인 것 같습니다. 그때는 무슨 의미인지 잘 몰랐던 것들도 지금 생각해보면 '아! 그런 거였 구나!' 하고 깨닫는 것들도 많으니까요."

《교사의 탄생》이라는 책의 마지막에 실린 글의 내용입니다. 저와의 첫 만남에 대한 이야기를 한 아이가 자신의 입장에서 편지로 쓴 내용이지요.

매년 3월이 되면 많은 교사들이 새로운 아이들과 학급을 구성하게 됩니다. 그 래서 교사는 겨울방학 중에도 맘 편히 자신만의 시간을 가질 수 없는 경우가 많습 니다. 누구에게나 첫 만남은 준비가 필요하고, 두려운 법이니까요.

아이들도 마찬가지입니다. 저는 얼마 전 아이들과 함께하는 동아리 활동을 통 해, 새 학년으로 진급하는 것에 대한 아이들의 생각을 알 수 있었습니다.

아이들은 진급에 대해 '좋다, 설렌다, 화난다'는 대답을 가장 많이 했다고 합 니다. 두렵고 속상하다는 표현이 뒤를 이었고요. 설문을 진행한 동아리 아이들에 게 물어보니, 지금이 좋은데 바뀌는 것이 두렵다고 이야기했다고 합니다. 맞습니 다. 누구에게나 변화는 두려운 것이지요. 그래서 선배들도 사진과 같이 칠판 그림 을 통해 후배들에게 적어놓았습니다.

"우리가 항상 너희를 응원할께! 새로운 학년을 두려워하지 마!"라고 말입니다.

뭘 해야 하지?

첫 만남에서 가장 많이 느끼게 되는 것은 '두려움'입니다. 새로운 것이 싫어서가 아니라, 모르기 때문에 막연한 두려움이 클 수밖에 없는 것입니다.

이런 두려움은 비단 학생들만 가지는 것이 아닙니다. 아이를 학교에 보내는 학부모도 비슷한 감정입니다. 교사도 마찬가지고요. 교사들은 매년 이러한 일을 겪고 있으니 두려움이 없을 거라고 생각하는 분들도 종종 계신 것 같습니다. 하지만 교사들도 매년 새로운 아이들과의 만남에 대해 두려워하며, 이는 경력이 아무리 오래되었다 해도 크게 다르지 않습니다.

그렇지만 교사는 교육의 전문가이므로, 분명히 학생이나 학부모와는 두려움에 대한 대처가 달라야 합니다. 그래서 교사들은 첫날 어떻게 아이들과 만날지 늘 고민하게 됩니다. 저 또한 매년 첫날에는 무엇을 할지 고민하는 것이 참 어렵습니다. 20년 가까이 교사생활을 해왔지만, '첫날은 이것만 하면 된다!'고 확실히 내놓을 수 있는 방법은 없으니까요. 그래서 저는 불안한 마음을 달래기 위해 아이들을 만나기 전날 동네의 작은 산을 오르며 마음을 정리하기도 했습니다. 그러면서 자연스럽게 깨닫게 된 것이 있습니다. 그것은 "첫날 무엇을 할지 고민하지 말고, 그 자체를 받아들이는 마음으로 아이들과 만나자!"라는 것입니다.

하려고 하지 말고 받아들이기

예전에는 저도 첫날에는 특별한 무언가를 해야 한다는 압박감에 여러 가지를 준비했습니다. 아이들도 마찬가지겠지만 학급을 꾸려가야 하는 교사는 그 책임감이 더 크다고 할 수 있으니까요. 첫날의 인상이 중요하다는 것은 누구나 알지만, 막상 어떻게 해야 좋은 인상을 남길지는 잘 몰랐기도 하고요.

그런데 오히려 그렇게 뭔가 색다른 것을 해야 한다는 생각으로 아이들을 만나면 더 긴장하게 되고, 생각한 대로 되지 않으면 더욱 실망하는 제 모습을 접하게 되었습니다. 더 중요한 것은 아이들이 그런 제 실망감을 똑같이 느낀다는 점이었죠. 아이들에게 첫 느낌이 중요하다고 생각했지만, 결국은 실망감이라는 느낌을 주고 말았던 것입니다. 그리고 이 실망감은 대개 아이들을 학교생활과 학급생활에 대한 두려움으로 이끌게 됩니다.

그래서 이런 시행착오를 겪으면서, 다른 선생님들은 어떻게 하는지 다양한 사례들을 찾게 되었습니다. 어쩌면 너무나도 당연한 교사의 호기심이었지요. 하지만 그것도 근본적인 해결책은 되지 못했습니다. 만나는 아이들이 다르고, 상황이 다르며, 생활하는 곳이 다르기에, 모든 상황에서 똑같이 효과적인 방법은 존재하지 않으니까요. 그래서 생각했습니다. 방법이 아니라 생각의 전환이 필요하다고 말이죠.

그렇게 찾아낸 저만의 생각의 전환은 바로 '받아들임'이었습니다. 제가 만날 아이들이 어떤 아이들인지는 중요하지 않습니다. 이 친구들이 작년에 어땠는지는 중요하지 않다는 뜻입니다. 그저 '지금의 모습을 있는 그대로 받아들이자!'라고 생각했습니다. 첫 만남이 두렵다면 그 두려움까지도 받아들이자고요. 그렇게 생각하니 마음이 편안해지고, 여유마저 샘솟는 것을 알 수 있었습니다. 그렇게 생긴 여유가 있었기에, 그다음부터는 저만의 아이들과의 첫 만남을 만들어낼 수 있었습니다.

받아들임과 나만의 성 쌓기

크고 웅장한 성이 있습니다. 이 성은 회색의 높은 담장을 가지고 있습니다. 그런데 결정적으로, 성에 들어갈 수 있는 문이 보이지 않습니다. 만약 실제로 내 눈앞에 거대한 성이 있는데 들어갈 수 있는 문이 닫혀 있다면 어떤 생각이 들까요? 여러분은 이 성 그림을 보고 어떤 생각이 떠오르시나요?

예로부터 성문은 아무 때나, 아무에게나 열어주지 않았습니다. 특정한 때와 특정한 사람에게만 성문을 개방했고, 그렇기에 성문에는 항상 지키는 병사들이 있었죠. 그래서 성을 바라보는 사람들은 닫혀 있는 성문을 보면서 막연한 두려움을 가졌을 것 같습니다. 그런데 만약 이 거대하고 높은 담장에 문도 보이지 않는 (문이 굳게 닫혀 있는) 성이 내 마음속 성이라면 어떨까요?

인간은 살아가며 자신만의 성을 쌓는다고도 합니다. 하지만 그 성이 높아지고 단단해질수록 그 성은 다른 사람에게는 무서워 보이는 성이 될 수도 있습니다. 그 성에 커다란 문이 없다면 말입니다. 하지만 그 성에 누구보다도 크고 넓은 문을 만들어 열어둘 수 있다면, 그 성은 무섭기는커녕 구경하러 가고 싶은 친근한 성이

▎ 문이 보이지 않는 성은 두려움의 대상일 뿐이다.

되지 않을까요?

　그래서 저는 성을 크게 쌓는 것도 중요하지만, 그 성에 걸맞는 큰 문을 만드는 것이 더 중요하다고 생각합니다. 그 커다란 문을 통해 우리는 쉽게 많은 것을 받아들일 수 있을 테니까요.

크고 아름다운 문을 가진 성은 누구나 드나드는 친근한 곳이 될 것이다.

교실 불 켜기와 주인의식

앞에서 저와 처음 만났을 때를 적은 제자는, 선생님인 제가 첫날 교실 불을 끈 채로 아이들을 바라만 보고 있었다고 했습니다. 보통 새 학급의 첫날을 맞은 교실이라면 밝은 분위기에 칠판 가득 축하의 말들이 적혀 있기도 할 텐데, 이 교실은 어두운 데다 선생님은 말도 없이 앉아 있는 이상한 분위기인 것이죠.

첫날이면 학교에 아주 일찍 와서 미리 교실을 둘러보고 다른 반도 기웃거리는 아이들이 있습니다. 또 몇몇 아이들은 오히려 학교에 늦게 오는 경우도 있어서,

모두가 교실에 모이는 시간은 9시가 넘기도 합니다.

교사인 저는 8시 40분 정도부터 교실 맨 앞에 서 있습니다. 교실에는 불이 꺼져 있고, 깨끗하게 닦여 있는 칠판에는 아무런 내용도 없습니다. 아이들은 어색한 분위기를 느끼며 쭈뼛쭈뼛 교실로 들어옵니다. 자리를 어떻게 앉으라는 말도 없기에, 주변 친구들 눈치를 살피거나 선생님에게 물어보는 친구도 있습니다. 그럴 땐 그저 아무 곳에나 일단 앉으면 된다고 간단하게 이야기하고 맙니다. 아이는 글에서 "당연히 (…) 당황했고, 어두운 교실에 숨 막히는 정적"이라고 했습니다.

모든 아이들이 교실에 들어온 뒤에는 더 심한 정적이 흐릅니다. 그렇지 않아도 불안한 마음인데, 앞에 계신 선생님은 아무 말씀도 안 하시고 교실은 조용하기만 하니 말입니다. 아이들이 당황하는 모습을 살짝 미소 띤 얼굴로 바라보며 저는 가끔씩 교실을 둘러보거나 교실 천장 쪽을 바라봅니다. 이 행동은 아이들에게 약간의 힌트를 주는 행동이고, 이 모습을 통해 선생님의 의도를 파악하기를 바라는 마음이 담겨 있습니다.

이렇게 어느 정도 시간이 흐르고(길게는 불을 켜지 않은 채로 10분이 지난 경우도 있었지요), 누군가 일어나서 앞으로 나옵니다. 그리고 교실 불을 켜게 됩니다. 그 순간 저는 환하게 웃으며 반갑다는 인사를 건네고 본격적으로 제 소개를 시작합니다. 칠판에 제 이름도 크게 쓰고 말이죠. 그리고 묻습니다.

"이 교실의 주인은 누구인가요?"

아이들은 대답합니다. 바로 자신들이 이 교실의 주인이라고 말입니다. 그러면 제가 다시 이야기합니다. 이 교실의 주인은 여러분뿐만이 아니라 선생님도 그 주인 중 한 명이라고. 우리가 함께 살아가는 곳이 이 교실이라고. 그래서 교실의 불을 켜고 창문을 열어 환기시키는 일 정도는 여러분이 할 수 있다고 생각한다고.

대신 선생님 또한 우리 반을 위한 일을 꾸준히 하겠노라고 말이지요. 또 선생님의 생각은 이런데 여러분의 생각은 어떠냐고 물어봅니다. 그러면 아이들의 표정이 묘한 경우가 많습니다. 무언가 자신들이 해야 할 일이 있음을 느끼는 표정 같기도 하고 당황한 것 같기도 합니다.

중요한 것은 앞에 서 있는 교사가 너무도 자연스럽고 당당하게 자신들을 대하는 것을 느끼게 된다는 것입니다. 이러한 느낌은 교사에 대한 첫 느낌이기도 하고, 앞으로 학급에서 함께 살아가는 '우리'의 첫 느낌이기도 합니다. 여기서 '우리'는 학생들만이 아니라 학생과 교사 모두를 포함합니다.

새로운 학년, 새로운 교실에서 맞이하는 첫 만남 속 느낌들은 무척 중요합니다. 학생과 교사는 그 속에서 함께 '우리'가 될 수 있는 준비를 하게 되는 것입니다.

받아들임에 대한 저학년과 고학년의 차이

초등학교 1학년과 6학년 사이에는 무척 큰 성장의 차이가 존재합니다. 저학년이 경험하는 세상은 고학년이 경험하는 세상과는 분명히 다릅니다. 이미 눈치채셨겠지만 제가 소개한 교실 불 켜기의 첫 만남은 고학년에게 가능한 방법입니다. 만약 저학년 아이들과의 첫 만남이라면 다른 방식을 찾았을 것 같습니다. 방법이 중요한 것이 아니라 생각의 전환이 중요하다고 했으니, 저학년 아이들과의 첫 만남에서도 '받아들임'에 대한 자세는 변하지 않았을 것입니다.

그렇지만 분명 다른 점이 있습니다. 고학년의 경우에는 제가 받아들이는 대상이 주로 아이들입니다. 아이들이 어떤 모습이든 그 모습 자체를 받아들인다는 의미입니다. 하지만 저학년의 경우엔 다릅니다. 특히 처음 입학한 1학년 아이들과의 만남에서는 사실 아이들보다는 학부모의 마음상태를 받아들여야 하는 경우가 더 많습니다. 초등학교에 입학하는 아이들의 학부모 중에는 젊은 부부들이 많습니다. 그렇다 보니 고학년 아이를 이미 키우고 둘째나 셋째를 학교에 보내는 학부모님의 경우와는 달리 첫째를 학교에 보내게 된 부모님의 마음은 걱정을 넘어 두려움이 가득합니다. 그래서 입학 초기 1학년 교실 복도에는 학부모님의 발길이 끊이지 않습니다. 복도에서 창문 너머로 걱정 가득한 눈으로 아이를 바라보기도 합니다. 이때 아이들은 그런 부모님의 마음 상태와 느낌을 그대로 받아들여, 더욱 두려움을 키우기도 합니다. 그래서 저학년을 맡은 교사는 학부모님의 마음을 잘 받아들여야 하는 경우가 많습니다.

초등학교에 입학하는 자녀를 둔 학부모님들의 마음

내 아이를 학교에 입학시키고 난 후 걱정하는 마음이 드는 것은 학부모로서 너무나 당연한 마음입니다. 괜한 걱정은 하지 마시라는 이야기는 별 소용이 없습니다. 머리로는 그렇지 않지만 마음은 생각대로만 되지 않으니 말이죠. 그래서 부모님이 마음으로도 그런 상황을 받아들일 수 있도록 해야 합니다. 아이의 학교 생활을 든든한 교사가 함께하고 있으니, 너무 걱정하지 마시라는 메시지를 주어야 합니다. 즉, 교사는 받아들임의 주요 대상이 학부모의 마음임을 잊지 말고 준비해야 한다는 뜻입니다. 학부모가 안심하게 되면 그 느낌은 가장 먼저 아이의 마음에 강하게 전달될 테니까요.

일단 학교가 두려운 곳이 아니라 안전한 곳이라는 것을 학부모님이 인식할 수 있어야 합니다. 여러 가지 방법이 있겠지만 밝은 분위기가 도움이 될 것 같습니다. 밝고 환한 교실은 무엇보다 안정감을 선사해줄 수 있으니까요. 그리고 항상 밝고 건강한 담임교사의 태도가 중요합니다. 또 무엇보다 규칙적인 생활 모습을 보여야 합니다. 정해진 시간에 정해진 활동이 이루어지는 것을 보여주는 것도 도움이 됩니다. 예를 들어 교사가 항상 먼저 와서 교실 앞에서 아이들을 맞아주고 교실로 들어가는 모습을 지켜본다면 학부모님들의 입장에서 믿음이 가지 않을까요? 이렇게 시작한 학교생활과 학급생활은 어쩌면 믿음이라는 느낌을 다져나갈 것 같습니다. 그리고 그것은 전체 교육제도에 대한 믿음으로도 이어질 수 있지 않을까 생각해봅니다.

어둠에 익숙하던 몸이 어느새 새로운 빛에 적응해갑니다. 흰 속살은 어느새 푸른 물이 배어들고, 자고 일어날 때마다 땅속과의 거리가 멀어지는 것을 경험합니다. 이렇게 멀어지다 어디까지 올라갈지 모르지만, 마냥 기쁘 지만은 않습니다. 조금씩 자란 키로 더 넓은 세상을 볼 수 있겠지만 그로 인해 더 많이 흔들리기도 할 테니까요. 하지만 성장하는 기쁨을 알게 된 것은 축복입니다.

3월은 새로운 싹이 땅속을 뚫고 나오는 봄이 있는 달입니다. 봄은 제가 가장 좋아하는 계절입니다. 매년 봄을 맞이하지만 지겹지도 지루하지도 않습니다. 매년 새로운 봄과 만날 수 있기에 3월은 늘 저에게 특별한 달입니다.

3월은 학교에도 특별한 달입니다. 전국 대부분의 학교가 일제히 새로운 학년을 시작하는 시기가 3월이니까요. 그래서 바쁘지만, 3월은 그 어느 때보다 찬란합니다. 3월의 학교만큼 싱그러운 공간은 없을 것입니다. 복도를 지나는 모든 이에게 낯설음을 느끼면서 동시에 반갑게 인사하는 시기도 바로 3월입니다.

학교가 바쁜 이유는 학교와 교사가 교육이라는 책무를 가지고 만남을 준비하기 때문입니다. 첫 만남 이후에 천천히 서로를 알아갈 시간을 따로 가지면 좋겠지만, 바쁜 교과과정 속에서 그런 여유는 많지 않습니다. 그래서 교사는 아이들과의 첫 시작을 어떻게 할지 선택하게 됩니다.

"3월 한 달간 아이들을 잡아야 해. 그래야 1년이 편해."

교사라면 선배 교사들로부터에게 한 번씩은 들었던 말일 것입니다. 하지만 저는 그런 말이 참 불편했습니다. 아이들과 사이좋게 지내고 싶은데, 아이들을 잡으라니 말이지요. 예상하셨듯이 여기서 아이들을 '잡는다'는 말은 아이들에게 무섭게 대해서 선생님 말을 무조건 듣고 따르게 해야 한다는 의미입니다. 그래서 어떤 선생님은 3월에는 일부러 더 무표정한 모습으로 아이들을 만나고, 무엇이든 정확하게 해야 한다고 강조하기도 합니다. 그리고 이런 이야기는 교사들도 아이들과의 만남에 대한 두려움이 크다는 것을 보여줍니다. 그렇다면 선배 교사들의 말처럼 정말 아이들을 '잡아야' 하는 것일까요?

"네! 동의합니다! 당연히 아이들은 3월에 잡아야 합니다!"

의외인가요? 전 진심입니다. 왜냐하면 제가 말하는 '잡아야' 한다는 의미는 앞의 의미와는 다르니까요.

일단 저에게 3월은 1년의 전부와 같습니다. 3월 한 달 동안 그 학급의 모든 것이 결정된다고 생각합니다. 세상으로 나온 첫 싹이 건강해야, 그 싹이 가진 본래 모습으로 살아가고 성장할 수 있을 테니까 말이지요.

그렇기에 아이들을 제대로 잡아야 합니다. 바로 아이들의 '마음'을 사로잡을 수 있도록 최선을 다한다는 의미입니다. 아이들에게 새로운 학년에 대한 호기심을 가득 채우고, 동시에 이번 학년이 꽤 흥미진진할 거라고 느끼도록 최선을 다한다는 의미입니다. 그렇게 해서 아이들이 교사와 함께 지내는 것이 즐겁고 매력적인 일이라는 것을 전해주어야 한다는 말입니다.

3월 한 달=모든 것을 해야 하는 달=1년

아이가 본격적인 사회화를 시작하는 초등학교 시절, 첫 학교생활이 중요하듯이 다시 새로운 학년을 시작하는 3월은 1년을 통틀어 가장 중요한 달입니다. 그래서 3월은 모든 것을 해야 하는 달이라고 할 수밖에 없습니다. 극단적으로 표현하면, 3월에 모든 것이 결정된다고도 할 수 있습니다.

흔히 우리는 1년을 계획하며 3월, 4월, 그리고 5~6월 순으로 하나씩 계획을 세워 해나가려고 생각합니다. 물론 달마다 각각 해야 할 일들도 있습니다. 하지만 모든 것의 시작인 3월은 분명 다른 달과는 다릅니다. 그렇다면 3월에 무엇을 해야 하고, 어떻게 해야 아이들의 마음을 사로잡을 수 있는지 살펴보겠습니다.

힘 있는 교사가 아닌 지혜로운 교사로 살아가기

저는 이전 책인 《교사의 탄생》에서 교사는 힘 있는 교사이기보다는 지혜로운 교사여야 한다고 이야기했습니다. 지혜로운 사람은 자신을 이기는 사람이라고도 했습니다. 자신을 이기기 위해 자신을 잘 알아야 하고, 그래서 자신을 드러내서 많은 사람들이 자신에 대해 이야기해주는 것을 기꺼이 받아들여야 한다고 말입니다.

3월 아이들과의 만남에서 가장 중요한 포인트는 교사가 자신을 드러내는 일입니다. 그래야 아이들도 자신을 드러낼 수 있습니다. 아이들 눈에 가장 힘 있어 보이고 무서워 보이는 교사가 자신을 솔직하게 드러내는 모습을 보인다면 아이들도 자신을 드러내는 데 용기를 얻을 수 있기 때문입니다. 만약 교사가 자신을 숨기고 힘 있는 교사가 되어 아이들을 이기려 한다면, 아이들은 그런 교사의 힘에 맞서 싸우려는 마음을 가지게 됩니다. 인간은 누구나 상황에 맞추어 본능적으로 살아남기 위한 행동을 취하게 되니 말이지요. 관계가 이렇게 되어버리면 학급의 많은 문제들을 해결하는 데 어려움으로 작용할 수밖에 없습니다. 무서운 태도로 3월을 보내며 아이들을 '잡으려는' 태도는 생각보다 큰 어려움을 초래할 수도 있다고 생각합니다. 그래서 교사는 자신을 드러내고, 솔직하게 아이들과 만나야 합니다. 교사 역시 아이들과 똑같은 사람이라는 것을 알게 해야 합니다.

"우리 함께 이 세상을 살아가는 한 사람으로서 같이 최선을 다해서 살아보자! 선생님이 먼저 태어나서 너희들 앞에 서 있을 뿐이지, 특별히 뛰어나거나 대단한 사람이라고 생각하지 않았으면 좋겠어. 하지만 선생님이기에 너희들이 아직 경험하지 못한 것을 알고 있는 부분도 있으니, 여러 가지 일들을 함께 해나가며 선생님의 경험을 너희들도 이용하면 좋지 않을까? 중요한 것은 선생님은 너희들과 함께하는 사람이라는 사실이고, 너희들도 그렇게 생각해주면 좋겠어.

그리고 선생님도 너희들과 같은 사람이기 때문에, 슬플 때도 있고 기쁠 때도 있단다. 당연히 슬플 때보단 기쁠 때가 더 좋지만, 선생님은 참을성도 많아서 슬픔도 잘 참아낼 수 있어. 한편으론 그렇다 보니 너희들처럼 솔직하게 기쁨과 슬픔을 표현하지 못하는 바보 같은 모습도 있단다. 그렇더라도 나는 너희들과 함께 지내는 1년 동안 슬픈 일보다는 기쁜 일을 더 많이 경험하고, 더 많이 표현하고 지낼 수 있기를 바라고 있어. 우리, 함께 살아가는 사람으로서 서로를 존중하며 지내자"라고 말이지요.

이렇게 자신을 솔직하게 드러내는 교사와 살아가는 아이들은 자신을 솔직하게 드러내는 방법을 배우게 됩니다. 그리고 교사와 아이들이 따로 분리되는 것이 아니라, 함께 살아가는 사람으로서 '우리'라는 더 큰 공동체를 이루어낼 수 있습니다.

교사의 편지 쓰기

교사가 아이들에게만 자신을 드러내는 것으로는 충분하지 않습니다. 부모님들과 함께 아이를 살피고 함께 살아가야 하니 말입니다. 하지만 학년 초부터 여러 부모님들과 직접 대면하는 기회는 많지 않습니다. 학부모총회나 교육과정 설명회 등의 공식적인 행사가 있어야 겨우 만날 수 있을 뿐입니다. 시간이 좀 더 흐르면 학부모 상담 기간이 있지만, 3월을 넘기는 경우도 많기에 그 전에 먼저 교사의 이야기를 들려줄 기회가 필요합니다. 그럴 때 가장 많이 사용되는 것이 교사의 자기소개서입니다.

교사의 자기소개서는 보통 1년 동안 아이에게 필요한 준비물에 대한 안내와 교사에게 연락하는 방법, 그리고 반드시 지켜줬으면 하는 당부 등이 포함된 안내

반갑습니다—
올 한해 6학년 3반 아이들과 함께
살아갈 교사 이정원 입니다—
어느새 교사로 살아온지 20년이
되었습니다. 매년 아이들과 만나는
일은 저에게도 설렘과 두려움이
함께하는 일입니다. 우리 아이들도
비슷한 느낌이라 생각합니다.

하지만, 교사로 살아가며 알게된 사실이 있습니다.
누구를 만나도 매년 희망을 가지고 살아가는 것입니다.
올 한해 또한 멋진 친구들과 함께 희망가득한 삶을
살아가겠습니다. 어린 시절 가난한 환경 속에서 희망을
꿈꾸던 제 모습을 생각하며 아이들과 함께 희망을 꿈꾸는
모습으로 살아가겠습니다. 그래서 교사로 살아가는 순간
순간이 행복한 삶이 되도록 아이들 속에서 함께 노력
하겠습니다.

초등학교의 마지막 시간, 함께하는 모든시간이 소중함을
항상 잊지않고 최선을 다하겠습니다. 따뜻한 시선과
마음으로 함께해 주시길 바랍니다. 항상 고맙습니다—

학년 초 학부모님들께 보낸 손편지 형식의 편지글.

서의 형태가 많습니다. 이미 많은 자료가 있으니 찾아보시면 참고할 수 있으리라 생각됩니다.

그런데 저는 조금은 다른 형식의 소개서를 학부모께 보냅니다. 교사에 대한 이야기가 담긴 편지 형태의 소개서입니다. 물론 편지의 내용은 교사, 즉 저 자신에 대한 이야기가 주를 이룹니다. 아이들 앞에서 자신을 드러내는 일처럼, 학부모님들께도 교사로서 저를 드러내는 일이 중요하다고 생각하기 때문입니다. 이를 통해 교사가 부모님들과 마찬가지로 아이가 성장하는 데 함께 있어야 할 어른임을 인식할 수 있도록 안내하는 것입니다. 그리고 이렇게 교사가 먼저 자신을 열어두면, 부모님들께서도 마음을 열어주실 것이라고 믿기 때문입니다.

지혜로운 교사로 소통할 것들?

그렇다면 이렇게 자신을 드러낼 때는 어떤 부분에 중점을 두고 소통해야 할까요? 먼저 기본부터 생각해보겠습니다. 교사에게 가장 기본적인 일은 바로 '가르치는 일'입니다. 교사는 가르침을 실천해야 한다는 책임을 제도적으로 부여받은 존재입니다. 교사로 살아간다면 이런 일에서 도망치지 않아야 한다고 생각합니다. 어떤 분들에게는 교사가 누군가를 가르친다는 말이 거슬릴 수도 있습니다. 그렇다면 '교육하는 일'이라고 바꾸어 말할 수도 있겠습니다.

교사가 아이들에게 교육해야 하는 것은 무엇일까요? 교육을 주어진 교과서나 교육과정 내용으로만 한정 짓는다면 별로 할 이야기가 없을 것입니다. 하지만 교사로 살아가는 사람이라면 누구나 알고 있습니다. 교육은 교과서나 교육과정만으로 끝나는 것이 아니라는 사실을 말이지요. 교육은 더 많은 것을 포함하는 넓은 의미를 가지고 있습니다.

그렇다면 이렇게 넓은 의미의 교육을 모두 목록화해본다면 어떨까요? 어쩌면 그것은 불가능한 일일 것입니다. 예를 들어 자리에 바르게 앉는 법, 바르게 듣는 법, 말하는 법, 발표하는 법, 심지어 걸음걸이까지……. 모든 것을 교육이라는 이름으로 포함할 수 있을 것입니다. 또, 그렇기에 교육이 어려운 것입니다. 명확하게 매뉴얼화 할 수 있는 일이 아니니까요. 그러면 도대체 무엇을 중심으로 두고 소통해야 할까요?

이 질문의 해답은 바로 '무엇을'이라는 생각을 버리는 것입니다. 목록화할 수 없다면 아예 처음부터 목록을 만들지 않는 것입니다. 그렇다면 어떻게 해야 할까요? 무엇을 교육해야 한다는 목록이 없는데 어떤 대책을 세울 수 있을까요?

여기에 대해 제가 생각한 해결책은 '살아가기'입니다. 바로 내가 그 존재가 되어 살아가는 방법입니다. 교사 스스로 아이들의 세계로 들어가는 것이지요. 우리가 교육해야 한다고 말하는 것들을 지닌 채로, 아이들 속에서 그저 살아가는 것입니다. 물론, 교사로서의 의지와 삶의 태도를 가지고 말이죠.

도와주기가 아닌 함께하기

교사는 아이들과 같은 세상에서 살아가야 하는 사람이라고 생각합니다. 몸은 어른이지만 아이들의 세상 안에 발을 딛고 살아가는 사람 말입니다. 그래서 학급 운영이나 경영이라는 말보다는 '살아가기'가 더 적합한 말이라는 생각이 듭니다. 아이들은 자신을 도와주는 것을 넘어 자신과 함께하는 사람을 원하기 때문입니다. 한발 떨어져 저 멀리에서 조정하는 듯한 태도의 교사가 아니라 자신들과 함께 살아가는 교사를 원하는 것입니다.

학급은 교사의 삶과 아이들의 삶이 서로 어우러져 살아가는 공간(Space)이지,

교사와 아이가 분리된 채 시스템으로만 묶여 있는 단순한 장소(Place)가 아니어야 합니다. 장소는 어디나 존재할 수 있지만, 공간은 '우리'라는 공동체의 의미가 형성되었을 때에만 비로소 존재하게 되는 것이기 때문입니다.

그런 의미에서 학급은 단순히 '몇 학년 몇 반'이라는 표지판이나 책상과 의자가 놓인 공간으로만 설명될 수 없습니다. 학급은 교사와 학생이 함께 어울려 살아가는 공간이고, 그렇게 만들기 위해 노력해야 하는 곳입니다. 다시 말하면 우리는 '학급살이'에 대해 고민해야 합니다. 결국, 《학급의 탄생》은 학급살이에 대한 이야기이자 함께하기에 관한 이야기라고 할 수 있겠습니다.

그렇다면 학급살이의 가장 기본은 무엇일까요? 바로 '우리'라는 의식입니다. 개인이 모여 '우리'로 살기 위한 철학을 가지는 것이 필요합니다. 3월 첫 만남부터 시작되는 '우리'가 되기 위한 이야기들, 3월 한 달 동안 만들어나가야 할 모든 일들. 이 글은 그 이야기를 함께하는 마음으로 쓰였습니다.

함께 모여 자신들의 문제를 해결하기 위해 둘러선 순간, 이 장소는 다른 이는 쉽게 들어올 수 없는 우리들만의
공간이 된다. 이러한 공간의 탄생이야말로 학급이 탄생하는 순간이라고 할 수 있다.

우리 : 학급의 기초

"내가 존재하는 것은 우리 속에 내가 있기 때문이다."

질문 : **우리란?**

○ '우리'라는 말의 따뜻함

'우리'라는 단어처럼 따뜻한 단어가 있을까요?

'우리랑 함께 밥 먹자!'
'우리랑 같이 하자!'

누군가 나에게 우리라는 말을 사용하는 순간, 어쩌면 그 순간이 내가 존재하기 시작하는 순간일지도 모릅니다. 우리가 있기에 개인인 나도 존재합니다. 반대로 내가 있기에 우리라는 존재가 증명되는 것이기도 하겠지요. 어쩌면 '나'와 '우리'는 동전의 양면이라고도 할 수 있지 않을까요?

그렇지만 동전의 양면은 결국 같은 존재의 앞뒷면이고, 서로 다른 존재는 아닙니다. 하지만 나와 우리는 종종 전혀 다른 존재라고 느껴집니다. 그렇다면 나와 우리의 관계를 어떻게 표현해야 할까요?

둥근 사각형을 그려보자

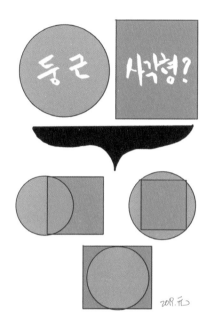

만약 누군가가 나에게 둥근 사각형을 그려보라는 문제를 준다면 어떻게 그려야 할까요? 둥글다는 것은 각을 가지지 않는 것이고, 사각형은 네 개의 각을 가져야 하는데, 둥근 사각형이라니요? 처음부터 불가능한 문제가 아닐까요?

그런데 저는 이 문제를 보는 순간 혹시 우리 삶의 모습을 이야기하는 것은 아닐까 하는 생각이 들었습니다. 살아가며 겪게 되는 수많은 일들은 어쩌면 우리에게 둥근 사각형을 그려보라고 요구하고 있다는 생각 말이지요. 그래서 삶은 쉽지 않다는 말을 더 깊이 이해할 수 있는 이야기가 아닌가 합니다.

한편으로는 '나'와 '우리'의 관계 역시, 둥근 사각형을 그려보라는 것처럼 풀 수 없는 문제 같기도 합니다. 내가 중요한데, 동시에 우리도 중요하다는 이야기는 서로 모순되는 말처럼 생각되니까요.

내가 중요할까? 아니면 우리가 중요할까?

둥근 사각형을 그려보라고 하면 어떤 사람은 둥근 형태를 그려놓고 그 안에 사각형을 그린 다음, 그것을 둥근 사각형이라고 할지도 모릅니다. 둘 다 그렸으니 되는 거 아니냐고 우기는 거지요. 또 어떤 사람은 사각형을 그리고 적당히 네 개의 각을 둥글게 만들고는 둥근 사각형이라고 할 수도 있을 것입니다. 완벽한 것은 없다고 둘러대면서 말이지요. 또 어떤 사람은 둥근 형태를 그려놓고 그 뒤에 사각형이 숨어 있으니 마음의 눈으로 잘 보라고 우기지 않을까요?

일반적인 사람들의 모습은 자신이 중요하게 생각하는 것을 먼저 앞세우고, 다른 것은 그다음으로 두는 모습이 아닐까 합니다. 그러다 보면 결국 각자가 생각하는 가치관에 따라 무엇이 앞서고 무엇이 뒤에 서야 하는지를 결정하게 되지 않을까요? 결국 둥근 형태를 먼저 두어야 한다는 사람들과 사각 형태를 먼저 두어야 한다는 사람들이 부딪치고 나뉘어, 서로 멀어지지는 않을까 생각됩니다.

최근 우리 사회의 모습

최근의 사회를 여러 가지로 해석하고 이야기하는 말들이 있지만, 제가 보는 지금의 세상은 개인화, 맞춤화의 시대입니다. 대용량의 데이터가 순식간에 정보를 주고받게 되면서 개인별 맞춤 서비스가 더욱 활성화되었고, 혼자만의 시간을 보내더라도 지루하지 않을 정도로 자신이 원하는 것을 찾을 수 있게 되었습니다.

이런 모습은 학교에서도 나타납니다. 아직 학교 내에서는 휴대폰 사용이 자유롭지 못하기에 아이들이 친구들과 어울리며 지내는 경우가 많지만, 방과 후에는 각자 손바닥 위 작은 휴대폰 속에서 자신에게 최적화된 세상을 찾아 혼자 노는 모습이 많으니까요.

이런 시대에서 '우리'로 살아가자고 말하는 것은 어쩌면 시대에 뒤떨어진 말처럼 들릴 수도 있습니다. 하지만 그래서 더 중요합니다. 학교와 학급에서만큼은 '우리'라는 가치가 사라지지 않도록 노력해야 한다고 생각합니다. 비록 둥근 사각형을 그려보라는, 말도 안 되는 듯한 과제를 해결해야 하겠지만 말입니다.

자연 속 생명들의 '우리'

2005년 겨울부터 인연을 맺게 된 생명/생태교육은 저에게 '우리'라는 개념의 확장을 선물해주었습니다. 그 전까지 인간의 시선으로만 살아왔던 저에게 인간에 대한 생각을 넘어 지구와 우주의 생명에 대한 생각으로 확장할 수 있도록 해준 것이 바로 생명/생태교육이었으니까요. 생명/생태교육 속에서 '우리'는 인간과 인간만의 관계를 지칭하지 않습니다. 모든 살아있는 존재들과 함께하는 '우리'인 것이지요.

이렇게 생명과 생태교육에 관심을 가지고 공부하며 참여하다 보니 그동안에는 관심 없던 이야기들에도 관심이 생겼고, 자연과 생명에 대한 다양한 저술 활동을 하고 계신 최재천 교수님의 인터뷰[2]를 보게 되었습니다.

---

2 "지금 지구상에서 가장 성공한 동물은 인간, 개미, 그리고 꿀벌. 모두가 고도의 협력을 할 줄 안다. 바퀴벌레와 모기한텐 그게 없다." [석학 대담] 도정일 對 최재천… 〈인문학과 과학의 만남〉, 《조선비즈》, 2014. 11. 1.

이 인터뷰에서 최재천 교수님은 지구상에 존재하는 생명들 중 협력을 기반으로 한 생명들이 주요 종으로 살아남아 있다는 이야기를 합니다. 공동체를 형성한 종족만이 살아남았거나 성공적으로 생존할 수 있다는 이야기는 '우리'라는 공동체가 비단 인간만이 가진 특징이 아님을 알려줍니다. 그리고 어쩌면 우리 인간이 어떻게 살아야 할지를 보여주는 중요한 모습이라는 생각이 들었습니다.

'우리'로 살기 원하는 아이들

매년 아이들을 만나며 알게 된 단순한 사실은 친구들과 어울리는 것을 싫어하는 아이는 없다는 것입니다. 그동안 보아온 대부분의 아이들은 모두 부모님이나 선생님과 시간을 보내기보다는 친구들과 시간을 보내길 원했습니다.

평소 책 읽기에 푹 빠져 있던 한 친구가 있었습니다. 이 친구는 6학년이 되기 전까지 쉬는 시간이면 어김없이 혼자 조용히 책을 읽으며 지냈습니다. 책을 많이 읽어서 배경지식도 많고, 모범적인 학생이었지요. 하지만 친구들이 모두 어울려 놀 때 혼자 책을 읽는 모습이 어딘지 모르게 쓸쓸해 보이기도 했습니다. 그래서 저는 쉬는 시간이면 일부러 그 친구 옆에서 다른 친구들과 놀았습니다. 가끔은 무슨 책을 읽는지 물어보기도 하면서 말입니다. 그랬더니 어느 순간 그 아이도 책을 내려놓고 쉬는 시간마다 친구들과 이야기하고 장난을 치며 놀게 되었습니다. 그렇게 큰 소리로 웃으며 친구들과 수다를 떨 줄은 자기도 몰랐다고 합니다. 저에겐 이런 경험이 여러 번 있었습니다. 그래서 평소 자신의 모습과는 다르게 살아가는 친구들에게 이렇게 물어보았습니다.

"넌 원래 책 읽고 조용히 지내는 모습이 많았잖아? 그런데 요즘은 책 보는 모습보단 친구들과 수다 떨며 재미있게 노는 모습이 더 많이 보인다. 왜 그런 거야?"

아이는 망설임 없이 이렇게 대답하더군요.

"그러게요. 저도 왜 그런지는 몰라요. 하지만 지금 이렇게 지내는 것이 더 재미있어요."

또 수업이 끝나는 동시에 교실에서 사라져 바로 자기의 집으로 돌아가는, 아이들 사이에서 '외계인'이라는 별명을 가진 한 아이가 있었습니다. 그 아이는 집에서 혼자 게임을 연구하고, 게임과 관련된 프로그래밍까지 하는 아이였습니다. 평소 똑똑한 아이였기에 학교에서의 모습은 나무랄 데가 없었죠. 하지만 친구들과는 거리가 꽤 멀어 보였고, 저는 그 친구에게 다가가 친구들과 더 많은 시간을 보내자고 제안했고, 같이 놀게 되었답니다. 그러다 여름방학이 다가왔고, 각자 자신의 과제를 정하고 발표하는 시간이 되었습니다. 그리고 그 친구는 자신의 방학 과제를 '친구들을 집에 초대하여 놀기'로 정했습니다. 그리고 여름방학이 끝난 뒤 그 친구의 집에 다녀온 친구들의 무용담(?)을 한참 들으며 생각했습니다. 어떤 아이라 하더라도 친구들과 함께하는 것을 좋아한다는 것을 말입니다.

우리가 핵심인 학급

저는 교사라는 직업은 단순히 자신에게 주어진 것을 관리하는 사람을 뜻하는 것이 아니라고 제 이전 책인 《교사의 탄생》에서 주장했습니다. 그리고 그 생각에는 변함이 없습니다. 세상은 맞춤형으로 더욱 개인화되어가고 있지만, 저는 학교에서는 오히려 더욱 함께하는 우리로 살아가야 한다고 생각합니다. 자신에게 부족한 부분이 있더라도, 우리라는 공동체 속에서 그 부분을 채워가는 기쁨과 경험을 하기를 원하는 것입니다. 또 그런 경험을 통해 학급이라는 공간이 단순한 하나의 장소(Place)가 아니라, 정말 우리들의 마음이 담긴 공간(Space)이 되기를 바랍니다.

그렇다고 해서 '우리'를 위해 개인이 희생해야 한다는 것은 아닙니다. 내가 소중해야 우리도 소중해지는 것이니까요. 만약 우리가 더 소중하다며 개인이 희생해야 한다고 말한다면 그것은 전체주의일 뿐, 진정한 '우리'가 아닐 것입니다.

그래서 개인이 소중한 우리를 만드는 일은 쉽지 않으며, 우리가 소중한 개인이 되는 것도 쉽지 않습니다. 결국 이 말도 둥근 사각형을 그려보라는 것과 같은 말 같습니다.

어떻게 둥근 사각형을 그릴 수 있을까?

수학적으로 보면 둥근 사각형이라는 도형은 존재하지 않습니다. 두 개념이 모순되니까 불가능한 것이지요. 하지만 우리의 삶은 수학처럼 똑 떨어지는 공식이 아니기에, 둥근 사각형의 문제는 수학이 아니라 삶의 모습으로는 해결할 수 있지 않을까 생각했습니다. 바로 '시간'이라는 변수를 통해서 말입니다. 그래서 제가 생각한 둥근 사각형 그리기의 해답은 다음과 같습니다.

'시간의 흐름을 생각하여 연속선상에 도형을 그릴 수 있다면, 어느 순간엔 사각형이었던 도형이 일정 시간 후엔 원형이 될 수 있고, 다시 시간이 흐른 뒤 사각형의 모습이 될 수 있지 않을까요?'

여러분의 해답은 무엇인가요? 궁금하네요. 언젠가 이야기할 기회가 있으면 좋겠습니다. 저는 저의 해결방법을 가지고 둥근 사각형을 그려내기 위해 노력하며 살아갈 것입니다. 그리고 둥근 사각형을 그리듯이 아이들과 함께 '우리'를 만들어갈 것입니다. 학생 개개인과 우리가 자리를 바꿔가며 모두 중요한, 그것을 인정하며 살아가는 곳이 학급이라는 것을 생각하면서 말입니다.

둥근 사각형은 시간의 흐름 속에선 존재할 수 있다.

우리와 개인은 서로가 필요하다

세상과 처음으로 마주한 아이는 자신의 몸에 닿는 옷의 느낌을 통해 세상을 인식한다고 합니다. 이렇게 인식된 자아는 자신에 대한 이해의 시작이기도 합니다. 아이가 있기에 세상이 있고, 세상이 있어서 아이도 있습니다. 이처럼 개인과 우리는 서로를 원하고, 또 서로에게 필요한 존재입니다. 그래서 우리라는 감각을 익혀가는 것이 중요합니다. 누구나 언제든 우리와 개인 사이를 오가게 될 테니 말입니다.

　누군가 저에게, "그러면 선생님은 우리에 대해 완벽하게 이해하고 적용하고 계신가요?" 하고 물어온다면, 저는 이렇게 대답할 것입니다.

　"아니요. 저도 모릅니다. 하지만 그 감각을 익히기 위해 쉬지 않고 달릴 겁니다. 쉬지 않고 말입니다."

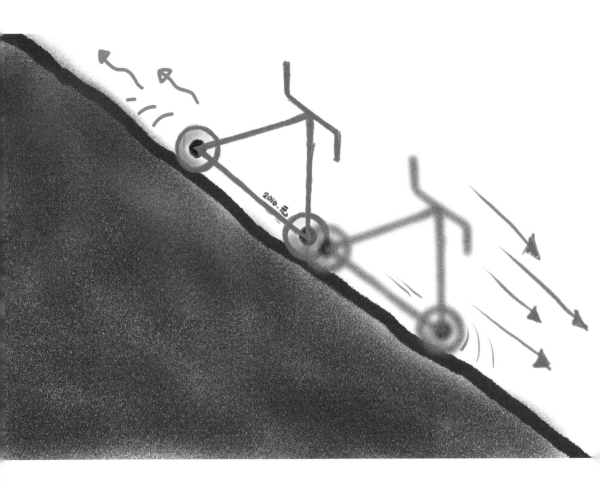

우리 삶의 순간들은 멈춰 있지 않습니다. 그래서 우리는 항상 페달을 밟고 있어야 합니다. 자전거를 탈 때처럼 말입니다. 그런데 때로는 잠시 숨을 돌리고, 페달을 밟는 것을 멈추고 싶을 때도 있습니다. 하지만 문제는 삶이라는 무대가 평지가 아닐 수도 있다는 것입니다.

만일 우리 삶이 가파른 언덕을 오르는 것이라면 멈출 수가 없습니다. 멈추는 순간 자전거는 뒤로 굴러떨어질 테니까요. 더군다나 세상에서 가장 순수한 마음을 지닌 아이들을 대하는 교사라면 더욱 한자리에 멈춰선 안 될 것입니다. 그래서 교사란 직업이 어렵고, 때로는 운명이라는 말도 있는 것이겠지요. 하지만 서로 생각을 나누고 지지할 수 있는 '우리'의 관계가 있다면, 언덕 같은 삶이라도 천천히, 하지만 확실하게 오를 수 있지 않을까요?

비단 학급에서 만나는 아이들과 교사만 '우리'가 되는 것은 아닙니다. 같은 교사끼리, 또는 교사와 학부모도 함께 우리가 되어야 합니다. 그래서 서로 자신이 가진 것을 나누는 것이 중요합니다. 이렇게 살아갈 때 우리의 삶이 행복해지지 않을까요?

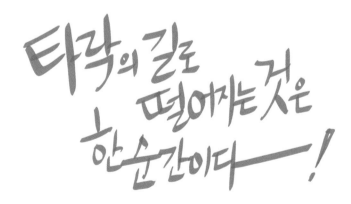

타락의 길로 떨어지는 것은 한순간이다ㅡ!

▎ 삶의 순간순간 최선을 다해야 하는 이유.

존중받으며 책임과 권리를 가진 개인

▌ 마음 모아 함께 뛰어보자. 우리를 느낄 수 있다.

우리와 개인의 관계에서 반드시 잊지 말아야 할 것은 개인이 항상, 어느 때건 존중받고 있다는 느낌을 받아야 한다는 것입니다. 그리고 개인에게 우리라는 존재의 주체로서 책임과 권리를 동시에 가지고 있음을 끊임없이 인식시켜야 합니다. 만약 이러한 균형이 이뤄지지 못하면 개인은 그저 '우리'를 쫓아가는 해바라기형의 인간이 될 수도 있습니다. 그리고 자신들을 이끌어줄 영웅만을 추종하게 됩니다. 개개인 모두가 주인공이며, 그것을 인식하는 주체들이 모여서 우리가 되어야 하는데, 특별한 한 명의 주인공만 존재하고 다른 이들은 그 주인공을 그저 따르는 것으로 공동체를 이루려 할 수 있다는 것입니다.

　조금 쉽게 설명하자면 소설 〈우리들의 일그러진 영웅〉의 주인공인 엄석대를 떠올리면 될 것 같습니다. 엄석대라는 강력한 주인공이 있어, 그 학급은 하나가 된 것처럼 보입니다. 하지만 엄석대를 제외한 다른 아이들은 존중받지 못하고, 권리와 책임도 지지 않고 있었습니다. 이처럼 우리를 강조하며 개인을 존중하지 않으면 엄석대와 같이 한두 명의 힘 있는 인물을 중심으로 한 기형적인 공동체를 탄생시킬 수도 있습니다. 또 때로는 담임 교사가 엄석대와 같은 인물이 될 수도 있다는 것을 알고, 항상 경계해야 합니다. 교사가 아이들을 존중하고, 아이들이 자신의 권리와 책임을 다할 수 있도록 해주어야, 아이들이 스스로 주인공이 되는 공동체를 만들어나갈 수 있습니다.

② 소통의 의미 : 들들들, 존중, 최선

매년 아이들을 만나며 자연스럽게 아이들의 생활 환경이 어떤지에 대해 느끼게 됩니다. 아이들의 모습에는 분명 아이들이 속한 사회의 모습이 반영되니까요. 요즘 아이들이 예전과 다르게 느껴진다면 그것은 아이들의 본성이 달라져서라기보다는 아이들을 둘러싸고 있는 사회 환경의 변화에 기인할 것입니다.

그렇다면 아이들이 겪고 있는 문제들 중 개인화에 대한 부분을 이야기하지 않을 수 없습니다. 요즘 아이들의 모습 중 가장 급격하게 나타나고 있는 것 중 하나가 개인화의 모습이니까요.

학교 현장에서는 다른 사람의 말을 끝까지 듣지 않는 아이들의 모습을 종종볼 수 있습니다. 최근에 북유럽의 나라에서 교육활동을 하시다 한국으로 돌아온 어느 박사님께서는 중학생들을 대상으로 한 강연을 하게 되었는데, 듣는 아이들보다 떠들고 딴짓하는 아이들이 더 많았다고 합니다. 어떤 면에선 아이들과 제대로 눈높이를 맞추지 못해서 그런 것이라고 할 수 있을지 모르지만, 단순히 눈높이의 문제라고만 볼 수는 없을 것 같습니다.

다른 사람의 말을 주의 깊게 듣지 않으면서, 다른 사람을 이해할 수 있을까요? 다른 사람의 말을 존중하지 않는 태도로 우리가 추구하는 것을 함께 해나갈 수 있을까요? 다른 사람의 말을 무시하는 모습 속에서 최선을 다하는 누군가를 인정하는 마음이 생길까요?

결국 우리가 되기 위해 가장 필요한 것은 누군가와 소통하는 것입니다. 그리고 소통을 통해 우리가 될 수 있음을 다시 생각하게 되었습니다. 우리 속에서의 소통이 원활해야만 그 속에서 존재하는 내가 존중받을 수 있고, 권리와 책임도 가질 수 있음을 알아야 합니다. 그런 의미에서 저는 우리가 되기 위한 소통의 방법 세 가지를 생각하고 실천하려 노력합니다.

첫째, '들들들'입니다.

'들들들'이란 '들어주고, 들어주고 들어주자'라는 말의 줄임말입니다. 저는 이오덕 선생님의 글을 읽고 다른 사람의 말을 듣는다는 것이 얼마나 중요한 일인지 생각하게 되었답니다.

제가 있는 교실 칠판 구석엔 '들들들'이라는 글자가 지워지지 않고 항상 쓰여 있습니다. 물론 아이들에게 직접 쓰도록 부탁했지요. 그리고 아이들에게 이렇게 말했습니다.

"선생님은 이 세상의 모든 문제가 발생하는 이유가 한 가지 있다고 생각해요. 혹시 무엇인지 아나요? 선생님은 그것이 바로 다른 사람의 말을 듣지 않아서라고 생각해요. 그래서 올 한 해 선생님과 지내며 항상 다른 사람의 말을 주의 깊게 들을 수 있도록 노력하면 좋겠어요. 선생님도 여러분의 말을 최선을 다해 들도록 노력할게요."

▌ 아이들은 자신들이 생각하는 듣기의 모습을 그 시기에 맞추어 표현한다.

다른 사람의 말을 주의 깊게 듣는 행위는 그 자체로 학습의 효과를 높이는 학습활동입니다. 특히 맥락을 중시하며 정제된 말을 주로 사용하는 교사의 말을 주의 깊게 들을 수 있다면 수업마다 책 한 권을 읽는 효과를 얻을 수도 있을 것입니다. 또 다른 사람의 말을 주의 깊게 듣는다는 것은 다른 사람과의 거리를 좁힐 수 있는 가장 손쉬운 방법이기도 합니다. 누구나 자신의 말에 귀 기울여주는 존재에겐 호감을 가지게 되니까요.

그래서 저는 '들들들'의 중요성을 강조하고, 실천방법으로 '온몸으로 듣기'를 제시해줍니다. 누군가 말할 때는 다른 행동을 하지 말고 그 사람을 보며 완전히 집중해서 들어야 한다는 의미입니다. 사실 여기에는 아이들과 어른의 차이를 생각한 부분도 있습니다. 아이와 어른의 듣기는 질적인 부분에서 차이가 있기 때문입니다.

아이들은 온몸으로 들어야 합니다. 몸이 곧 마음이기에, 몸의 온 감각을 이용해서 들어야 합니다. 반면에 어른들은 몸이 아닌 마음으로 들어야 합니다. 몸이야 어떻든 마음이 움직일 때에만 비로소 들을 수 있을 테니까요. 그런 면에서 아이들의 듣기는 쉽습니다. 바른 자세를 취할 수 있다면 제대로 들을 수 있으니까요. 하지만 어른의 듣기는 어렵습니다. 마음으로 들으려면 마음에 여유가 있어야 하기 때문입니다. 그리고 여유는 내 마음을 더 깊이 있게 만들거나 기존의 마음을 버려야 생기는 것이지요. 그래서 저는 아이들이 어릴 때 충분히 듣기를 경험하기를 바랍니다. 바른 자세를 취하는 연습만으로도 소중한 것을 쉽게 얻을 수 있으니까요.

학년 전체 활동이 끝난 후 활동소감을 발표하는 친구에게 모두가 몸을 돌리고 듣는 자세를 가지는 것은 '우리'가 형성되었을 때 나타나는 중요한 현상이고 교육적 효과라 할 수 있다. 또 이런 모습을 지켜보는 교사가 교사로서의 자존감이 높아지는 것도 당연할 것이다.

둘째, 존중의 마음입니다.

존중은 선택이 아니라 필수입니다. 반면에 존경은 선택적인 것이고요. 가끔 존중과 존경을 혼돈해서 사용하는 경우가 있습니다. 모든 어른을 존경해야 하는 것처럼 이야기하는 어른을 만나면 아이들은 곤란해집니다. 존경하고 싶은 마음이 없는데, 어떻게 존경할 수 있을까요? 우리도 마찬가지 아닌가요? 존경이란 존중을 넘어 그 사람의 하나부터 열까지를 닮고 싶을 때 사용하는 말일 겁니다. 하지만 존중은 그렇지 않습니다. 누구든, 어떤 존재든 상관없이 존중의 마음으로 살펴야 합니다. 아무리 죄를 지은 죄인이라도 그 사람에게 함부로 욕하거나 돌을 던지면 안 됩니다. 그것은 존중의 태도가 아니기 때문입니다.

민주주의의 기본이 되는 정신엔 존중의 정신이 깃들어 있다고 생각합니다. 민주주의라는 제도를 통해 우리는 많은 사람들이 원하는 세상을 만들 수 있습니다. 하지만 반면 모두가 만족하지 못하는 세상을 경험하기도 합니다. 절차적 민주주의를 통해 선정되고 결정된 문제에도 다른 의견을 개진하고 저항할 수 있는 것이 민주주의가 추구하는 사회이기도 하니까요. 한 가지 의견만 옳고 나머지는 틀렸다고 하는 것은 민주주의가 아니며, 그런 사회에서는 소수의견에 대한 존중이 없을 것입니다.

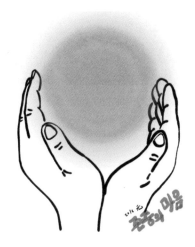

▌ 존중의 마음은 선택의 문제가 아니다. 그것은 무조건 실천해야 하는 것이다!

이렇기에 소통의 지점에는 존중의 마음이 진하게 깔려 있어야 합니다. 소통은 일방적인 한쪽의 의견을 밀어붙이기 위해 필요한 것이 아니라 서로 다른 존재들이 합의해가는 과정이니까요. 소통한다는 것은 대화와 타협을 한다는 의미입니다. 그리고 대화와 타협의 정신에는 당연히 상대방에 대한 존중이 있어야 하겠지요. 힘 있는 자가 상대적 약자에게 베푸는 것이 아니라, 서로가 동등한 입장에서 상대방을 이해하기 위해 노력하는 것이 가장 기본이 아닐까요?

마지막 셋째는 '최선을 다하기'입니다.

최선을 다한다는 것, 최선을 다해야 한다는 것, 최선을 다하고 싶다는 것은 그 자체로 아름답고 의미 있습니다. 하지만 최선을 다하는 순간 순간 외로움을 경험할 때도 많습니다. 최선을 다하는 것은 결코 쉬운 일이 아니며, 항상 그렇게 지내기도 어려울 테니까요. 하지만 그럼에도 최선을 다해야 한다고 생각합니다. '우리'가 된다는 것은 한 명의 주인공을 다수의 들러리들이 무조건 따르는 것이 아니라, 모두가 주인공인 상태로 서로를 인정하며 함께 어깨를 걸고 나아가는 것이기 때문입니다.

처음엔 최선을 다하는 자신의 모습이 외롭게만 느껴질 수도 있을 것입니다. 하지만 분명 최선을 다하는 누군가를 만나 함께 나아갈 수 있을 것이라 믿습니다.

나 하나 꽃 피어

　　　　　　　- 조동화

나 하나 꽃피어
풀밭이 달라지겠느냐고

말하지 말아라
네가 꽃 피고 나도 꽃 피면
결국 풀밭이 온통
꽃밭이 되는 것 아니겠느냐

나 하나 물들어
산이 달라지겠느냐고도
말하지 말아라

내가 물들고 너도 물들면
결국 온 산이 활활
타오르는 것 아니겠느냐

조동화 시인의 〈나 하나 꽃 피어〉라는 시를 보며 최선을 다한 우리를 생각했습니다. 처음엔 나 하나만 홀로 최선을 다하는 것 같아 외롭고 힘겨울 수도 있지만, 분명 함께할 누군가가 나타나서 결국 모두가 하나 되는 경험을 할 수 있다고 믿으니까요.

교실에 최선을 다하는 이가 한 명만 있어도 그 학급은 분명 달라질 것입니다. 그 한 명은 아이들일 수도 있고 교사일 수도 있다는 사실도 잊지 말아야 하겠고요. 최선을 다하는 교사를 옆에서 보며 지내면, 설명하지 않아도 아이들에게는 최선을 다하는 마음이 자리 잡게 될 것입니다.

"아, 우리 반이요? 왜 이렇게 열심히 하냐고요? 음…… 그건, 선생님을 보면 안 할 수가 없어요. 아, 진짜. 선생님도 저렇게 생활하는데 어떻게 제가 안 해요."

툴툴거리면서도 모든 일에 최선을 다하며 지내는 제자의 이야기입니다. 우리 반에 오셨던 다른 지역의 선생님들께서 왜 그렇게 열심히 하느냐고 물어봤더니, 저렇게 대답했다고 하더군요.

저 대답을 한 친구는 처음에는 지독한 귀차니즘을 몸에 덕지덕지 붙이고 살아가던 아이였습니다. 하지만 6학년 내내 해야 할 모든 일에 최선을 다하는 모습을 유지했고, 중학교에 가서도 투덜대면서도 해야 할 일은 다 하며 지낸다고 합니다. 심지어 학교 회장까지 되었다니 웬일인가 싶다가도, 자신이 극복해야 할 부분을 뛰어넘으려고 노력하는 제자의 모습에 존경스러운 마음까지 생기게 됩니다. 그리고 앞으로도 자신을 넘어 무엇에든 최선을 다하며 살아가길 기원합니다. 어쩌면 교사로서 제가 할 수 있는 일은 제자들을 걱정하고 앞으로 잘 살아가길 기원하는 일이 전부가 아닐까 생각할 때도 있답니다.

소통을 통해 우리는 서로의 말을 온몸으로 듣고, 다른 존재를 존중하며, 최선을 다하는 삶을 살아가면서 학급이라는 하나의 공간을 만들어가야 합니다. 모든 아이들과 교사가 함께 어우러져 성장하고 살아가는 곳, 그곳이 학급이고, 그런 학급을 매년 새롭게 탄생시켜야 하는 사람이 교사인 것입니다.

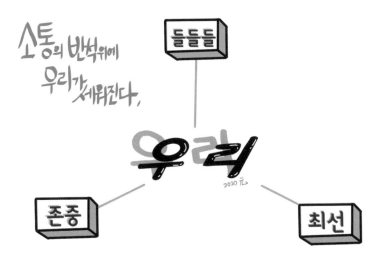

말語 : 교사의 언어

"아이들은 절대 '어른이'[3]들이 아니다!"

질문 : 교사의 말이란?

3 어린이와 어른의 합성어.

교사, 말을 다듬다

우리는 평소 말을 다듬는다는 표현을 씁니다. 그런데 말을 다듬는다는 것은 무슨 뜻일까요? 그리고 왜 중요할까요?

앞에서 존경과 존중의 차이를 이야기했습니다. 정확한 의미를 통해 아이들은 혼란을 느끼지 않을 수 있지요. 네, 맞습니다. 전 말을 다듬는 행위가 바로 우리가 성숙해지는 중요한 통로라고 생각합니다. 존재하는 것을 변하게 하는 것은 결국 성숙함이라는 말도 있더군요. 우리가 말을 다듬는 것은 결국 내가 성숙해지고, 우리와 함께하는 이들을 성숙함으로 이끌기 위한 행동입니다.

교사가 된 후 오랫동안 큰 착각 속에서 지냈습니다. 교사인 제가 아이들이 가진 문제를 해결할 수 있고 도와줄 수 있다고 생각했던 것입니다. 하지만 현실은 그렇지 못했습니다. 아이가 겪고 있는 문제는 단순히 학교에서 제 눈에 언뜻 보인 것만이 아니었습니다. 그 아이가 살아온 인생 전반이 걸려 있는 문제였습니다. 거기에 더해 부모님의 인생까지도 같이 얽히고 섞여 있는 경우는 두말 할 필요도 없었습니다.

돕는다 쉽게 말하지 마라.
누가 누굴 돕는단 말인가?
누군가를 도울수 있는
존재는 자기자신과
신뿐이다.
김개, 표

> "돕는다고 쉽게 말하지 마라. 누가 누굴 돕는다는 말인가? 누군가를 도울 수 있는 존재는 자기자신과 신뿐이다!"

이런 상황에서 교사인 제가 누굴 도울 수 있고, 어떤 문제를 해결해줄 수 있을까요? 그래서 한때는 아이들의 문제 하나 해결해주지 못하는 사람이라는 생각에 절망했던 경험도 있습니다.

아이들 삶 속에 버팀목이 되는 어른

이런 저를 구해준 것도 말을 다듬는 일이었습니다. 그동안 '돕는다'라는 말을 사용하며 겪었던 제 고민이 '함께한다'는 말로 변화되었고, 그 순간 마음의 짐이 해결된 것입니다. 누군가에게 도움을 주고 그 사람이 가진 문제를 해결해줄 순 없어도, 옆에서 함께 있어줄 수는 있었기 때문입니다. 그리고 그렇게 옆에 있어주는 어른으로 살아가는 것이 제가 가야 할 길임을 알게 된 것입니다.

아이들 옆에 항상 한 명의 어른으로서 그저 있는 것만으로도 충분하다는 것을 알게 된 것도, 제가 사용하는 말을 다듬으면서였습니다. 아이들이 힘들 때 기댈 수 있는 존재가 되는 것이 어떤 의미인지 구별하게 된 것입니다. 즉 아이들이 겪는 삶의 문제를 해결해주는 것이 아니라, 아이들이 스스로 자신의 문제를 해결하기 위해 노력하는 것을 응원하는 것입니다. 그러다가 지치고 힘들고 누군가 필요할 때, 항상 그 자리에서 버팀목이 되어줘야 한다는 것을 깨달은 것입니다. 그러면서 학교에서 주로 사용되는 말들에 대해서도 관심을 가지게 되었습니다.

학교에서 주로 사용되는 말

학교에서 교사들이 주로 사용하는 말은 어떤 것일까요? 칭찬은 고래도 춤추게 한다는 말처럼, 아이들의 말과 행동에서 좋은 점을 찾아서 칭찬하는 말이 아닐까요?

"참 잘했구나."

잘했다는 말을 싫어하는 친구는 없을 것입니다. 아이들은 교사에게 이 한마디를 듣기 위해 노력하기도 하니까요. 하지만 잘했다는 말이 가진 한계에 대해 조금만 생각해보면 그것이 가진 위험성에 대해서도 알 수 있습니다.

잘했다는 말은 반드시 못했다는 말과 짝을 이루게 되고, 그것은 결국 누군가와 비교하는 것으로 이어지는 경우가 많습니다. 우리의 의도와 상관없이 누가 더 잘했는지를 따지게 될 수도 있다는 말입니다. 그래서 "참 잘했어요"라는 말은 너무 많이, 자주 사용되어선 안 될 것 같았습니다. 그렇다면 아이들의 활동에 대해 뭐라고 이야기해야 할까요? 아니, 어떤 말을 하는 것이 더 좋을까요?

"와. 이렇게 최선을 다하다니, 선생님이 정말 고맙구나. 정말 고마워요."

제가 아이들과 지내며 가장 많이 사용하려고 노력하는 말은 "고맙다"입니다. 그리고 '고맙다'와 '잘했다'는 정말 다릅니다. 잘했다는 말은 많이 사용할수록 더 잘해야 할 것 같거나, 혹은 아무런 느낌도 주지 못할 수도 있습니다. 심지어 자신은 만족스럽지 못한데, 다른 이가 잘했다고 하니 그저 부끄러울 수도 있습니다. 아이들 중에는 이런 상황을 못 견뎌 하거나, 이런 일이 반복되면 주변 사람들을 신뢰하지 않는 아이도 있더군요.

반면 고맙다는 말은 언제 들어도 좋습니다. 누군가에게 도움이 된 것 같은 기분은 그 자체로 좋은 일이니까요. '잘했다'가 자신에게 초점이 맞춰져 있다면 '고맙다'는 상대방에게 초점이 맞춰진 말이란 생각입니다. 내가 생각할 때 만족스럽지 못한 작품이라도 상대방의 입장에서는 고마울 수 있기 때문입니다. 그래서 고맙다는 말은 공감의 기본이 되는 말입니다. 이처럼 같은 상황에서 어떤 말을 사용하느냐에 따라 아이들과의 소통에도 질적인 차이가 생길 수 있습니다.

아이와 어른의 말 사이

나이가 어릴 때는 말의 중요성을 그렇게 민감하게 느끼지는 못했던 것 같습니다. 아마 비슷한 또래들이 공유하는 소통구조 안에 포함되어 생활하다 보니 더 넓은 소통의 필요성을 느끼지 못했기 때문이겠지요. 동질화된 비슷한 또래 사이에서는 단순하고 빠르게 서로의 마음을 전달할 수 있으면 되었으니까요. 최근 아이들 사이에 유행하는 신조어나 단축어 등도 이런 측면에서 이해할 수 있을 것 같습니다. 하지만 학년이 올라가고 나이가 들어감에 따라 이렇게 단순하고 빠르기만 한 소통으로는 한계를 느끼게 됩니다. 어른이 된다는 것은 원치 않아도 삶의 폭과 깊이가 더 커지고 깊어지는 상황과 마주하는 것이기도 하니까요. 점차 다양한 집단과 관계를 맺게 되고 폭넓은 소통의 도구가 필요해지는 것입니다. 그렇다면 아이들은 친구들끼리 사용하던 말을 넘어, 다양한 집단에서 사용되고 자신이 가진 생각의 폭을 넓힐 수 있는 말을 익혀야 할 것입니다. 그런 의미에서 교사의 말 다듬기는 더욱 중요하다고 할 수 있습니다. 그 자체로서 이미 교육적인 것이니까요.

어린 시절, 어렵게 살아가던 저에게 한 분의 어른이 계셨습니다. 초등학교, 당시로서는 국민학교에 다니던 시절, 4학년 담임선생님의 따뜻한 마음이 담긴 엽서 한 장이 저를 버티게 해주었죠. 당시에 너무 가난해서 기죽어 살던 저를 차별 없이 대해주신 선생님이 계셨기에 지금의 제가 있다는 생각입니다. 저는 강의를 할 때면 이런 제 이야기를 하면서, 그 당시 어렵게 살던 저 같은 아이에게 필요한 것이 무엇일지 묻습니다. 그러면 대부분 돌아오는 답은 비슷했습니다.

"관심이 필요할 것 같아요."
"사랑이 필요할 것 같아요."

이런 답이었습니다. 그러면 저는 이렇게 말씀드립니다.

"네, 맞습니다. 하지만 방금 말씀하셨던 관심이나 사랑은 아이의 입장이 아니라 아이를 바라보는 어른의 입장에서 나온 말이 아닐까요? 그 당시를 떠올려보면, 저에게 필요한 것은 누군가의 관심이나 사랑이 아니었습니다. 그저 저

를 내려놓고 아무런 경계심 없이 온전히 저를 맡길 수 있는 존재, 즉 어른이 필요했던 것입니다."

그러므로 말을 다듬는 것에 있어서도 잊어서는 안 될 사실은 아이의 입장에서 생각해보며 말을 다듬어야 한다는 점입니다.

느낌과 생각의 구별

아이들이 잘못을 하면서도 쉽게 고치지 못하는 이유는 무엇일까요? 왜 사람들은 같은 잘못을 계속하는 것일까요? 왜 어떤 사람은 자신이 한 잘못을 다시 저지르지 않으려 노력하는데, 또 어떤 사람은 잘못된 행동에 더 익숙해지는 것일까요? 저는 이 물음에 대한 해답을 '느낌'과 '생각'의 구별에서 찾아보았습니다.

느낌은 인간이 가진 중요한 본능이자 능력입니다. 어떤 행동에 대한 첫 느낌이 어떤지에 따라 그 사람의 행동이 결정될 수 있습니다. 그래서 모든 느낌은 모든 일의 시작이기도 합니다.

우리가 어떤 잘못을 했다면, 어떤 느낌이 드나요? 보통은 불안감이나 무서움 등을 느끼게 될 것입니다. 하지만 계속해서 잘못을 저지르는 아이들은 잘못된 행동을 했을 때 불안감이나 무서움을 느끼지 않는 것 같았습니다. 만약 아이가 그 순간 불안하거나 무서운 감정을 느꼈다면, 그 느낌을 떠올리게 되어서 그 행동을 다시 하지 않으려 할 테니까요. 실제로 이렇게 질문을 해보았습니다.

"전에도 이 문제로 이야기를 했었는데, 똑같은 잘못을 이번에도 했구나. 그러면 이번에는 이렇게 물어볼게. 이번 행동을 했을 때 첫 느낌은 무엇이었니?"

이렇게 물어보면 느낌을 이야기하지 않고 자신의 생각을 이야기하는 아이들이 더 많았습니다. 아이들에게는 느낌과 생각이 또렷이 구별되지 않기 때문입니다. 그래서 이렇게 대답합니다.

"전에 했던 행동을 똑같이 반복한 것은 잘못된 행동이라고 생각합니다."

그러면 저는 눈빛을 빛내며 다시 질문합니다.

"아니, 선생님이 물어본 것은 너의 생각이 아니라 그 당시에 네가 느꼈던 첫 느낌을 물어본 거야. 느낌을 한번 떠올려보렴."

어떤 경우엔 느낌에 대해 설명해주기도 합니다.

"느낌은 네가 무엇인가를 보거나 접했을 때 제일 먼저 가지게 되는 감정이야. 예를 들어서 그 순간 무서웠다거나 혹은 그 순간 재미있었다거나 하는 것 말이지. 생각은 그 상황에 대한 이성적이고 논리적인 판단을 말하는 것이고. 그러면 다시 떠올려보렴. 그때 네가 느꼈던 느낌을 말이야."

이렇게 설명하면 아이들은 비로소 그때 자신이 느꼈던 감정에 대해 이야기합니다. 아이들은 인간의 원초적인 모습을 가진 존재이기에, 고학년이라 하더라도 솔직하게 자신의 느낌을 말하는 경우가 많습니다.

"그 당시 첫 느낌은, 왠지 모르게 재미있었어요."

첫 느낌이 재미있었다는 아이. 하지만 그 느낌이 바로 지난 뒤에는 후회가 밀려왔다고 이야기합니다. 하지만 중요한 것은 첫 느낌입니다! 저는 그 첫 느낌이 재미있었기에 아이의 행동에 변화가 없는 것이라고 생각했습니다. 그래서 아이에게 저의 이런 생각을 말해주었습니다. 너의 느낌을 다시 생각해볼 필요가 있을 것 같다고 말입니다.

첫 느낌은 그 사람의 행동을 결정하는 중요한 시작점이다.

느낌에 대한 알아차림

느낌과 생각이라는 단어를 구별하도록 하면, 아이들은 그제야 자신의 느낌과 생각 사이에서 줄다리기를 시작하는 것 같았습니다. 분명 생각으로는 저 일을 하면 안 될 것 같은데도 왠지 하면 재미있을 것 같을 때, 어떤 선택을 해야 할지 고민하더군요. 반대로 저 일을 하면 도움이 될 것 같은데 느낌상으로는 지루하고 힘들 것 같을 때는 어떻게 할지 고민하는 것입니다.

이런 고민은 아이들을 성숙하게 만들 것입니다. 실제로 같은 잘못을 반복하던 아이가 쓴 글을 읽어보면 좀 더 쉽게 이해될 것 같습니다.

"잘못된 일을 했을 때 후련함을 느끼는 것은 안 되는 일이다. 나는 이번 사건에서 영어쌤한테 못된 말을 사용하였다. 이때 첫 느낌은 후련함이었다. 쌤한테 쌓인 것도 많았고 화난 게 있어서 그랬다. 그다음 느낌으로 두려움과 죄책감이 들었다. 오늘 담임쌤과 이야기를 하며 나의 첫 느낌이 후련함이 아니라 불안하거나 미안함이어야 했다고 들었고, 그 말이 이해가 되었다. 왜냐고? 그 이유는 내가 잘못을 했을 때 후련한 마음이 들면 똑같은 잘못을 반복할 수 있기 때문이다. 오늘부터 나는 모든 일에 잘못함이 생기면 후련함이 아니라 불안하고 죄송한 마음이 들도록 할 것이다. 영어쌤에게 죄송하고 죄책감이 든다."

저와 이야기를 나눈 후 아이가 쓴 글입니다. 자신도 모르게 자신이 느끼고 있던 '후련함'에 대해 인지하게 되었고, 그 느낌이 자신을 계속 잘못된 길로 가게 만든다는 것을 알게 된 것입니다. 이 일 이후로 이 친구는 한번 잘못한 일은 다시 하지 않으려 노력했고, 일정 부분 자신의 모습을 조절하며 나머지 기간을 지낼 수 있었습니다.

만약 우리가 어릴 때부터 이렇게 느낌과 생각의 차이를 인식할 수 있다면 아마 어른이 되었을 때는 좀 더 성숙한 어른이 되지 않을까요? 자신의 마음속 느낌과 생각을 정확히 알아차리는 순간, 스스로 조절할 수 있는 힘을 가지게 될 테니까요.

느낌과 생각, 두 말을 구별하고 다듬어보면 이렇게 커다란 차이를 가져올 수 있습니다. 그러면 다른 말들도 다듬어보겠습니다.

선생님들께서는 교실에서 아이들에게 미안하다는 말을 얼마나 사용해보셨나요? 평소에 자주 사용하시는 편인가요?

한 개인은 일생을 살아가며 다양한 모임에 참석하게 됩니다. 저는 모임을 그다지 좋아하지 않아서 많은 모임에 참여하고 있지는 않지만, 주변에서 많은 모임에 가입해 동시에 활동을 이어가시는 분들을 보게 됩니다.

그런데 모임은 꾸준히 참석할 때 더욱 의미가 있을 텐데, 그것이 쉽지는 않습니다. 모임 날이 되면 꼭 다른 일들이 생기기도 하고 말이지요. 아무튼 모임에 참석하지 못했을 때 많은 사람들은 "미안해요. 오늘 꼭 참석하려고 했는데……"라고 말하곤 합니다.

여러분도 이런 말을 한 적이 있으신가요? 저도 처음에는 이런 표현을 사용했던 것 같습니다. 왠지 모임에 참석하지 못하면 미안했거든요. 그런데 제가 모임을 주최하는 사람이 되자 이 말이 이상하다는 것을 느끼기 시작했습니다.

"아, 그러시군요. 오늘 참석하지 못하신다는 거네요. 알겠습니다."

이렇게 대답하면서 왜 이 사람이 나에게 미안하다고 할까를 생각하게 된 것입니다. 미안하다는 말은 상대방이나 어떤 대상에게 피해를 주거나 잘못을 했을 때 사용하는 말인데, 모임에 오지 못했다고 해서 피해를 주거나 잘못했다고 할 수는 없으니까요. 물론 당사자는 그렇게 생각할 수도 있지만, 자율적인 모임의 경우엔 더욱 잘못했다고는 할 수 없겠지요. 내가 모임에 가지 않는 것이 피해를 주는 것은 아니니까요. 무엇보다 큰 문제는 그런 상황이 계속 생겨서 미안하다고 말하며 모임에 몇 번 나가지 않게 되면, 마음 속에서 진짜 미안한 마음이 생겨나 아예 모임에서 빠지게 되기도 한다는 점입니다. 저는 이것이 말이 가진 힘이라고 생각합니다. 우리가 어떤 말을 사용하느냐는 우리의 행동을 결정짓기도 하니까요.

이처럼 적확하지 않은 상황에서의 미안하다는 말은 결국 두 존재 사이를 멀어지게 하는 것 같았습니다. 그렇다면 어떤 말로 대신해야 할까요?

"아쉬워요. 오늘 꼭 참석하고 싶었는데……."
"아, 그러시군요. 저도 아쉽습니다. 이 아쉬움을 다음 모임 때 풀어봐요. 연락 줘서 고맙습니다."

전 미안하다는 말이 아니라 아쉽다는 말을 사용하고 있습니다. 아마 앞에서 모임에 불참한다며 미안하다고 말했던 경우에도 그 의도는 아쉬움이었을지도 모릅니다. 하지만 그렇다면 아쉽다는 말을 사용해야지, 미안하다고 말하면 실제 의도와는 다른 결과로 이어질 수 있을 것입니다.

또, 미안하다는 표현이 두 존재 사이를 멀어지게 하고 어색하게 한다면, 아쉽다는 표현은 그 모임에 대한 애정을 표현하는 것이라고 생각합니다. 좋은 것을 나누고 싶었지만 나누지 못하는 아쉬움을 드러내기에, 같이하지 못하지만 그 모임이 얼마나 소중한지 표현하는 것이니까요. 모임을 주최하는 입장에서도 아쉬워하는 불참자가 있다면 그 모임이 가치 있는 모임이라는 생각이 들 것이고요.

이처럼 "미안해"와 "아쉬워"를 구별하는 것은 작은 일 같지만, 엄청나게 큰 차이를 만들 수 있습니다. 저도 이 작은 차이로 인해 미안하다는 말의 진짜 의미를 찾을 수 있었습니다.

수업 준비를 제대로 못 한 것은 미안한 일? 아쉬운 일?

교사는 수업을 위해 노력합니다. 노력의 방법이 다를 뿐 교사에게는 너무도 당연한 일이지요. 그런데 가끔 주변의 훌륭한 교사들(자신의 일에 열정을 가지고 자신의 삶을 열심히 살아가는 모든 교사)과 이야기를 하다 보면, 자신이 수업을 제대로 준비하지 못해서 아이들에게 미안하다는 말을 듣게 됩니다.

"제가 수업을 제대로 준비하지 못해서 아이들에게 피해를 줄까 봐 항상 미안해요."

네, 맞습니다. 교사는 이런 사람들입니다. 작은 일이라도 주변에 피해를 줄까 봐 조심하고 미안해하는 사람들입니다. 훌륭한 교사들은 아이들에게 미안하다는 말을 더 많이 사용하는 것 같고, 어떨 때는 눈물까지 비치면서 미안해합니다. 그런 모습을 보면 저 또한 마음 깊이 슬픔이 피어오르기도 합니다. 하지만 전 이렇게 말씀드리며 제안합니다.

"전 수업 준비를 제대로 하지 못했다고 미안해할 일은 아니라고 생각해요. 선생님이 의도적으로 수업을 내팽개치거나 수업을 하지 않으려고 애쓴 게 아니고, 수업을 잘 준비하고 싶었지만 여러 가지 사정으로 부족해졌을 뿐이니까요. 수업을 생각하는 마음은 이미 선생님 마음을 가득 채우고 있잖아요. 그래서 전 선생님께서 아이들에게 미안해해야 한다고 생각하지 않아요. 대신 수업을 충분히 준비하지 못해서 아쉬울 뿐이라고 생각해요. 수업에서 보여주고 싶었던 책을 조금 더 준비했으면 좋았겠지만 그러지 못해서 아쉽고, 수업시간을 어떤 식으로 진행할지 좀 더 정리했다면 좋았을 텐데 그러지 못해서 아쉬운 것이죠. 전 그래서 선생님께서 아이들에게 미안해하지 않으셨으면 좋겠어요. 수업을 충분히 준비하지 못해서 아쉽다고 생각하시면 좋겠어요."

전 교사가 완벽한 존재라고 생각하지 않습니다. 물론 저 또한 실수투성이의 교사 중 한 명일 뿐이지요. 하지만 제가 할 수 있고 해야 했던 일은 최선을 다하는 일입니다. 그것은 모든 것이 완벽히 준비되어 있어야 한다는 의미가 아니지요. 수업도 마찬가지입니다. 제가 수업을 완벽하게 준비해서 한 날이 있는지 생각해보면 없었던 같습니다. 그런데 그것은 어쩌면 당연한 일일 겁니다. 완벽한 준비란 애초에 있을 수 없는 것이니까요.

이런 상황에서 항상 아이들에게 미안한 마음을 가지고 대한다면 어떨까요? 앞에서 모임에 참석하지 못해서 미안하다는 말과 생각이 계속되다가 결국 그 모임을 떠나게 되는 상황과도 비슷한 일이 벌어질 수 있지 않을까요?

진정으로 미안해야 할 때

누군가에게 계속해서 미안한 감정을 가지고 있다고 해봅시다. 그러다 보면 어느 순간 그 사람의 눈을 제대로 볼 수도 없을지 모릅니다. 왜냐고요? 미안하니까요.

그런데 무엇이 미안한 것일까요? 정말로 미안한 일을 했다면 당연히 상대에게 미안해하고 용서도 구해야 하겠지요. 하지만 입버릇처럼 뭔가 부족한 것이 생길 때마다 "미안해, 미안"이라면서 넘기게 되면 결국에는 진짜 무엇이 미안한지도 모르면서 상대방에게 죄 지은 사람처럼 움츠러들 수도 있습니다.

만약 수업시간마다 그렇게 아이들에게 미안한 마음으로 수업을 하게 된다면 어떨까요? 아마 그 교사는 수업시간마다 괴로울 것이고, 시간이 지날수록 아이들 앞에 서는 것이 두려워지지 않을까요? 그러므로 수업시간에 아이들에게 미안해하지 않았으면 합니다. 저는 이렇게 말합니다.

"음, 오늘은 선생님이 너희들에게 좋은 그림책을 한 권 읽어주며 이 부분을 다루려고 계획했는데, 그러질 못했네. 아쉽지만 선생님이 다시 기회를 만들어볼게. 혹시 선생님이 잊으면 그땐 너희들이 다시 이야기해주겠니? 하지만 오늘 여러분이 보인 모습, 그리고 선생님이 오늘을 위해 준비한 모든 것은 최선을 다한 것이니 그걸로 되었다고 생각해. 오늘도 수고했어요."

그렇다면 교사는 아이들에게 미안해할 일이 없는 것일까요? 물론 그렇지 않습니다. 아이들에게 미안할 때도 분명 있지요. 생각해보면 아이들에게 진정 미안해야 할 때는 어른으로서 아이들 앞에서 당당하게 살지 못할 때인 것 같습니다. 아이들의 마음을 몰라주고 제 입장만 내세우거나, 아이들과 함께 살려고 하지 않고 저 따로 아이들 따로 살아갈 때인 것 같습니다.

여러분은 언제 아이들에게 진정으로 미안하다는 말을 하실 수 있나요? 아이들과 교사가 함께 살아가는 학급이라는 공간에서 자신의 삶을 열심히 살지 않고 당당하지 못할 때 교사도 아이도 서로에게 미안해야 한다고 생각합니다. 그럴 땐 교사도 아이들 앞에 고개를 숙이며 미안해할 수 있어야 합니다. 아이들도 친구들이나 교사에게 당당하지 못한 모습을 보였을 때 미안해할 수 있어야 하고요.

그렇게 서로가 진정으로 미안해할 때, 비로소 서로에게 고마움도 제대로 표현할 수 있을 것입니다. 듣기 좋은 말로 그저 고맙다고 하는 말이라면 아무런 의미도 없겠지만, 진정 마음을 다해 고맙다는 말을 한다면 그보다 더 큰 선물은 없겠지요. 그래서 저는 고맙다는 말을 의도적으로 더 많이 사용하려고 노력하고 있습니다. 그리고 고맙다는 말을 다양한 형태로 표현하는 것도 중요하다 생각합니다. 이렇게 말입니다.

참 고마워.

감사해요.

대단하다.

와, 감동적이다.

너에게 배웠어.

함께해서 기뻐.

같이 있어서 좋아.

오늘 멋있어 보인다.

참 대단하구나.

최선을 다하는 모습이 보기 좋아.

여러분은 위의 말들 중 어떤 말을 가장 많이 사용하고 있나요?

교사의 "미안해"는 아이들의 "미안해"보다 더 깊어야 한다

교사와 아이는 같은 인간입니다. 그래서 교사도 아이도 인간적인 면에서 서로에게 미안해하거나 고마워할 수 있다고 생각합니다. 그렇지만 교사는 어른이므로, 똑같은 잘못을 했다 해도 미안함을 표시할 때는 아이들보다 더 깊이 사과해야 한다고 생각합니다. 그렇지 않으면 아이들은 교사가 진정으로 미안해하지 않았다고 생각할 수도 있으니까요.

2010년의 어느 날, 많은 교사들이 모여서 함께 이야기도 나누고 정보를 나누던 자리였습니다. 그곳에서 만난 다양한 분들 중엔 얼마 전까지 교사였다가 최근에 교장 선생님이 되신 분도 계셨습니다. 그분은 이제 시작하는 많은 후배 교사들에게 귀감이 되는 여러 가지 말씀도 해주셨습니다. 그런데 이런 말씀을 하시더군요.

"전 제가 교사일 때와 교장이 된 지금, 하나도 변하지 않았다고 생각하고 지내고 있습니다. 그런데 이상하게 사람들이 제가 변했다고 하더군요."

이 말을 듣고 있는데 이상했습니다. 그리고 생각했죠. 자신이 교사일 때와 교장이 된 지금이 같다는 것은 착각이라고 말입니다.

다음 그림 속 인물은 같은 사람입니다. 단지 서 있는 위치가 다를 뿐입니다. 첫 번째 위치에서 생활하다가 사회적 지위가 올라가 두 번째 위치로 옮겨갔다면 첫 번째와 같이 인사하면 똑같은 것일까요? 전 다르다고 생각합니다. 세 번째 그림처럼 더 고개를 숙여야 첫 번째와 같아진다는 생각입니다. 즉 교장이 된 후엔 교사일 때 자신이 하던 방식 그대로가 아니라 달라져야 하는 것입니다. 이전보다 더 깊이 고개를 숙여야 다른 사람의 입장에서는 달라지지 않았다고 느낄 것이기 때문입니다.

아이들과 살아가며 이런 이야기들을 함께 나눕니다. 교실에는 의자가 있어서 아이들에게 시범을 보이기도 쉽습니다. 이처럼 교사의 생각은 그 자체가 수업이 되고 생활의 원칙이 됩니다.

벼는 익을수록 고개를 숙입니다. 사람도 마찬가지입니다.

애들아, 미안해 : 싱크대 사건

교실 뒤편에 싱크대가 하나 있습니다. 최근 지어지는 학교들은 학급에 싱크대를 설치해 사용할 수 있도록 하는 경우가 많은 것 같습니다. 싱크대가 있으니 미술시간에 물감을 쓰거나 과학시간에 실험을 하게 될 때에도 편리합니다. 우리 교실은 칠판에 분필로 수업을 하기 때문에 칠판을 닦는 물걸레를 세척할 때도 싱크대를 사용합니다. 하지만 교사가 신경 써서 보지 않으면 물이 튀거나 주변이 지저분해질 수도 있지요.

　어느 날이었습니다. 싱크대에 흰색의 액체가 뿌려져 굳어 있는 것이 보였습니다. 저는 누군가 우유를 먹지 않고 싱크대에 버리고 뒤처리를 하지 않았다고 생각했습니다. 분명 흰색의 우유 잔해물 같았으니까요. 그래서 아이들에게 엄한 얼굴로 이야기했습니다.

"누군지 모르겠지만 싱크대에 우유를 먹지 않고 버린 친구가 있는 것 같아요. 물론 우유를 먹지 못해서 버릴 수도 있겠지만, 그랬더라도 깨끗하게 싱크대를 정리했어야 한다고 생각해요. 자, 누가 그랬는지 스스로 말해주면 좋겠어요."

　아이들은 당황했고 무거운 침묵만 교실을 가득 채운 채 시간이 흘렀습니다. 그런데 보통 이쯤이면 자신이 했다며 죄송하다는 아이가 나올 타이밍이 되었는데, 아무도 나서지 않았습니다. 저는 아이들이 거짓말을 하고 있다는 생각이 들었고, 실망했다는 말을 아이들에게 하고 말았습니다.

　쉬는 시간이 되었습니다. 아이들은 싱크대 주변에 몰려가 그 흰색이 무엇인지 알아보고, 우유를 먹지 않고 버리는 모습을 본 친구가 있는지 서로 확인하러 다니더군요. 저는 모르는 척하며 아이들의 모습을 보고 있었습니다. 그런데 아이들이 무엇인가 발견한 것처럼 웅성거리더니 이야기하는 것이었습니다.

"선생님, 죄송합니다. 저희가 싱크대 관리를 했어야 하는데, 맨날 선생님에게만 책임을 미룬 것 같습니다. 그런데 오늘 싱크대에 버려진 것은 우유가 아닌 것 같아요. 아까 오전에 친구 한 명이 칠판을 물걸레로 닦고 그 걸레를 싱크대에서 빨았는데, 이 흰색 물질은 그때 생긴 것 같습니다. 걸레를 빨아도 흰색의

액체가 흘러나오니까요. 그래서 말씀드립니다. 우유는 아닌 것 같아서요."

아이들의 이 말을 듣는 순간 정말 정신이 아득했습니다. 아이들이 좋은 마음으로 스스로 칠판을 정리했고, 그 걸레를 빨면서 뒷정리가 깔끔하지 못했던 것인데, 저는 우유를 버렸다는 생각만으로 아이들을 다그치고 혼냈으니까요. 아이들이 이 문제를 기분 나쁘게 생각하고 넘어가지 않고, 선생님에게 충분히 설명하기 위해 걸레를 다시 빨아보며 나오는 물질을 확인했다는 것까지 생각하니 부끄럽기 짝이 없었습니다. 그리고 정말 미안했습니다.

"아, 선생님이 너희들의 말을 들어보니 그 말이 타당한 것 같구나. 선생님이 정말 너희들에게 잘못한 것 같다. 정말 미안하다. 정말, 정말…… 미안해."

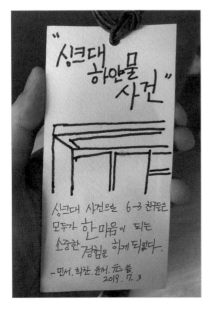

전 한참을 허리를 90도로 굽혀 인사하며 미안하다는 말을 했습니다. 정말 정말 미안했습니다. 그런데 이런 제 모습을 아이들은 아주 쿨하게 받아들입니다. 그러면서 오히려 저를 위로하더군요. 고맙게도 말입니다.

네, 아이들은 이런 존재입니다. 그리고 진정 미안해할 수 있다면 오히려 그것이 고마움으로 변할 수 있음을 경험할 수 있는 곳, 그곳이 바로 함께 살아가는 학급입니다.

▌ 교실에는 학급에서의 일들 중 기억해야 할 일들을 기록하고 달아두는 기억나무가 있다.

인권과 존중
: 권리보다는 존중을 생각하자

"인권문제를 동등한 권리의 문제로만 생각하면 서로의 권리가 상충하는 현상을 피할 수 없다. 그렇다면 어떤 식의 방법이 있을까? 인권문제를 '존중'의 문제로 보았으면 좋겠다. 왜냐하면 세상엔 분명 나와 다른 존재들이 있고 그 존재와 내가 같지는 않기 때문이다. 세상의 모든 것이 평등한 상태로 존재할 수도 없다. 결국 서로가 다름을 인정하는 것이 인권문제의 기본이 되어야 하지 않을까 생각한다."

_이경원, 《교사의 탄생》, 행복한미래, 2018, 137쪽

이전 책인 《교사의 탄생》에서 저는 인권을 단순히 권리의 문제로만 보게 되었을 때 생길 수 있는 어려움을 이야기하며 존중의 문제라고 정리했습니다. 지금도 이 생각엔 변함이 없습니다. 우리 사회의 인권의식이 높아졌다는 것에는 모두가 동의할 것입니다. 하지만 인권의식이 높아지고 인권과 관련된 법과 제도가 생겨났다고 해서 반드시 예전보다 더 좋은 세상이 되었다고 말할 수는 없는 것 같습

니다. 어떤 면에선 예전의 세상이 더 인간다웠다고 할 수도 있을 테니까요.

저는 이런 현상의 이면에는 인권을 권리로만 보려는 태도가 있기 때문이라고 생각합니다. 또 인권문제에는 존중의 문제로 치환되어 이야기해야 할 부분이 많다고 생각합니다. 그래서 아이들과 지낼 때에도 인권문제를 존중과 연결시켜 이야기하고 있습니다. 우리 모두가 다른 존재이지만 각자 가진 권리는 같다는 것을 인정해야 하고, 그 권리가 바로 인권임을 이야기합니다. 그리고 서로 다른 존재이지만 똑같은 인권을 가졌기에, 서로를 존중해야 한다고 말입니다.

"만약 여러분 앞에 죄를 지은 사람이 있다고 합시다. 그 사람이 지은 죄가 아주 나쁘다고 할 때 우리는 그 사람에게 돌을 던지고 욕을 해도 괜찮은 것일까요? 선생님은 그렇게 생각하지 않습니다. 아무리 죄를 지었다고 해도 그 사람에게 함부로 욕을 하고 그 사람을 다치게 할 순 없다는 생각입니다. 왜냐하면 그 사람도 인권을 가진 존재이니까요. 그렇다고 그 사람이 지은 죄를 용서해주고 눈감아주자는 것이 아닙니다. 그 사람이 지은 죄에 대해서는 책임지고 처벌을 받아야 하겠지요. 선생님이 생각하는 존중은 이런 것이랍니다. 존중은 그래서 선택적으로 적용하는 것이 아니라 모두에게 언제든지 적용되어야 하는 것이라고 말하고 싶습니다."

존중의 마음과 배려의 실천

존중하는 마음이 실현될 때 그것을 무엇이라고 부를 수 있을까요? 저는 '배려'라고 부른답니다. 다른 존재를 존중하는 마음이 있을 때 우리는 배려하는 행동을 하게 되니까요.

때로는 배려하는 행동이 손해인 것처럼 보일 때도 있습니다. 하지만 조금만 생각해보면 배려는 내가 가진 존중의 마음을 표현하는 행위이며 인권을 소중히 여기는 행동이라는 것을 알 수 있습니다. 그리고 의외로 배려를 실천할 수 있는 기회는 곳곳에 있습니다.

어느 날 식당에서 식사를 할 때의 일입니다. 고기를 구우면서 반찬과 찌개를 함께 먹고 있었지요. 그런데 고깃집에서 밥을 먹게 될 때면 밑반찬이 부족해질 때가 있습니다. 요즘은 자율 배식대와 같이 직접 가져다 먹으면 되는 곳이 많이 생겼지만, 예전에는 이야기를 하면 반찬을 좀 더 채워주곤 했지요. 같이 밥을 먹던 아내도 반찬이 거의 다 떨어진 것을 알아차렸습니다. 그런데 제가 손을 들어 반찬을 더 달라고 말하려 하자 아내가 제 손을 잡고 내리면서 이야기하더군요.

"우리 이제 고기도 거의 다 먹었고, 남은 반찬만 다 비우고 갑시다."

만약 반찬을 채워달라고 했다면 분명 새로운 반찬을 받았을 것입니다. 그중에는 제가 좋아하는 반찬도 있었기에 더 많이 먹을 수도 있었겠지요. 하지만 이미 배도 부르고 고기도 거의 다 먹은 상태에서 굳이 반찬을 더 채워야만 하는 것은 아니었습니다. 저는 이럴 때 반찬을 추가로 요구하지 않는 행위도 배려라고 생각합니다. 배려의 종류를 세 가지로 나눈다면 다른 사람에 대한 배려, 자신에 대한 배려, 그리고 마지막으로 우리가 살고 있는 자연에 대한 배려도 포함할 수 있을 것입니다. 그리고 불필요한 반찬 낭비를 줄이는 것은 다른 사람에 대한 배려이면서, 동시에 자연에 대한 배려이기도 할 것이고요.

그런데 자신이 돈을 냈으니 얼마든지 더 시켜도 된다고 생각해서 반찬을 남기면서까지 더 시키는 사람들도 있습니다. 마치 더 시키지 않으면 손해를 본다는 듯이 말입니다. 그런 행동을 우리는 여러 곳에서 볼 수 있습니다.

우리 사회의 갑질은 권리에서 태어난다

어쩌다 보니 이곳 저곳 출장을 다니고 많은 선생님들과 만남을 가지는 일이 있습니다. 그럴 때는 대중교통을 이용하거나 비행기를 이용하기도 합니다. 특히 제주도에 갈 때는 무조건 비행기를 이용해야 합니다. 보통 당일 오전에 갔다가 오후 혹은 저녁 비행기로 돌아오기에, 오히려 다른 지역보다 가깝게 느껴지는 곳이 제주도이기도 합니다.

어느 날이었습니다. 제주도에서 저녁 비행기로 집으로 돌아가기 위해 기다리고 있는데, 출발이 지연된다는 안내방송이 흘러나왔습니다. 몸도 피곤해서 빨리 돌아가고 싶은 마음이 간절했지만, 안전을 위해 점검을 한다고 하니 별 수 없다고 생각했습니다. 그런데 앞에서 어떤 분이 승무원을 붙들고 진지하게 이야기를 하고 계시더군요. 그러다 시간이 흘러 30여 분 늦게 비행기에 탑승했습니다. 제주도는 특성상 날씨가 나빠지면 당일에 결항이 되는 경우도 많으니, 오히려 다행이다 싶었습니다. 그런데 아까 보았던 그분이 한 승무원을 붙잡고 여전히 이야기를 나누고 있는 것이었습니다. 그러다 그분의 목소리가 점차 높아졌고, 승무원은 빌다시피 고개를 숙이며 죄송하다고 말하고 있었습니다.

물론 비행기가 정확한 시간에 이륙해서 정확한 시간에 내릴 수 있다면 좋겠지만, 승무원의 잘못으로 늦춰진 것도 아닌데 승무원을 붙잡고 혼내듯이 이야기하는 것은 좋은 행동이 아니다 싶었습니다. 그분은 자신이 산 티켓에 승무원에게 함부로 해도 되는 권리까지 포함되어 있다고 생각하는 듯 보였습니다. 그래서는 안 되지 않을까요?

존중이 없는 권리는 폭력이다

얼마 전 방영되었던 드라마 〈동백꽃 필 무렵〉은 제가 개인적으로 드라마 속 주인공의 말과 행동에 흠뻑 빠졌던 작품이었습니다. 주인공은 무엇보다 다른 사람을 존중하려는 마음으로 배려 가득한 행동을 하는 캐릭터였고, 그런 캐릭터를 바보처럼 취급하던 많은 사람들의 삶의 태도가 변해가는 과정을 보는 것도 쏠쏠한 재미였습니다. 드라마 속에서 여자 주인공은 돼지 두루치기를 팔면서 술도 파는 식당을 운영하고 있습니다. 하지만 미혼모에, 여자 혼자 하는 식당이다 보니 주변의 많은 이들이 그 식당을 술집으로 생각한다는 설정이 나옵니다. 이런 와중에 술 주정을 핑계 삼아 여자 주인공의 손목을 잡은 취객에게 주인공이 사이다 발언을 하는 장면이 나옵니다.

"여기 우리 식당에서 팔고 있는 술값에 내 손목 값은 포함되어 있지 않으니, 잡지 마세요."

돈을 주고 무엇인가를 구입하는 것은 그 물건에 대한 가치를 획득하는 것이지, 그것을 파는 사람의 가치까지 가져갈 수 있는 것은 아닐 테지요. 인권을 다루면서 존중의 마음과 배려의 태도를 다루는 것은 너무도 당연한 일이라 생각합니다. 특히 아이들과 존중이 무엇인지, 그리고 존중을 표현하며 배려하는 행동이 무엇인지 이야기하는 것은 굉장히 중요합니다. 누군가를 존중하는 마음으로 배려하는 행동을 한다면 그것이 바로 인권의 완성이라 생각합니다.

학교도 마찬가지입니다. 우리나라 국민이라면 누구나 학교에 나와 교육받을 권리를 가지고 있습니다. 하지만 교육을 받을 수 있는 권리가 교육을 담당하는 교사들과 학교에 대해 함부로 할 수 있는 권리는 아닐 것입니다. 자신과 같은 권리를 행사하기 위해 학교에 나온 친구들의 학습권을 침해할 권리도 없습니다. 중요한 것은 어떤 상황에서든 존중의 마음으로 타인을 바라보는 것입니다. 배려의 행동까지는 하지 않더라도 말입니다. 그렇지 않다면 우리는 자신의 권리를 행사한다면서 다른 존재에게 폭력을 행사하게 될 것이니까요.

친구들을 배려하는 행동

2015년이었습니다. 새로운 학교로 옮긴 후 6학년 아이들과 첫 만남을 하게 되었습니다. 아이들과의 첫 만남에서 '우리'가 되기 위해 소통에 필요한 세 가지를 이야기한 것은 당연한 일이었습니다. 그런데 첫날 오후, 여학생 한 명이 교실에 남아서 뭔가를 하고 있더군요. 무엇을 하는지 물었더니 선생님께서 이 학교에 처음 오셔서 낯설어하시는 것 같아 도와드리고 싶다면서, 교실 뒤쪽의 재활용 통에다 뭔가를 하고 가더군요. 나중에 그 아이가 무엇을 했나 싶어 가보았더니 '종이'라는 글자를 붙여놓고 갔더군요. 재활용 통 각 칸에는 무엇을 담아야 할지 붙여놓았는데 재활용 종이를 모으는 곳엔 그 표시가 붙어 있지 않았고, 그것을 본 아이가 스스로 '종이'라는 표시를 붙이고 간 것이었습니다.

파란 종이에 매직으로 '종이'라는 글자를 써서 테이프로 붙이는 행동은 그리 어려운 일은 아닙니다. 하지만 아이의 이 마음이 새로운 학교에서 낯설어하던 제 마음을 차고 넘칠 정도로 따뜻하게 만들었습니다. 저는 그 이후 아이들을 만나면 항상 이 이야기를 해줍니다. 배려라는 것, 존중이라는 것, 인권이라는 것이 저 멀리 있는 것이 아니라는 것을 보여주니까요.

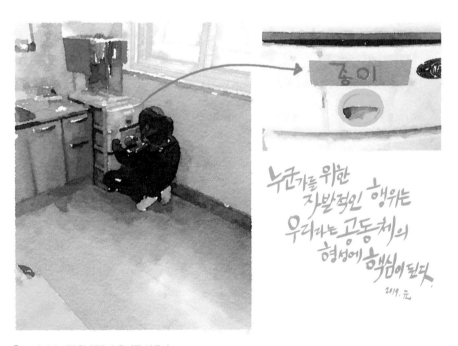

누군가를 위한 자발적인 행위는 우리라는 공동체의 형성에 핵심이 된다.
2019. 亢

▌ 작지만 따뜻한 행동이 우리를 만든다.

그래서일까요? 저는 반 아이들과의 생활에서 이런 배려의 행동을 계속 보면서 지내고 있습니다. 칠판 구석에 항상 '들들들'이라는 글자를 쓰는 아이들, 교실을 비울 때면 교실 불을 끄고 문을 닫는 아이들, 아침이면 창문을 열어 환기시키는 아이들, 우유가 오면 친구들 책상 위에 우유를 가져다 놓는 아이들, 점심시간에 밖에서 놀기 위해 4층에 있는 친구들의 신발 가방을 가져다 주는 아이들을 봅니다. 저는 참 행복한 교사인 것 같습니다.

존중하기는 감정노동과는 다르다

보통 교실에서 존중의 마음으로 배려를 실천하는 아이들은 착한 친구들인 경우가 많습니다. 이런 친구들이 많은 학급이라면 어떤 교사라도 아이들과 좋은 관계를 유지할 수 있겠지요. 하지만 이런 경우에도 주의할 점이 있습니다. 착하다는 것의 의미를 제대로 알려줄 필요가 있다는 것입니다.

착하다는 것은 단순히 남들에게 양보하거나 남들보다 손해를 감수하는 것이 아닙니다. 특히 어려워 보이는 친구를 돕는 아이에게 이 부분을 명확히 해줄 필요가 있습니다. 그렇지 않을 경우 아이가 감정노동에 빠져 힘들어하는 경우가 생길 수도 있기 때문이지요. 절대 잊지 말아야 할 사실은 어렵고 힘든 친구를 도와주는 자신도 그 친구와 똑같은 아이라는 사실입니다. 이 부분을 제대로 설명하거나 이해시키지 않고 "넌 착하니까 이 친구를 도와줄 수 있을 거야. 네가 위로를 좀 해주렴"이라고만 하면, 자신이 아닌 어른의 입장이 되어 그 친구를 도와주려 하게 됩니다. 그럴 경우 자신의 감정을 속이게 되고, 이때 감정노동이 일어나 시달리게 될 수 있습니다. 그래서 저는 이렇게 이야기합니다.

"너도 그 친구와 다를 바 없는 아이지만 그래도 너에겐 조금의 힘이 더 있으니 그것을 나눠주는 일은 할 수 있을 거야. 하지만 친구의 이야기가 너무 힘들거나 네가 받아들이지 못할 행동을 하게 되었을 땐 그것은 너의 몫이 아니란다. 그런 이야기나 행동은 네가 아니라 선생님이나 부모님이 듣거나 받아야 할 행동이란다. 그러니 네가 무리하게 그 친구를 돕겠다고 생각하고 행동해선 안 되는 거야."

이렇게 말해주어야 다른 사람을 존중하고 배려하는 착한 친구들이 스스로 건강한 자아를 지킬 수 있을 것입니다.

피카소가 가장 부러워한 예술가

피카소는 천재 예술가라고 불리는 위대한 예술가입니다. 그런 예술가가 가장 부러워한 예술가가 있다고 하는데, 혹시 누군지 아시나요?

네, 바로 아이들입니다. 피카소는 아이들이야말로 자신이 도저히 따라갈 수 없는 최고의 예술가라며 부러워했다고 합니다.

전 교사이니 이렇게 물어봐야 할 것 같습니다. 교사인 제가 가장 부러워하는 존재는 누구일까요? 너무 뻔한가요? 네, 맞습니다. 제가 가장 부러워하는 존재는 바로 아이들입니다. 누구보다 순수한 모습으로 살아가는 아이들이 제가 생각하는 가장 훌륭한 인간이니까요. 아이들이 보여주는 작지만 소중한 배려는 우리 모두에게 존중의 마음이 어떻게 실천되는지를 알려줍니다. 이런 모습들이 결국 우리 모두를 위한 인권의 진짜 모습을 보여주고 있다고 생각합니다.

자유와 자율
: 우리에게 필요한 것은 자율이다

'인간은 자유로워질 수 있을까?'

자유란 말이 가진 의미를 살펴보면 '~로부터'의 자유라는 의미를 가지는 것을 알 수 있습니다. 즉, 자유롭다는 것은 어떤 구속이나 속박을 벗어난 상태를 말한 다고 보면 되겠네요. 반면, 자율이란 말은 자기통제의 의미로 사용되는 말입니다.

자유와 자율의 유의어

자유의 비슷한 말로 '해방'이나 '자유자재'가 있습니다. 반대말은 '구속', '속 박', '규제'라고 나옵니다. 그렇다면 자유란 무엇인가로부터 해방되는 상황을 표 현할 때 사용하는 단어인 것 같습니다. 속박이나 구속으로부터의 탈출을 이야기 하는 것이라고 생각됩니다.

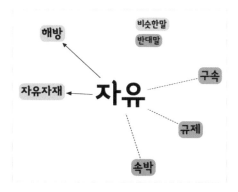

한편 자율과 비슷한 말은 '자제'와 '자억'이고 반대말은 '타율'입니다. 결국 자율은 자유와는 다르게 외부의 무엇인가로부터가 아니라 스스로를 내부적으로 통제함을 이야기합니다.

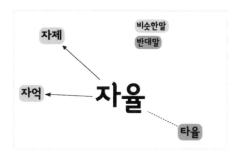

두 단어가 가진 의미가 비슷해 보이지만 사실은 미묘한 차이가 있다는 것을 알 수 있습니다. 극단적으로 표현하자면 자유롭고 싶다는 말은 지금 내가 속해 있는 모든 것으로부터 벗어나고 싶다는 의미일 수도 있습니다.

문제는 인간은 혼자 살아가는 존재가 아니라는 점입니다. 인간은 누군가와 관계를 맺고, 그 관계 속에서 자신을 발견하며 살아가는 존재입니다. 어딘가에 속해 있음으로써 나라는 개인이 존재하는 것입니다. 진정한 자유를 원한다면 우리가 속해 있는 모든 것을 벗어나 혼자만의 세상으로 가야 하겠지만, 이것은 가능한 일이 아니겠지요. 그런 의미에서 진정한 자유는 현실 세계가 아니라 가상의 세계 혹은 상상의 세계일 경우에만 가능하지 않을까요?

그래서 저는 인간은 자유로워져야 하는 존재가 아니라 자율적으로 살아가야 하는 존재라고 생각합니다. 물론 이렇게 생각하는 것은 현실 속에서 살아가는 삶의 모습을 이야기하는 것이고요. 자신의 상상력과 생각에선 얼마든지 자유로울 수 있음을 인정하는 것이기도 합니다. 다만 현실에서 살아가는 삶 속에서는 자유가 아닌 자율을 추구하는 것이 인간의 삶이라고 생각한다는 의미입니다.

학교에서 추구해야 하는 것은?

학생들은 항상 불만입니다. 제가 어릴 때에도 마찬가지였습니다. 학교는 울타리 안에 자유로운 영혼들을 가둬놓고 사육하는 곳이라고 믿었으니까요. 그래서 하루라도 빨리 학교를 벗어나 나만의 자유를 누리고 싶다는 생각을 했죠. 여러분은 어떠셨나요? 아마 많은 사람들이 그렇지 않았을까요? 하지만 학교를 졸업하고 사회에 나와서 알게 되지요. 이 세상에서 살아가며 정말로 자유로울 수 있는 삶은 없다는 것을 말입니다. 학교에서 자유를 추구하던 것이 무슨 의미였는지 생각해볼 겨를도 없이, 세상 속에서 살아남기 위해 발버둥 치는 모습으로 하루하루 살아갈 뿐이었습니다.

이후 아이들을 만나는 교사가 되어 학교에 와보니 이런 현상은 예전과 똑같았습니다. 단지 달라진 점이라면 예전보다는 아이들이 할 수 있는 일의 범위가 조금 더 넓어졌다는 점이었습니다. 학교에서도 조금은 더 자유로워 보인다는 의미입니다.

하지만 진정한 자유는 존재하지 않습니다. 앞에서도 이야기한 것처럼 만약 학교를 다니며 자유를 추구한다면 그것은 학교로부터의 자유, 공부로부터의 자유일 것이고, 결국 학교라는 공간을 떠나 혼자만의 세상으로 나아간다는 의미이니까요. 그래서 자유를 추구하는 것은 실현되지 못할 꿈을 꾸는 형국이 되어버립니다. 그래서 저는 아이들에게 말합니다. 너희들이 추구해야 할 것은 자유가 아니라 자율이라고 말입니다.

> "자유란 쉬운 것이나 자율이란 어려운 것이다. 자율이란 반드시 '교육'을 통하여 달성되는 '교양'이며 이 교양의 집합을 우리가 '문명'이라고 부르는 것이다."
>
> _도올 김용옥[4]

예전에 한 신문기사에서 본 도올 선생님의 말씀입니다. 자유와 자율을 이렇게 구별지으니 우리 교육이 나아가야 할 방향이 좀 더 선명하게 보이는 것 같았습니다. 그런데 의외로 이것은 학급에서 중요한 문제가 되기도 합니다. 아이들은 학급에서, 학교에서 자유롭고 싶다고 이야기하기도 하니까요.

그렇다면 생각해봐야 합니다. 학생으로서 추구할 수 있는 자유는 무엇일까요? 아이들에게 설명하기 위해선 교사가 자유와 자율의 의미를 잘 알고 있어야 할 것 같았습니다.

---

4 "교사에 대한 새로운 인식 없으면 교육 개혁 없다", 〈한겨레〉, 2014. 6. 19.

학교에서의 자유와 자율

'학교에서 학생은 자유로워야 한다'라는 말이 있습니다. 최근 학교에서 더욱 중요시하고 있는 '학생인권'과 함께 이야기되는 말입니다. 그렇다면 먼저 학생의 자유는 무엇으로부터의 자유인지 정의되어야 할 것입니다. 만약 학교 규칙으로부터의 자유라면 그것으로부터 해방되어야 하겠지요. 그러나 공동생활에는 반드시 규칙이 필요하고, 학교에도 규칙이 필요합니다. 그러면 이렇게 말해보면 어떨까요?

'학교에서 학생은 자율적이어야 한다.'

학생 스스로 자신을 통제하고 살아가는 것, 그리고 남이 하라는 것만을 하는 타율적인 자세를 벗어 던지고 자율적인 존재로 생활하는 것. 이러한 모습이 진정 우리 학생들이 보이고 가져야 할 삶의 태도가 아닐까요?

이처럼 자유가 외부적인 것의 영향력에 대한 저항이라면 자율은 내부적인 영향력에 대한 저항입니다. 우리 사회의 발전과 더불어 외적인 자유는 더 커지고 있습니다. 이런 시기에 우리는 내부적인 영향력에 더 많은 관심을 가져야 하지 않을까 싶습니다. 외부적인 환경은 예전과는 비교할 수 없을 정도로 사람을 위한 제도와 규칙들로 발전하고 있으니까요. 하지만 우리가 내부적으로 자신을 통제하고, 스스로 결정하고 주변과 함께 살아갈 수 있는 힘을 키우는 것은 여전히 계속 성장시켜나가야 할 부분일 것입니다. 도올 선생님의 이야기처럼 말입니다.

주체성의 관점에서 자율과 타율

자율은 스스로 선택한 삶을 살아가는 것이고 타율은 스스로 선택하지 못한 삶을 살아가는 것을 의미하겠지요. 그래서 우리는 교육에 있어서도 자율적 태도를 길러야 한다고 이야기합니다. 그러면서 아이들이 주체적으로 자신이 선택한 것을 할 수 있도록 해야 한다고도 이야기합니다.

그런데 주체적이라는 말에도 막연한 부분이 있습니다. 스스로 선택한 것이면 모두 주체적인 것일까요? 혹시 스스로 선택했다고 생각하는 것도 사실은 누군가의 영향으로 선택하게 된 것은 아닐까요? 또, 자신이 좋아하는 것을 선택해야만 자율적인 것일까요? 만약 그렇다면 사회나 주변에 반드시 필요한 것이지만 자신이 좋아하지 않아서 선택하지 않는 것도 자율적인 삶이 되는 것일까요?

자율적인 삶을 주체적인 삶과 연계하는 것은 당연한 일입니다. 하지만 그 주체적인 삶이란 자신이 좋아하고 하고 싶은 것만으로 이루어지는 것은 아닐 것입니다. 그렇다면 자율을 어떻게 해석해야 할까요?

게임에 빠져 있는 아이

어떤 사람이 자신이 좋아하고 하고 싶어 하는 것이 게임이라고 합시다. 자율의 의미가 스스로 결정하고 선택한 삶을 살아가는 것이라면, 게임을 선택하고 게임에만 몰두하고 몰입하는 삶은 자율적인 삶이어야 합니다. 그런데 혹시 주변에 게임만 하겠다면서 다른 모든 일을 하지 않는 사람이 있나요? 만약 있다면 그 사람에게 어떤 마음이 들고, 그러한 사람을 보고 자율적인 사람이라고 할 수 있을까요? 그것이 만약 자율적인 삶이 아니라면 왜 그런 것일까요?

저는 이런 사람을 자율적인 삶을 사는 사람이라고 하지 못할 것 같습니다. 그 저 삶의 균형이 깨져 방황하는 사람처럼 보이기 때문입니다. 만약 우리 반 아이가 이런 모습의 삶을 살아간다면 부모님과 상의해서 게임에만 빠져 있지 않도록 노력할 것입니다. 균형의 문제로 보면, 이런 삶을 살아가는 사람은 자신이 선택한 게임을 하고 있지만 오히려 타율적 삶을 살고 있다고도 할 수 있을 것입니다.

균형의 관점에서 자율과 타율

자율과 타율의 개념을 주체성의 관점이 아닌 균형의 관점에서 바라보면 다음 과 같이 정의 내릴 수 있을 것 같습니다.

균형의 관점에서의 자율

자신이 하고 싶어 하고 좋아하는 일을 하는 것과 동시에 자신이 지금 이 순간 해야 할 일에 최선을 다해 삶의 균형을 맞추어가는 것.

균형의 관점에서의 타율

자신이 하고 싶은 일만 하거나 남들이 원하는 일에만 빠져 있어 삶의 균형을 잃은 상태.

이렇게 쓰고 보니 자율적인 삶은 자신의 삶에서 균형을 이루며 살아가는 것을 말하고, 타율적인 삶이란 균형이 깨져 있는 삶을 말하는 것 같습니다. 글자 자체의 해석으론 '자기 自'와 '다를 他', 즉 나와 남의 이야기이지만 균형적 관점에서 자율적 삶을 살아간다고 이야기할 때는 자신의 삶에만 국한시키지 않고 그 사람이 속해 있는 주변까지 고려해야 하기 때문입니다. 이렇게 균형의 관점에서 자율과 타율을 이해한다면 아이들과의 생활에도 유용하게 적용할 수 있습니다.

주체성의 신화

누가 주도하는가가 중요한 관점이 되는 주체성의 신화는 우리가 진정 바라는 자율적인 삶을 이끌어내지는 못하는 것 같습니다. 누가 주도하는지, 누가 선택했는지만 중요한 것이 아니라 어떻게 우리의 삶에 균형을 잡아줄 것인지를 고민하는 것이 필요합니다. 그래서 어쩌면 교육과정을 성찰하고 아이들과 함께 배움을 노래하는 교사는 누구보다도 자신의 삶을 균형 있게 살아가야 할 사람이 아닌가 싶습니다.

한쪽으로 치우치지 않는 삶.
모든 것을 받아들일 수 있는 삶.

이것이 우리가 배움을 이야기하기 위해 가져야 할 가장 중요한 삶의 자세는 아닐까요? 그리고 이러한 균형의 관점에서 바라보는 자율과 타율은 배움과는 어떤 관계가 있을까요?

배운다는 것은 자신이 미처 깨닫지 못한 것을 알아가는 앎의 과정입니다. 알아간다는 것은 자신이 살고 있는 세상에 대한 이해의 폭이 넓어지고 깊어지는 것이겠지요. 그리고 이러한 세상에 대한 이해는 결국 모두가 함께하는 세상에서 이루어지게 될 것입니다. 즉, 상호의존적인 상황에 대한 이해, 균형에 대한 이해가 필요한 것입니다. 그렇다면 아래의 문제를 생각해봅시다.

아이들에게 핸드폰은 나쁜 물건인가?

아이들이 게임을 하는 것은 나쁜 일인가?

아이들이 텔레비전을 보는 것이 나쁜 행동인가?

아이들이 유튜브 동영상을 시청하는 것이 나쁜 행동인가?

균형의 관점에서 보자면 위의 문제들은 나쁠 수도 있지만 그렇지 않을 수도 있습니다. 만약 게임만 하고 다른 것을 하지 않는다면 그것은 타율적 행위가 될 테니, 나쁜 행동이 되겠지요. 하지만 게임을 하면서도 자신이 해야 할 일에 집중하고 해나간다면 그 자체는 자율적 삶일 것입니다. 텔레비전, 유튜브, 핸드폰도 모두 마찬가지 기준을 가지고 볼 수 있습니다. 그렇다면 아이들과 공감을 형성하고 이야기하기가 훨씬 더 쉬워질 것입니다.

주체성이 아닌 균형의 관점에서 자율과 타율을 바라보게 되면 게임에 빠져 있는 아이에게 이렇게 말할 수 있습니다.

"네가 게임을 좋아하고 게임을 하는 것을 선생님은 나쁘다고 생각하지 않아. 누구나 자신이 좋아하는 것이 있고, 그것을 할 자유가 있으니까. 하지만 네가 좋아하는 게임에만 빠져 있는 것은 안 된다고 생각해. 선생님이 말했던 것처럼 우리가 추구해야 하는 것은 자유가 아닌 자율이고, 자율은 자신의 삶에 균형을 맞추는 것이라고 했어. 그렇다면 넌 게임을 하면서 네가 해야 할 다른 일들도 충실하게 하고 있는지 살펴봐야겠지? 만약 그렇지 못하다면 그것은 자율적인 삶이 아니라 타율적인 삶을 살아가는 것이라고 생각해."

정리해보면 다음과 같습니다. 자율적인 삶을 살아간다는 것의 의미는 자신의 삶에 균형을 이루고 살아간다는 것입니다. 누가 보더라도 그 사람이 가진 기본적인 일들에 최선을 다하며 자신이 하고 싶어 하는 일, 자신이 좋아하는 일을 해나가는 것입니다. 이러한 사람이 주변에 있다면 우리는 그 사람을 자율적인 삶을 살아가는 믿음직한 사람으로 인식할 것입니다.

5 명령과 설득
: 설득을 통한 관계를 만들자

나머지 한쪽 발을
땅에 내딛는 것
그것이 성장이다—.

2019. 元

▌ 어른이 된다는 것은 두 발을 굳게 내딛는 것이다.

교사로 살아가려면 교사이기 이전에 한 사람의 어른이 되어야 한다고 생각합니다. 아이들의 문제를 해결해줄 수 있는 어른이 아니라 아이들이 기댈 수 있고, 아이들의 이야기를 가슴으로 들어줄 수 있는 어른 말입니다. 또한, 어른이라고 해서 아이들에게 명령할 수 있는 권리를 가진 것은 아니라는 것을 강조하고 싶습니다. 우리 인식 속 어른의 모습 중 어린 사람에게 명령하는 모습이 들어 있다면 그것은 잘못된 어른의 모습이고 버려야 할 생각이라고 말씀드리고 싶습니다. 어느 누구도 다른 사람의 명령에 의해 성숙해질 순 없을 테니까 말입니다.

아이들 말 속의 명령어

"야! 선생님이 줄 서라고 하셨잖아! 빨리 서!"

학년 초에 아이들은 선생님의 말을 더욱 열심히 듣고 따르려 노력합니다. 비록 시간이 지날수록 이런 모습들이 줄어들기도 하지만, 이런 학년 초의 모습은 교사에겐 힘이 되기도 합니다. 하지만 이럴 때 조심하지 않으면 돌이킬 수 없는 실수를 하게 됩니다. 그러지 않으려면 아이들이 평소 사용하는 말을 잘 들어야 문제를 해결하고 막을 수 있습니다. 다시 강조하지만 모든 문제는 듣지 않아서 생기는 것이니까요.

그런데 선생님의 말을 주의 깊게 듣고 따르려고 하는 아이들을 살펴보면, 특히 모범적인 행동을 하거나 반에서 리더십을 가졌다고 보이는 친구의 경우에 그 정도가 더 심하게 나타납니다. 선생님을 뚫어지게 쳐다보며 선생님의 말 한마디마다 열심히 리액션을 하는 모습이 보이기도 하지요. 이런 아이가 학급에 한 명만 있어도 선생님에게는 행복한 느낌이 가득할 것입니다. 하지만 그 아이가 만약 친구들에게 위와 같은 말을 하고 있다면, 즉시 바로잡아주어야 합니다. 만약 그대로 두게 된다면 그 학급은 돌이킬 수 없는 어려움을 맞이할 수 있습니다.

그날은 아이들과 만난 첫날이었습니다. 아이들은 선생님의 말과 생각에 적극적으로 동의하는 모습을 보였고, 모든 것이 순조롭게 흘러가는 것처럼 보였습니다. 그런데 점심식사를 하기 위해 복도에 줄을 설 때 문제가 불거졌습니다. 손 씻기를 끝낸 후 줄을 맞춰 서지 않고 장난을 하는 친구가 있었기 때문입니다. 그 순간 복도를 울리는 큰 목소리가 들렸습니다.

"야! 선생님이 줄 서라고 하셨잖아! 빨리 서!"

평소 친구들 사이에서 힘도 세고, 나름대로 선생님 편에서 항상 이야기해오던 이 친구의 말은 무게감 있게 친구들 사이를 헤집고 퍼져갔습니다. 아이들이 이 말을 듣고 쭈뼛쭈뼛 줄을 맞춰 서는 모습을 보였던 것은 어쩌면 당연한 일이었지요. 하지만 이 순간이 저에겐 한없이 불편한 순간이었습니다. 왜냐하면 그 친구의 말은 친구 사이에 할 수 있는 말이 아니니까 말입니다.

"음, 방금 네가 친구들에게 한 말이 선생님은 이상하게 들리는구나. 혹시 지금 네가 줄을 바로 서라고 이야기한 대상이 네 친구가 아니라 후배나 동생이니?"

저의 이런 반응에 아이들은 모두 놀랐고, 그 말을 한 친구는 더 놀란 모습이었죠. 당연히 아니라는 대답이 돌아왔습니다. 전 계속 이어서 말했습니다.

"그런데 방금 네가 친구들에게 말한 내용은 후배나 동생, 혹은 군대에서 하급 병사에게 하는 말처럼 들렸어. 여기는 분명 군대도 아니고, 선후배가 같이 있는 공간도 아닌데 말이야. 지금 네가 한 말이 설득하는 말이었니, 아니면 명령하는 말이었니?"

이 말을 들은 친구는 선생님의 말이 무엇을 뜻하는지 바로 알아듣고 죄송하다고 말했습니다. 그리고 친구들에게도 자신이 명령조로 말해서 미안하다고 사과했지요.

명령의 말은 우리를 깨뜨리는 말

분명 명령이 필요한 곳과 순간이 있습니다. 보통은 엄격한 규율과 조직이 중요한 군대와 같은 곳에서, 짧지만 효과적인 전달법으로 명령이 필요할 수 있습니다. 물론 무조건 명령만으로 이루어지는 소통은 없겠지요. 또 명령이 필요한 순간은 위험한 순간이 닥쳐왔을 때입니다. 위험한 순간엔 빠르게 판단하고 행동해야 하며, 그럴 때는 명령이 효과적일 수 있으니까요.

하지만 군대와 같은 조직은 진정한 '우리'라는 공동체는 아닐 것입니다. 앞에서 전체를 위한 개인과 개인을 위한 전체가 함께 공존하고, 개인이 전체 속에 속해 있지만 자신의 권리를 가지고 책임지는 것이 우리라는 공동체라고 했습니다. 하지만 군대는 전체를 위해 개인의 희생이 좀 더 많이 요구되는 곳이기에, 학급에서 실현하고자 노력하는 모습과는 다릅니다. 그래서 명령이 오가는 곳은 '우리'가 될 수 없습니다.

명령이 아닌 설득의 말

앞의 이야기에서 제가 명령의 말을 한 친구를 혼낸 것은 아닙니다. 그저 자신이 하는 말을 인식할 수 있도록 했을 뿐입니다. 그래서 이렇게 이야기를 이어갔습니다.

"그래, 방금 알게 된 것처럼 너도 모르게 명령하는 말을 사용했지? 사실 명령하는 말을 가장 많이 사용하는 것은 어쩌면 네 주변의 선생님들일 거야. 나도 당연히 그중에 한 사람이고. 선생님도 얼마 전까지는 명령하는 말이 아무렇지도 않았고, 그래서 많이 사용해왔지. 하지만 그러면 안 된다는 것을 이제는 깨닫게 되었어. 그래서 선생님도 명령하는 말을 사용하지 않으려고 노력하고 있단다. 너도, 다른 친구들도 서로 명령하는 말 대신에 설득하는 말을 많이 사용하도록 노력하면 좋겠어. 그러면 방금과 같이 친구들이 줄을 서야 하는데도 그러지 않을 때는 어떻게 말하는 게 좋을까?"

이 말을 들은 한 아이가 손을 들고 이야기하더군요.

"줄 서야 한다고 선생님께서 말씀하셨잖아. 우리, 줄을 서면 좋을 것 같아, 라고요."

이 말에 모두가 고개를 끄덕이며 동의하였답니다. 저 또한 격하게 고개를 끄덕이며 학기 초라 아직은 낯선 우리 사이가 더 돈독해졌음을 온몸으로 표현했지요.

설득의 말은 명령하는 말과는 다르게 다른 사람에게 좋은 방향을 안내하는 말이라고 생각합니다. 그 안내를 듣고 안 듣고는 상대방의 문제이겠지만, 그것은 내가 어쩔 수 있는 부분이 아니므로 좋은 방향으로 안내하는 말을 하면 되는 것이죠. 그리고 이때 친구의 행동에 변화가 없다면 모두 자신이 해결하려고 하지 말고 어른들과 상의해야 한다고 말했습니다.

"그래요, 친구에게 좋은 방법을 안내하는 것이 설득의 말이라 생각해요. 우리, 명령이 아닌 설득의 말을 주고받아요. 그런데 만약 설득을 했는데도 친구가 그 말을 무시하면 어떻게 할까요? 그럴 땐 선생님에게 알려주세요. 선생님이 그 친구와 이야기해서 무슨 어려움이 있는지 알아볼 테니까요."

설득의 말이 가장 필요한 순간은 상담의 순간

아이의 문제로 부모님들과 상담하다 보니 부모님들께서 느끼는 어려움도 알게 되었습니다. 부모님에게 교사와의 상담은 상당히 중요하답니다. 다음은 한 학부모님과의 대화에서 제가 했던 이야기입니다.

"아이와의 관계에서 핵심은 설득의 관계입니다. 이젠 이래라 저래라 할 수 있는 나이가 지났고, 설득해야 하는 관계인 것이죠. 그리고 그렇게 설득하고 설득당하는 관계 속에서 자란 아이는 결국 다른 사람을 설득할 수 있는 힘을 가지게 됩니다. 만약 설득이 아닌 명령과 복종에 따라 커온 아이는 어떤 것을 배울까요? 결국은 명령하고 복종하는 것이 익숙한 사람으로 자랄 텐데, 우리 주변에 상대편에게 일방적으로 명령하고, 상대편의 말을 일방적으로 복종하는 관계가 얼마나 있을까요? 결국 우리는 설득하고 설득당하는 관계 속에서 살아가고 있습니다. 그렇다면 아이를 키우며 우리가 잊지 말아야 할 것은 설득하고 설득당하는 경험을 자연스럽게 생활 속에서 경험할 수 있도록 해야 합니다.

그리고 설득한다는 것은 그저 말로 '이렇게 하면 어떨까?'의 문제가 아닙니다. 아이는 본능적으로 알고 있습니다. 실천하는 과정과 결과를 가진 사람이 하는 설득은 말 그대로 설득으로 이어집니다. 하지만 실천 없는 설득은 받아들이지 않습니다. 자신은 실천하지 않으면서 설득하려 한다면 아이는 그저 그것을 따르는 척할 뿐입니다. 그런데 그것이 결국 아이를 망가뜨립니다. 계속해서 그런 척하다 보면 그것을 유지하기 위해 계속 거짓말을 일삼게 되고, 결국 그 종착역엔 모든 것을 포기하는 절망의 역이 있을 뿐이죠. 우리가 해야 할 일은 그러한 절망으로 달려가는 것을 멈추게 하는 것 아닐까요?

그런 척하는 것이 아니라 자신의 삶을 진실되게 살아갈 수 있도록 하는 것이 우리가 해야 할 교육이고 보살핌이라 생각합니다. 그리고 그러기 위해서는 결국 어른들 스스로 그렇게 살아야 합니다. 그래서 실천하는 삶 속에서 아이들을 설득하는 어른이 되어야 합니다. 그런 어른이 바로 진정한 어른이 아닐까요?"

저는 많은 부모님들께서 아이와의 관계를 설득의 관계가 아닌 명령의 관계로 인식하는 것을 보아왔습니다. 숙제를 언제까지 해라, 영어학원은 어디를 가야 한다, 언제까진 씻고 자야 한다 등 아이와의 대화에는 생각보다 명령하는 말이 많이 포함되어 있습니다. 더 큰 문제는 명령하는 사람이 자신은 그대로 실천하지 않는 경우가 많다는 점입니다. 이런 상황 속에서라면 아이들은 어떤 말에도 반응하지 않는 반항적인 모습이 될 가능성이 커지지요.

결국 자녀와의 문제를 해결하기 위해선 자녀에게 사용하는 말을 바꿔야 합니다. 더불어 자신도 노력하는 사람일 뿐, 완벽하지 않음을 자녀에게 인식시켜야 합니다. 설득의 말은 단정적인 말이 아니며, 함께 노력하자는 의미도 가지고 있으니까요.

삶의 기본은 대화와 타협

예전에 어디에선가 부잣집 아이와 가난한 집 아이의 성장에서 가장 큰 차이점이 무엇인지 아느냐는 물음을 들었습니다. 그리고 부잣집 아이와 가난한 집 아이의 가장 큰 차이는 설득하는 태도에 있다는 것이었습니다. 그 이야기를 들으며 마음 한쪽은 아팠고 나머지 한쪽은 희망으로 채워졌습니다. 부모의 경제적 차이가 대물림될 수 있다는 이야기였기 때문에 마음이 아팠고, 반면에 지금은 비록 어렵게 살아가더라도 많은 것을 이룰 수 있는 성장도 할 수 있다는 희망을 가졌습니다. 이야기의 핵심은 이렇습니다.

어떤 것이 가지고 싶은 마음은, 특히 어릴 때는 누구에게나 있습니다. 저 또한 어릴 때 문구점에서 팔던 장난감 하나가 얼마나 가지고 싶었는지 모릅니다. 이럴 때 아이들은 집이 부자이건 가난하건, 그것을 가지고 싶다고 이야기하게 됩니다. 이때 부모님이 아이가 가지고 싶어 하는 것을 바로 사주는 경우도 있지만, 아이가 원하는 것을 알면서도 주지 않는 경우도 있을 것입니다. 그런데 아이가 원하는 것을 주지 않는 경우도 다시 둘로 나눌 수 있습니다. 아이가 원하는 것을 줄 수 있으면서도 주지 않는 경우와 주고 싶어도 현실적으로 줄 수 없는 상황 말입니다. 아이의 입장에서는 자신이 원하는 것을 받거나 그러지 않거나의 두 가지 상황으로만 인식될 수 있지만, 사실은 더 복잡한 상황이 그 속에 있는 것이지요.

그 이야기는 아이가 원하는 것을 주지 않았을 때 부잣집 아이와 가난한 집 아이의 태도가 다르다는 것입니다. 부잣집 아이의 경우엔 자신이 원하는 것을 얻기 위해 계속해서 부모님을 설득하려 노력한다고 하더군요. 물론 자신의 부모님이 그 정도는 해줄 수 있음을 알기에 하는 행동일 것입니다. 반면에 가난한 집 아이의 경우 부모님이 한번 안 된다고 하면 그 뒤론 설득하려 하지 않는다고 합니다. 당연히 부모님의 상황을 살피고 고려한 행동일 것입니다.

그런데 이런 차이가 자라나는 아이에게 삶의 방향을 결정하는 중요한 차이로 이어진다고 합니다. 기본적으로 설득하는 것을 일상화하는 부잣집 아이는 어떤 상황이 닥쳐도 그 상황을 이겨내기 위해 누군가를 설득하고 방법을 찾는 것에 익숙해진다고 합니다. 반면에 설득하기를 포기하고 그저 주어진 것만 가지고 살아가는 가난한 집 아이는 어려운 일이 닥치면 그것을 이겨내기 위해 나아가기보다는, 조용히 그 상황을 피해 가려고 한다는 이야기였습니다.

저는 이 이야기에 나름대로 일리가 있다고 생각했습니다. 어릴 때부터 누군가를 설득하는 것이 익숙한 사람은 분명 어른이 되었을 때도 누군가를 설득하고 자신의 의견을 관철시키는 것에 익숙해질 테니까요. 그리고 설득하는 데 가장 중요한 스킬은 대화와 타협이겠지요. 그렇다면 누군가를 설득하는 일, 타인과 자신의 의견이 다름을 인정하고 적극적으로 표현하며 살아가는 것은 대화와 타협의 기본이 되는 행위이고, 이러한 행위는 한 사람의 삶을 다르게 만들어갈 수 있을 것입니다. 그리고 아이가 이런 부분을 가정이 아닌 곳에서 경험할 수 있다면, 그것만으로도 삶의 지혜를 얻을 수 있다는 생각입니다.

그래서 학교, 특히 학급에서는 모든 일을 처리할 때 서로 대화하고 설득하는 관계로 지내야 합니다. 또 부모님들도 자녀와 자신의 관계가 이렇게 설득하는 관계여야 한다는 것을 인식해야 하고요. 이렇게 서로를 설득하고 타협하는 관계가 모이면, 개인과 우리가 모두 중요한, 진정한 공동체를 만들 수 있을 것입니다.

이 세상은 선택에 의해 이루어집니다. 수많은 선택이 있겠지만 최악의 선택은 아무것도 하지 않는 선택일 것입니다. 설득한다는 것은 자신이 스스로 선택하는 연습을 하도록 하는 것입니다.

"약속은 깨지기 때문에 존재하는 것이라 생각해요."

약속을 유난히 지키지 못하는 친구가 툭 던진 말입니다. 어떻게 생각하면 그런 것 같기도 합니다. 잘 지키지 못하기에, 우리는 약속이라는 것을 하게 되니까요. 어쨌든 번번이 약속을 어기는 것은 좋은 태도가 아니기에 문제가 됩니다. 아이들과의 학급살이에서도 약속의 중요성이 무엇보다 앞선다고 할 수 있습니다. 우리로 살아가기 위해서는 나만의 생각으론 안 되니까요.

하지만 약속을 정한다는 것은 고통의 시작이 될 수도 있습니다. 약속을 정해 놓고 지키지 않으면 그것에 대한 정당한 제재가 있어야 하기 때문입니다. 그래서 약속은 지키기도 힘들지만, 정하는 것도 부담스러운 것입니다. 그렇다면 이런 약속을 어떻게 해야 할까요?

· 약속을 위한 세 가지 원칙

약속을 정하고 그것을 지키도록 하는 것은 교육의 중요한 부분입니다. 그래서 많은 학교와 학급에서 규칙이라는 이름의 약속을 정하고 있습니다. 최근에는 학생인권에 대한 감수성이 중요해지면서, 일방적인 규칙이 아니라 함께 협의해서 정하는 규칙을 만드는 움직임도 커졌습니다. 이러한 모습은 우리 교육이 지향해야 할, 모두를 존중하는 태도를 위한 중요한 변화이겠지요.

이런 시점에서 우리가 잊지 말아야 할 원칙에 대해 더 깊이 생각해보아야 합니다. 원칙은 중요하며, 그 원칙을 지키며 응용하는 것은 본질에 대한 훼손을 방지할 수 있으니까요.

저는 아이들과 20여 년을 지내며 수많은 약속을 했고, 그것을 지키기 위해 노력하면서 약속에 대한 세 가지 원칙을 생각하게 되었습니다. 그것은 '간단함', '공유', '기대하지 않기'입니다.

첫 번째 원칙은 '약속은 간단해야 한다'입니다.

"인간이란 '주변의 모든 존재를 의도적으로 도와주는 존재다'라는 생각이 인간에 대한 선생님만의 정의예요. 인간이기에 인간만 돕는 것이 아니라, 인간이지만 인간이 아닌 모든 존재를 도울 수 있는 마음이 중요하기 때문이죠. 그래서 선생님은 올 한 해 여러분과 함께 인간답게 지내는 것을 목표로 삼고 지낼 거랍니다. 여러분 또한 소중한 존재들이니까요. 여러분도 이런 선생님의 마음과 같다면 올 한 해 '우리'로 잘 지낼 수 있을 것 같아요."

학년 초 아이들과의 만남에서 제가 하는 인삿말 중 하나는 인간의 정의에 대한 이야기입니다. 아이들의 입장에선 선생님의 이런 말들을 통해 선생님이 생각하는 삶의 지향점에 대해 알 수 있고, 선생님의 생각과 태도를 미리 예측할 수 있게 됩니다. 더불어 이렇게 선생님의 삶을 공개하는 것은 아이들의 마음까지 쉽게 열 수 있도록 하는 중요한 방법입니다. 하지만 여기서 끝내면 아이들에겐 그저 어려운 이야기가 될 수 있습니다. 다음 이야기까지 이어가야 합니다.

"그렇다면 인간답게 살기 위해서는 어떻게 하면 될까요? 선생님은 크게 세 가지가 중요하다고 생각해요. 먼저 '들어주기'가 중요하고 그다음엔 '존중하기', 그리고 마지막으로 '최선을 다하기'가 중요하답니다."

들어주기의 '들들들'과 존중, 그리고 최선을 다하는 태도는 소통을 위한 기본 요소라고 앞에서도 이야기했습니다. 인간답게 사는 것이 무엇인지 같이 고민하고 그 실천방안으로 '들들들'과 '존중하기', '최선을 다하자'는 이야기는 꼭 기억해야 할 우리만의 간단한 약속이 되었습니다.

조직이나 기업을 운영하는 것에는 계획서가 필요하고, 그 계획서는 대부분 매뉴얼화되어 있다는 이야기를 했습니다. 매뉴얼의 장점은 구체적인 상황에 대한 안내가 되어 있어서 그대로 따르기만 하면 된다는 것입니다. 하지만 복잡하고 너무 많은 규정들이 존재하는 것도 사실입니다. 인간의 삶은 그렇게 매뉴얼로 모든 것을 목록화하기 힘들기에, 철학이 필요하다는 이야기도 했습니다.

위의 세 가지는 간단해 보이는 약속이지만, 이 약속의 응용범위는 무궁무진합니다. 그리고 이 약속은 교사 혼자만이 아니라 아이들도 함께 생각해야 하는 것이기도 합니다. 지금 내 행동이 인간다운 행동이었는지 말입니다.

어떨 때는 아이들의 의견과 교사의 의견이 다를 수도 있습니다. 그러면 교사는 아이의 이야기를 들으면서 아이에 대해 더 깊이 이해할 수도 있습니다. 아이

또한 교사와 자신의 의견이 다름을 받아들이며 자신의 생각을 주변과 맞추어가는 경험을 할 수 있습니다. 그래서 너무 구체적이지 않게, 몇 가지 약속만으로도 아이들과 어려움 없이 지낼 수 있으며, 거기에는 오히려 더 좋은 장점들도 많았습니다.

두 번째 원칙은 '약속은 모두와 공유해야 한다'입니다.

약속은 스스로에게 하기도 하지만 보통은 다른 사람들과 하게 됩니다. 특히 우리로 살기 위한 약속은 모두가 지키기를 바라며 정하는 약속이고, 이런 약속을 다른 말로 규칙이라고 합니다. 또한 누군가가 일방적으로 규칙을 제시하는 것이 아니라 모두가 함께 고민하고 만들어가는 것이 중요합니다.

한편 약속은 모두와 공유될 때 힘을 얻게 됩니다. 그 범위가 넓을수록 효과도 커질 수 있습니다. 그래서 저는 약속과 관련된 수업을 진행하는데, 그것이 바로 '광고' 수업, '지금 난 말이지' 수업, '우리로 살아가기 위한 나의 다짐' 수업[5] 입니다.

이 수업들은 모두 우리가 지키며 살아갈 약속에 대한 이야기입니다. 광고를 만들며 우리가 어떻게 해야 인간답게 살아갈지 함께 고민하고, '지금 난 말이지' 수업을 통해 우리가 서로 어떻게 다른 존재인지 생각하고 함께 살아가기 위해 서로 존중해야 함을 고민합니다. 또 '나의 다짐' 수업을 통해 스스로 인간답게 살기 위해 노력하겠다고 다짐합니다. 이렇게 약속에 대한 이야기를 모두와 함께 공유하고 나눌 때, 그 약속은 힘을 가지게 되는 것입니다.

살아가다 보면 때로는 비밀스러운 약속이 필요할 때도 있습니다. 하지만 학급

---

5 6부 수업 편에서 자세히 다룹니다.

이라는 공간에서는 이런 비밀 약속보다는 모두와 함께 공유하며 고민하는 약속이 더 중요합니다. 그리고 이것은 한 사람만의 문제가 아니라 모두의 문제로 인식하고 문제를 해결하는 바탕이 됩니다. 약속은 개인의 문제가 아니라 우리의 문제이기 때문입니다.

세 번째 원칙은 '약속은 기대하지 않아야 한다'입니다.

"너, 선생님하고 약속했잖아? 그런데 왜 이렇게 안 지키는 거니? 정말 실망이다!"

교사로 살아가는 것은 쉽지 않습니다. 아이들을 믿어주고 기다려야 한다는 사실을 잘 알지만, 매 순간 그것을 실천하는 것은 무척 어렵고 외로운 일이기 때문입니다. 저는 《교사의 탄생》에서 '희망고독'이라는 말을 이야기했습니다. 희망을 가지고 살아가는 사람은 고독할 수밖에 없다는 이야기였습니다.

교사는 이 희망 자체를 만나는 존재입니다. 아이들이 희망이기에, 우리는 언제나 희망과 함께 살아가는 존재인 것입니다. 그래서 어쩌면 교사는 누구보다 고독한 사람일 수도 있습니다. 세상 사람들 누구도 알아주지 않지만 아이들과의 생활에 모든 것을 쏟아붓고 살아가는 이들이 교사이니까요. 어른과는 다른 아이들의 세계 속에서 자신이 할 수 있는 최선을 다하는 사람들이지요. 그래서 어떤 면에서 교사는 바보들이기도 합니다. 희망을 붙잡고 바보처럼 살아가는 사람들이기에 그렇습니다.

흔히 교사들을 보고 세상 물정 모르는 사람들이라고 이야기하기도 합니다. 아이들 속에서 살아가는 모습이 어른들만 존재하는 거친 세상에서 사는 사람들과는 다르게 보이기 때문입니다. 하지만 전 그렇게 생각하지 않습니다. 교사들이 희망을 품고 살아가는 것은 현실을 너무 사랑하고 잘 알기에 그런 것입니다. 현실의 겉모습만을 보는 것이 아니라 현실의 속 깊은 곳까지 들여다보고, 그 속에 희망을 심고자 노력하기에 그런 것입니다.

하지만 희망을 가진다는 것은 어떤 결과를 바라는 것과는 사뭇 다릅니다. 그래서 약속의 세 번째 원칙으로 '기대하지 않는다'를 생각했습니다. 아이들이 약속을 지키길 희망하지만, 모두가 잘 지키리라고 기대하지는 않는다는 것입니다. 즉, 희망을 가지는 것이지 기대를 가지는 것이 아닙니다.

우리 인간의 모습에는 나약한 부분들이 참 많습니다. 스스로 아무리 다짐해도 똑같은 실수를 반복하는 것도 그런 모습 중 하나입니다. 누구나 약속을 잘 지키길 바라지만 그것은 쉬운 일이 아닙니다. 이때 약속을 지킬 것을 기대하게 된다면 기대를 저버린 아이에게 실망하는 일이 발생합니다. 그리고 그 실망감은 아이에게 그대로 전달되어, 아이 스스로 자신에 대한 믿음을 잃게 만들기도 합니다.

그래서 전 약속을 하면서도 기대하지 않고, 아이가 약속을 지키지 않았다고 하더라도 실망하지 않습니다. 대신 약속을 지킬 수 있다는 희망을 노래할 뿐입니다. 그래야 이번엔 지키지 못했지만 다음에는 지킬 수 있다는 것을 끝까지 믿는다는 마음을 아이에게 전할 수 있기 때문입니다. 저는 이렇게 이야기를 해줍니다.

"선생님은 네가 약속을 지키지 못하는 것에 대해 실망하지 않아. 오히려 네가 지키기 위해 노력하지만 잘 안 되는 것을 보며 우리가 정한 약속이 좋은 일이라는 생각을 하게 된단다. 선생님이 전에 말한 것 기억하니? 빠르게 배울 수 있는 것은 나쁜 일일 수 있다는 이야기. 오히려 좋은 일은 배우기가 힘들다는 이야기를 했어. 지금 네가 약속을 잘 지키지 못하는 것은 그것이 좋은 일이기 때문이야. 포기하지 말고 계속 힘내서 지켜보자!"

약속을 지키는 것은 의지가 아닐 수 있다!

저는 교사로 살아가며 약속에 대한 세 가지 원칙을 생각하고 실천하기 위해 의지를 가지고 노력하고 있습니다. 아이들 또한 약속을 지키기 위한 의지를 보여 주며 생활합니다. 하지만 마음 깊은 곳에서 약속은 의지의 문제만이 아니라는 이야기도 들려옵니다. 약속을 지키는 것은 의지가 강해서일 수도 있지만 연민의 마음이 발동해서이기도 하다고 말입니다. 그래서 약속을 지키지 않는 아이에게는 두 가지 경우가 있을 수 있습니다. 의지가 약해서 약속을 어겼거나, 혹은 약속을 하게 된 사람과의 마음의 거리 때문이거나 말입니다. 이 두 가지를 구별할 수 있으면 약속에 대해 정확히 이해할 수 있을 것입니다.

의지가 약해서 약속을 어기는 것은 일반적으로 우리가 약속을 지키지 않았을 때 생각하는 이유입니다. 하지만 가만히 생각해보면 우리가 살아가며 겪게 되는 다양한 일들에서, 사실 우리의 의지가 반영되어 시작되고 진행되어 끝나는 경우는 많지 않음을 알 수 있습니다. 물론 그 일을 겪는 동안 우리의 의지가 반영되는 부분도 있겠지만 일을 겪는 모든 과정이 의지로만 이루어진 것은 아니니까요.

그렇다면 의지가 아닌 무엇이 우리를 움직이게 만들까요? 전 그것이 다른 이에 대한 연민이라고 생각합니다. '연민'이라는 단어를 사전에서 찾아보면 '어떤 일에 대해 슬퍼하거나 걱정하는 마음'이라고 나옵니다. 그래서 때로는 동정과 혼돈되어 사용되기도 합니다.

「마음깊은곳
연민의
마음으로」

2019. 兀

▍ 마음 가장 깊은 곳에 자리 잡은 연민의 마음은 생각보다 강하다.

연민과 동정

동정이라는 말에서는 나보다 부족하거나 내가 가진 것을 가지지 못한 사람에 대한 안타까운 마음이 강하게 느껴집니다. 반면 연민의 마음은 나와 같거나 부족하거나 때로는 나보다 좋은 조건의 사람에 대한 마음이 아닐까 싶습니다. 동정의 마음보다 연민의 마음이 더 큰 울타리를 가지고 있다는 생각입니다. 물론 국어사전에서 이렇게 구별하고 있는 것은 아니고, 저만의 구별법입니다.

저는 아이들을 대하거나 주변 사람들을 대할 때 동정의 마음으로 보지 않고, 연민의 마음으로 그 사람의 아픔을 같이 아파하며 지내고 있답니다. 이런 제 마음이 아이들에게도 전달되었을까요? 아이들이 어느 날 저를 연민의 눈으로 보는 경우가 있더군요. 그동안 그렇게 선생님 말을 듣지 않고 멋대로 지내는 듯 보이던 아이였는데, 그 아이 스스로 약속을 지키는 행동을 하기 시작했고 동시에 연민의 시선이 나타나기 시작했습니다. 그리고 아이는 이렇게 이야기했죠.

"선생님을 보면 제가 이렇게 지내선 안 될 것 같아서요. 그냥 선생님과 있다 보면 그렇게 되는 것 같아요."

이 아이는 약속을 의지를 가지고 지키는 것이 아니라 저, 즉 교사에 대한 연민의 마음으로 지키는 것 같았습니다. 제 생각이 너무 과한 것일까요? 그 순간 본 아이의 눈빛은 교사로 살아가며 겪게 되는 다양한 일들 중 최고의 순간이었습니다. 그 따뜻하면서도 말로 다 하지 못할 눈빛이 교사에겐 최고의 선물이 아닐까요?

연민의 날개 달기

교사에게 가장 어려운 점이 무엇인지 물어보면 많은 교사들이 학부모와의 관계라고 이야기합니다. 제발 학부모와 떨어져 아이들하고만 지내고 싶다는 이야기도 합니다. 하지만 조금만 생각해봐도 그런 상태에서 교육은 존재할 수 없습니다. 부모와 교사는 아이를 성장시키는 양 날개와 같은 존재이기 때문입니다. 아이가

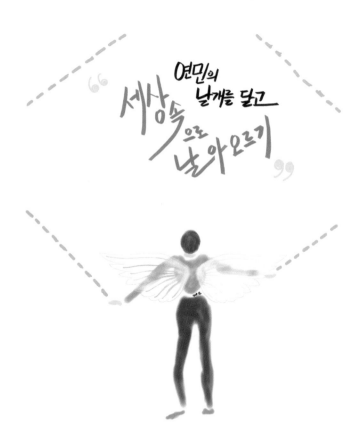

연민의 날개를 달고 세상속으로 날아오르기

교사와 학부모는 아이의 성장에 양 날개와 같은 존재다.

부모나 교사 중 한쪽에만 의지한다면 한쪽 날개로 날아오르려고 애쓰는 어린 새와 같은 처지가 될 테니까요.

문제는 학부모와 교사가 서로 어떤 관계를 맺고 살아가야 할지, 그리고 함께 손잡고 간다는 것이 어떤 것인지 누구도 잘 알지 못한다는 것입니다. 수많은 시행착오를 겪기도 하고, 힘든 일도 부지기수입니다.

그렇다면 이렇게 생각해보면 어떨까요? 강한 의지로 이 모든 어려움을 돌파하는 것이 아니라, 서로를 걱정하고 위로하는 마음으로 대하자고 말입니다. 바로 연민의 마음으로요. 학부모와 교사가 서로를 연민의 마음으로 바라본다면 아이도 따뜻하고 부드러운 연민의 양쪽 날개를 달고 날아오를 수 있지 않을까요?

연민의 마음으로 살아가기

누구보다 명철한 눈으로 세상을 바라봐야 하는 의지를 가진 동시에 연민의 마음으로 학부모와 관계 맺으며 살아가야 하는 교사는 쉽지 않은 직업입니다. 교사라는 위치 자체가 둥근 사각형을 그려야 하는 상황 같기도 합니다. 그래서 매일매일 새롭게 다짐하며 살고 있습니다. 연민의 마음으로 삶을 살아갈 수 있기를 바라면서 말입니다.

나쁨과 어울림
: 상황에 어울리는 행동을 하자

"우리 반 친구 중 □□이는 규칙을 지키지 않아서 항상 걱정입니다."
"○○이는 항상 거짓말을 해서 어떻게 해야 할지 모르겠어요."

규칙을 지키지 않는 것은 나쁜 행동?

규칙을 지키지 않는 모습을 바라보는 것은 어려운 일입니다. 그리고 그 행동
이 다른 사람에게 피해가 되었을 땐 화가 나기도 하지요. 하지만 규칙을 지키지
않는 친구는 계속해서 규칙을 지키지 않고, 그 아이에게 쏟아붓는 에너지는 점점
고갈되어갈 뿐입니다. 이런 경우 무엇을 신경 써야 할까요?

일단 규칙을 지키지 않는다는 것의 의미를 생각해봐야 합니다. 이렇게 물어보
겠습니다. 아이가 규칙을 지키지 않는 것은 나쁜 행동인가요?

일반적인 시각으로 보면 나쁜 행동이라고 할 수 있을 것입니다. 그런데 아이

에게 네가 하는 행동이 나쁜 행동이라서 규칙을 지켜야 한다고 이야기하면 아이가 그 행동을 고칠 수 있을까요? 아마 쉽지 않을 겁니다. 나쁜 행동이라는 것을 인식하고 있으면서도 아이는 계속해서 그런 행동을 하는 것일 수도 있으니까요. 그것은 앞에서 이야기했던 대로 느낌에 대한 인식이 없어서일 수도 있습니다. 나쁜 행동에 대한 첫 느낌이 재미있었거나 다른 사람의 호기심을 끄는 특별한 행동이라고 느껴서일 수도 있고요. 또 자신이 한 행동이 정말로 나쁜 행동인지 고민하고 있을 수도 있습니다.

나쁜 행동의 기준

규칙을 지키지 않는 친구들과 이야기하다 보면 자기는 그 행동이 이상하거나 나쁘다고 생각하지 않는데, 주변 사람들은 그 행동이 나쁘다고 말해서 이상하다는 경우가 있었습니다. 이렇게 자신이 생각하는 나쁜 행동과 주변 사람들이 생각하는 나쁜 행동이 다를 때, 아이는 그 행동에 대해 다시 생각하고 수정하려고 하지 않습니다. 그렇다 보니 계속해서 반복하는 것이지요. 그리고 그 행동으로 인해 누군가 자신을 혼내면 억울해 하기도 합니다. 이런 상황이라면 규칙을 어기는 아이의 행동은 계속될 것입니다. 그렇다면 어떻게 접근해야 할까요? 네, 제일 먼저 해야 할 일은 그 행동을 왜 다른 사람들이 나쁘다고 하는지 인식하게 해주는 것입니다.

"선생님은 네가 한 행동이 나쁘다고 생각하진 않아. 왜냐하면 세상 대부분의 행동은 나름의 이유가 있다고 생각하니까. 하지만 방금 네가 한 행동은 지금의 상황과는 어울리지 않는 행동이야. 특히 친구들과 함께 지키기로 약속한 것을 깨뜨린 것이니까, 친구들과 어울리는 행동이 아닌 거지. 그래서 규칙을 지키지 않은 네 행동은 이 상황에선 불필요한 행동이라고 생각해. 심지어 그 행동이 다른 친구들을 불편하게 만들기도 했고."

아이는 자신이 분명 규칙을 어겼고, 나쁜 행동을 했다고 자신을 나무랄 줄 알 았는데, 대뜸 네가 한 행동이 나쁘다고는 생각하지 않는다니 당황합니다. 하지만 이 한마디로 자신의 행동을 돌아보게 되기도 합니다. 지금의 상황과 어울리지 않 는 행동은 결국 '우리'가 되지 못하도록 한다는 것을 알게 될 수도 있겠지요.

어울리는 행동 하기

"교실이 엉망이예요. 아이들이 제 말을 무시하고 자기들 멋대로 행동해요."

한 초임 교사가 선배 교사에게 울면서 이렇게 이야기한 적이 있습니다. 그 말 을 들은 선배 교사는 이렇게 이야기하더군요.

"네, 선생님 마음이 많이 힘드시겠어요. 그런데 한 가지 물어보고 싶은 것이 있어요. 혹시 반에 쓰레기통이 어디에 있나요?"

초임 교사는 자신의 어려움을 들어주고 위로해주던 선배 교사가 갑자기 쓰레 기통의 위치를 물어보니 당황했습니다. 그리고 쓰레기통이 교실 뒤편에 놓여 있 는데, 정리가 되지 않아서 항상 지저분한 상태로 있다는 말도 했습니다. 그 말을 듣고 선배 교사는 이렇게 말했습니다.

"네, 그렇군요. 많은 교실에서 쓰레기통을 교실 뒤편에 두고 아이들한테만 맡겨놓으면 지저분하게 관리되는 경우가 많아요. 하지만 쓰레기통이 지저분하면 단순히 쓰레기통 주변만 지저분한 것이 아니라 학급 생활도 어지럽게 진행될 수 있어요. 지금부터는 교실 쓰레기통은 선생님 자리 옆에 두시고, 선생님이 손수 깨끗하게 관리해보시면 좋을 것 같아요. 교실에서 가장 지저분하고 정리되지 않는 곳을 직접 관리하는 선생님을 보며 아이들은 분명 많은 것을 스스로 알게 될 겁니다."

전 이 상황을 지켜보며 선배 교사의 깊은 지혜를 느꼈습니다. 그리고 굉장히 중요한 것을 이야기하고 있다고 생각했습니다.

'규칙을 지키다'가 아니라 '규칙을 존중하다'

우리가 말하는 나쁜 행동에는 사실 명확한 기준이 없습니다. 담배를 예로 들면, 흡연이 가능한 곳에서 담배를 피우는 것은 괜찮지만 금연구역에서 담배를 피우면 처벌받는 것과 같습니다. 어떤 행위가 나쁘다 / 좋다로 나뉘는 것은 그 상황과 배경에 어울리는 행위인지 아닌지로 결정되는 것이지요. 상황과 배경에 어울리는 행위는 그 자체로 존중의 마음으로 행해지는 것이기도 합니다. 그래서 아이의 행동이 상황에 어울리지 않으면, 그것을 제지하고 막을 수 있을 겁니다. 자신의 기준으로 나쁘다 좋다를 판단하는 것이 아니라 존중의 의미로 판단하기 때문입니다.

쓰레기통 주변을 치우는 것도 이와 같습니다. 쓰레기통 주변이 지저분한 것은 쓰레기를 제대로 버리지 못해서이고, 그것은 깨끗해야 할 교실에 어울리지 않는 행동이라는 의미입니다. 즉 우리 모두가 사용하는 공간을 존중하지 못했기 때문입니다. 만약 교실이 정리된 곳이어야 하고 존중의 공간이라면 먼저 깨끗한 교실과 어울리지 않는 곳부터 정리하는 것이 중요하다는 것입니다. 그리고 그렇게 해야 교실에서의 생활에 어울리는 행동도 이어질 수 있다는 것이지요. 이렇게 생각하면 규칙을 어기는 행동의 원인에 맞는 대처법을 세울 수 있습니다.

쓰레기통 주변이 지저분한 것은 쓰레기통에 제대로 버려야 하는 약속을 지키지 않은 것 이전에 함께 살아가는 공간에 대한 존중이 없음을 보여주는 것이다.

규칙을 지키지 못하는 친구 돕기 3단계

학급에서의 규칙은 보통 학급에서 살아가는 이들이 함께 모여 정하는 경우가 많습니다. 규칙을 정하는 것은 결국 함께 살아가기 위해 어울리는 행동을 하자는 의미이니까요. 그런데 함께 정한 규칙을 어기는 친구는 언제나 있습니다. 그리고 그 친구의 무례함에 다들 아쉬워하고 힘들어합니다. 하지만 우리로 살아가는 것은 이런 어려움도 함께 품고 가는 것입니다. 그래서 친구의 어울리지 않는 행동에 대해 같이 고민하고 해결할 수 있도록 노력해야 합니다. 제가 적용하는 3단계를 소개하겠습니다. 매번 똑같은 대책이 아니라 다른 대책이 제시되기에, 규칙을 지키지 않는 친구도 변화되는 자신의 모습을 다르게 느낄 수 있을 것입니다.

1단계 : 친구와 함께하기

친구가 규칙을 지키지 않을 때, 그것은 절대적으로 나쁜 행동이어서가 아니라 지금의 상황에 어울리지 않는 행동인 경우가 많다고 했습니다. 그 말은 지금의 상황에 어울리는 행동이 무엇인지 알려주면 해결할 수 있다는 의미입니다. 어울리지 않는 행동을 하려고 할 때 누군가 함께 있다면 그 행동을 잠시 멈추게 할 수 있겠지요. 그래서 첫 번째 단계는 '함께하기'입니다.

2단계 : 친구 도와주기

함께하는 친구 덕분에 어울리지 않는 행동을 그만두면 좋겠지만, 계속해서 어울리지 않는 행동을 하는 친구도 있습니다. 이럴 땐 그 친구의 행동을 도와주는 것입니다. 돕는다는 것은 그 친구가 하려는 것을 돕는 것이 아니라 그 친구의 행동에 개입해서 바른 행동으로 이끌기 위한 행동을 같이 한다는 것입니다. 그 친구 대신에 말입니다. 이 도와주기 단계는 여러 명의 친구들이 함께할 때 더 효과적입니다. 남을 돕는다는 것은 어려운 일이고, 돌아가며 에너지를 소비할 수 있으니까요.

3단계 : 친구 지켜주기

함께하는 것도 안 되고, 돕는 것에도 한계가 왔을 때 사용하는 최후의 방법입니다. 도저히 자신의 행동을 조절할 수 없는 아이는 이 3단계까지 오게 되는데, 핵심은 그 친구의 행동을 막는 것입니다. 이미 1, 2단계를 경험한 친구이기에 3단계에 들어오면 자신이 생각해도 스스로 조절하지 못한다는 것을 알고 있고, 그래서 받아들이며 생각하는 시간을 가지게 되더군요.

물론 이 3단계는 제가 사용하는 방법이므로, 저에겐 효과적이었지만 다른 분에게는 그렇지 않을 수도 있습니다. 하지만 왜 이런 단계를 두고 접근하는지 생각해보시면 작은 도움이라도 되지 않을까요? 또 마지막 단계인 이 '지켜주기'에는 나름의 다른 이유가 있습니다. 규칙을 지키지 않는 것은 다른 사람에게 피해를 주는 것 이상의 의미가 있다고 생각하기 때문입니다.

예의는 나를 지키는 가장 훌륭한 수단이다

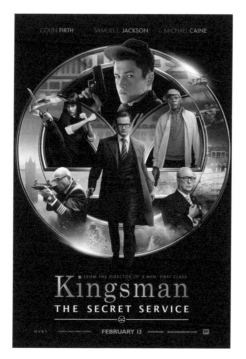

영화 〈킹스맨〉 포스터.

"Manners makes(maketh) Man."

영화 〈킹스맨〉에 나온 유명한 대사입니다. 주인공은 세상을 구하는 스파이이 며, 세상을 구하기 위해 어떤 어려운 일도 마다하지 않습니다. 하지만 복장만큼 은 깔끔한 양복 차림이어야 한다는 역설적인 모습이 영화의 특징이기도 합니다. 그리고 복장만큼 생활태도가 중요하다는 것도 이야기합니다. 예의바르고 절제된 행동이 무엇보다 중요하다는 내용이 위의 대사에서도 드러납니다.

그렇다면 예의바른 행동이 필요한 이유는 무엇일까요? 즉 규칙을 지키며 살아간다는 것은 무엇을 뜻하는 걸까요?

먼저 이렇게 생각해보겠습니다. 규칙을 지키고 예의바르게 행동하는 것은 누구를 위한 것일까요?

"네가 이렇게 행동하면 주변의 다른 사람에게 피해가 될 수 있잖니. 그러니까 예의바르게 행동하길 바래."

예전의 저는 규칙을 지키지 못하는 아이에게 이런 이야기를 많이 했습니다. 이 말에는 예의나 규칙을 지키는 것이 다른 사람을 위한 행위라는 의미가 들어 있습니다. 하지만 아이들과 생활하며 알게 되었습니다. 우리가 예의를 지키는 것은 다른 사람들을 위한 행위이기 이전에 나를 위하는 것이며, 예의는 나를 지키기 위한 가장 최소한의 행위라는 것을 말입니다.

인성교육은 안전교육의 핵심

우리는 흔히 아이들은 보호받아야 할 대상이라고 이야기합니다. 그래서 안전한 생활을 제공하기 위해 다양한 시설들을 갖추기도 합니다. 하지만 진짜 안전에 필요한 것은 무엇일까요? 어쩌면 안전의 핵심은 훌륭한 시설이 아닐 수도 있습니다. 안전교육의 핵심은 올바른 인성을 가지게 하는 것입니다.

왜 우리는 많은 사람들과 함께 살아가기 위해 예절을 지켜야 할까요? 우리에게 공중도덕은, 예절은, 매너는 어떤 의미일까요?

예의 바른 사람이 다른 사람들에게 기쁨을 주고 세상을 밝게 만든다는 것은 당연한 이야기입니다. 하지만 더 중요한 이유는 그것이 바로 나를 보호하기 위한 최소한의 행위라는 것입니다.

영화관에 아이들과 같이 갔습니다. 아이들은 영화관이 학교와 같은 공간이 아니라는 것을 머리로는 알지만 그곳에 어울리는 행동을 하지 못했습니다. 그렇다 보니 학교에서 하던 행동을 그대로 합니다. 하지만 학교에서라면 전혀 문제 되지 않을 행동도 이곳 영화관에선 예의 없는 행동이 됩니다. 그리고 그 자체로 위험한 행동이 되기도 합니다. 학교가 아니기 때문입니다.

사람이 태어나서 처음 접하는 장소는 가정입니다. 가정에서 만나는 사람은 자신과 같은 유전자를 공유한 사람일 확률이 크고, 대개는 절대적인 안전을 보장하는 공간이기도 합니다. 아이가 자라며 다음으로 접하는 곳은 학교입니다. 학교에서 만나는 사람은 자신과 같은 유전자를 공유하진 않지만 어느 정도 검증된 사람들이라고도 할 수 있습니다. 물론 가정과는 다르지만 그래도 안전이 확보된 곳이고, 우리는 이러한 학교의 안전을 바탕으로 다양한 친구들과 어울려 살아가는 방법을 익히게 됩니다. 어떤 사람은 학교가 안전한 곳이냐고 물을지도 모르지만, 사회의 다른 곳에 비해서는 분명 안전한 곳임에 틀림없습니다.

사람들은 결국 자라서 사회로 나가게 됩니다. 사회는 그동안 만나던 가정이나 학교와 같은 공간이 아닙니다. 일단 예측이 불가능합니다. 어떤 일이 일어날지, 누구와 만날지, 그리고 제일 중요한 것이지만 내 주변의 사람들이 어떤 사람들일지 알 수 없습니다. 이런 상황은 그 자체로 안전을 담보하기 어렵습니다.

이처럼 우리가 속해서 살아가는 공간이 다르다는 것은 그만큼 안전에 대한 척도도 다르다는 것을 말합니다. 그렇다면 이런 사회 속에서 우리 아이들이 안전하려면 무엇이 필요할까요? 가장 기본적인 방법은 바로 다른 사람에 대한 배려를 실천하며 행동하는 것입니다. 즉 다른 사람들이 보기에 예의바른 모습으로 지내는 것입니다.

'가는 말이 고와야 오는 말이 곱다'로 살펴보는
인성의 중요성

거친 말을 상습적으로 사용하는 친구가 있다면, 그 주변엔 어떤 친구들이 있을까요? 또 바른말을 사용하는 친구가 있다면 그 사람의 친구들은 어떤 모습일까요?

바른 행동으로 조심스럽게 행동하는 것은 다른 사람을 위한 일이기도 하지만 근본적으론 나를 위한 행동입니다. 그리고 그 행동이 나를 안전하게 지켜줄 것입니다.

우리가 말하는 예절교육은 어쩌면 우리 아이들의 안전을 위해 가장 필요한 기본적인 교육이 되어야 할 것입니다. 아이들도 사회와 접하고 살아가고 있는 존재인 만큼 자신의 안전을 위해서라도 예절을 익히고 실천할 수 있어야 할 것이고요.

"제가 집에서 아이에게 얼마나 무섭게 하는지 몰라요. 그런데 왜 이럴까요?"

"아이 아빠가 아주 무서워요. 그래서 집에서는 기본적인 예절은 잘 지키고 있어요. 그런데 왜 학교에선 그러지 않을까요?"

상담 중 드러나는 무서움과 엄격함의 혼돈

아이들 중에는 해서는 안 되는 행동을 매일같이 반복하는 아이들도 있습니다. 상황에 어울리지 않는 행동을 하는 것입니다. 인성교육에 대한 이야기에서도 다루었지만, 이런 행동은 다른 친구에게 위협이 될 수 있고, 무엇보다도 자신을 위험하게 만들 수 있습니다. 이런 아이의 경우 빠르게 학부모님과 연락하여 아이의 상황에 대해 이야기를 나누고, 문제 해결을 위해 노력하는 것이 무척 중요합니다.

그래서 교사와 학부모에게 상담은 생각보다 더 중요한 활동입니다. 교사와 학부모가 아이가 제대로 성장할 수 있도록 함께 마음을 모으는 일이 상담활동의 핵심이어야 하니 말입니다. 그런데 상담을 오신 부모님으로부터 이런 이야기를 들을 때가 있습니다.

"선생님, 선생님께서 이야기하는 부분은 집에선 절대 하지 않는 행동이랍니다. 아니, 더 정확하게 말하면 집에선 절대 하지 못하지요. 왜냐하면 아이 아빠가 무척 엄하거든요. 그래서 아이는 집에선 절대로 그런 행동을 하지 않습니다. 그런데 왜 학교에선 그렇게 하는지 모르겠어요."

아이가 다른 친구와 아이 자신에게 위험한 행동을 하는데, 이렇게 집에서는 아무 문제가 없다고 이야기하시는 부모님과 상담하는 것은 쉽지 않습니다. 이럴 때는 어떻게 해야 할까요? 전 이런 상황이라면 부모님의 태도가 아이에게 엄격한 것이 아니라 무서운 것은 아닌지 생각해야 한다고 봅니다. 앞에서 부모님께서는 분명 엄격하다고 하셨는데, 그 엄격함이 무엇인지 살펴볼 필요가 있다는 뜻입니다.

무서움과 엄격함

먼저 무섭다는 것과 엄격하다는 것을 구별하기 위한 기준이 있어야 할 것 같습니다. 전 그 기준이 일관성이라고 생각합니다. 축구 경기를 예로 들어보겠습니다. 축구는 몸과 몸이 부딪치는 격렬한 경기라서, 생각보다 심판의 역할이 중요합니다. 물론 요즘은 심판의 오심을 줄이기 위해 VAR이라는 비디오 판독도 등장했지만 결국 심판이 중요한 결정을 해야 하는 것은 변하지 않았습니다. 그래서 축구에선 심판의 판정도 시합의 일부분으로 여기는 경우가 많습니다. 축구 중계를 듣다 보면 초반에 이런 해설이 나오는 경우가 많지요.

> "아. 오늘 심판은 몸싸움에 관대한 것 같습니다. 이런 상황이라면 좀 더 적극적으로 몸싸움을 해야 밀리지 않을 텐데요."

이런 이야기는 다른 종목에서는 잘 듣기 어려운 내용입니다. 축구만이 가진 하나의 특징 같은 것이지요. 심판이 가진 오늘의 판정 기준이 무엇인지 파악하고, 그 기준에 맞춰 시합에 임하는 것입니다. 그렇다 보니 심판의 성향이나 그날의 상황에 민감하게 반응하게 되고, 훌륭한 축구선수라면 이런 성향까지도 활용하는 단계에 이르게 됩니다.

그런데 이렇게 중요한 심판이 축구 시합을 완전히 망칠 수도 있습니다. 심판의 기준이 명확하지 않거나 오락가락할 때입니다. 분명 이전 상황에선 반칙 휘슬을 불지 않았는데 지금은 반칙이라고 선언하거나, 상대편 선수에겐 관대한데 우리 편에게는 깐깐한 잣대를 대는 것 같으면 선수들은 흔들리기 시작합니다. 급기야 경기 중 싸움으로 번지는 사태도 발생할 수 있습니다. 일정한 기준, 즉 일관된 기준을 가지고 판단하는 심판이라면 깐깐하고 엄격해서 반칙을 자주 선언한다 해도 문제가 없지만, 기준이 모호하거나 치우쳐 있는 심판이라면 아무리 전체적으로 관대하게 심판을 보더라도 불만이 쌓일 수밖에 없습니다.

그렇습니다. 무섭다는 것은 일관된 기준이 없음을 이야기하는 것이고, 반면 엄격하다는 것은 일관된 기준을 유지한다는 의미입니다. 아이의 입장에서 일관된 기준으로 자신의 행동에 대해 이야기하는 사람을 만나면 아이는 그 기준이 무엇인지 살피게 되고, 그에 맞는 행동을 하기 위해 노력하게 됩니다. 축구선수들이 심판의 성향에 맞추어 그날의 시합에 임하는 것과 같지요. 하지만 일관성이 없어 보이는 사람이 심판으로 있고, 자신의 행동에 대해 간섭하면 아이들도 축구선수들처럼 불만을 이야기하거나 하면 안 되는 행동도 몰래 숨어서 시도할 것입니다.

무서움이 강할 때 아이는…

엄력함이 아닌
무서움은 스스로를
부끄러운 존재로
만든다

무서움은 사람을 부끄러운 존재로 만든다.

일관성 없는 다그침이 계속 이어지면 아이는 본능적으로 그 상황을 잠시 모면하면 된다고 생각하게 됩니다. 쏟아지는 소나기를 피하기 위해 잠시 몸을 웅크리는 것입니다.

더 큰 문제는 잠시 기다리면 이 무서움이 지나간다는 것을 알게 된다는 점입니다. 조금만 지나면 내가 원하는 것을 아무렇지도 않게 할 수 있다고 생각하게 되는 것입니다.

아이에게 엄하게 대한다고 말씀하시는 부모님들 중에는 명확한 기준을 엄격하게 적용하는 경우도 있지만, 그렇지 않은 경우가 더 많았습니다. 아이의 입장에선 기준이 명확하지 않으니 그 상황만을 넘기려고 노력하게 되는 것이죠. 조금만 시간이 지나면 다시 자신이 하고 싶은 대로 하는 악순환이 벌어지게 됩니다. 그리고 이런 상황에 익숙해지면 학교에서도 집에서처럼 잠시 선생님이라는 소나기를 피하려고만 하지, 자신의 행동을 반성하고 바꾸려 하지 않게 되는 것입니다. 또, 이렇게 무서움을 피해 잠시 숨어 있는 경험이 쌓일수록 아이는 스스로를 부끄러운 존재라고 인식하게 됩니다. 자신은 혼나야 하는 사람이라는 생각까지도 하게 되고요. 거듭 잘못을 하고 다시 혼나는 상황을 반복하면서 말입니다. 이런 경우가 지속되면 당연히 자존감도 바닥을 칠 수밖에 없겠지요.

그래서 엄격함과 무서움을 구분하는 것은 굉장히 중요합니다. 특히 부모님들께 이 부분에 대해 이야기하고, 집에서도 일정한 기준을 가지고 아이를 대해야 한다는 것을 알려드릴 필요가 있습니다. 그래야 학교와 가정에서 일관된 기준이 있음을 아이가 알게 되고, 그 기준에 맞춰 살아가기 위해 노력할 테니 말입니다.

상담의 힘

상담은 단순히 문제행동을 하는 아이에 대한 대처법을 이야기하는 시간과 행위가 아닙니다. 교사와 부모가 소통이 원활하다면 아이의 성장에 분명 큰 도움이 될 수 있다는 생각으로 상담에 참여해야 합니다. 특히 생활에 어려움이 있는 아이가 있다면 아이의 어려움을 조금이나마 덜어주기 위해서라도 반드시 상담이 필요합니다. 그런 상황에서 가장 힘든 것은 부모님도, 교사도 아닌 아이겠지요. 부모와 교사가 상담을 통해 아이의 성장을 함께하는 존재가 된다는 의미만으로도 상담은 유의미한 활동이 될 것입니다. 상담에 대한 이야기를 한 꼭지 풀어보겠습니다.

상담의 시작에서 신뢰 쌓기

상담은 결국 교사와 부모가 함께 바라보고 있는 아이에 대한 이야기를 하는 자리입니다. 그래서 상담을 할 때 가장 기본은 아이에게 집중하는 것이며, 아이의 현재 상태에 대한 깊은 이해가 먼저 있어야 합니다. 아이에 대한 깊은 이해는 외형적으로 아이가 보인 행위들뿐만 아니라 아이의 내면까지 포함하는 것입니다. 심리적인 부분까지 다뤄야 한다고 생각하면 됩니다.

상담을 시작할 때 아이의 외부적인 모습만이 아니라 아이의 내면에 대한 이야기까지 교사가 꺼낸다면 부모님 역시 더욱 상담에 집중하게 될 것입니다. 내 아이를 가장 가까이에서 보고 있는 교사의 이야기는 결코 무시할 수 없는 것임을 알기 때문입니다.

아이에게 집중하고 있음을 드러내는 것만으로도 부모님의 신뢰를 얻을 수 있습니다. 그리고 이렇게 얻어진 신뢰는 아이에 대해 감정적으로만 접근하는 것이 아니라 이성적으로 접근할 수 있도록 하는 데에도 도움이 됩니다. 이 역시 교사의 역할 중 하나입니다. 앞에서 이야기한 무서운 것과 엄격한 것을 구분 지어주는 것도 이성적인 역할 중 하나라고 할 수 있겠지요.

교사들은 흔히 이런 상황에서 매뉴얼을 찾게 됩니다. 하지만 매뉴얼은 가장 낮은 단계의 문제를 해결하는 데에는 도움이 될 수 있지만, 그때그때의 상황과 일치되는 경우는 적습니다. 결국 근본적인 부분에서 변화가 없다면 오히려 건드리지 않는 것보다 못한 경우가 만들어지고 맙니다. 그래서 계속 더 높은 수준의 매뉴얼을 찾게 되고, 결국은 매뉴얼을 참고하는 자신의 모습만 남게 될 수도 있습니다. 그래서 매뉴얼을 참고할 수는 있지만, 교사는 스스로 전문성을 키워 자신만의 상담의 기술을 익혀야 합니다.

나만의 전문적인 상담기술은?

교사로서의 전문성은 결국 아이들과 함께한 경험이 얼마나 축적되었는지에 따라 결정됩니다. 너무도 당연하지만, 교사는 아이들 속에서 살아가는 사람입니다. 이 말은 아이들이라는 특별한 존재를 가장 많이 경험할 수 있다는 의미이기도 하지요.

아이들은 인간의 다양한 측면을 솔직한 모습으로 표현하며 살아가는 존재이고, 교사는 그 속에서 꾸밈없는 인간 존재의 의미를, 인간에 대한 다양한 정보를 얻을 수 있습니다. 그래서 교사는 아이들 속에서 아이들을 경험하며 지내는 것만으로도, 자신도 모르는 사이에 인생의 아름다움을 느끼고 경험하고 있다고 생각합니다. 아이들 속에서 보고 겪은 다양성에 기반하여 아이들의 이야기를 들려주는 것이야말로 교사의 특별한 전문성이라 할 것입니다.

부모님들과 자녀에 대한 상담을 하다 보면, 많은 부모님들이 자신의 자녀만을 바라보고 지내기에 다른 아이들의 상황을 폭넓게 이해하지 못하는 경우가 많다는 것을 알 수 있습니다. 또 자녀의 문제에는 부모님의 영향이 클 수밖에 없으므로, 부모님도 이런 부분을 인식하고, 함께 문제를 해결하기 위해 노력해야 한다는 것도 교사로서 부모님께 전해야 합니다.

예를 들어보겠습니다. 친구들을 자주 때리는 행동으로 문제가 되는 아이가 있었습니다. 일단 왜 이런 행동이 지속되는지 살펴야 하겠지요. 그리고 가정에서의 생활과 학교에서의 모습이 다르다면, 왜 다른지 생각해보아야 합니다.

아이가 가정에서 보이는 모습은 상담을 통해 확인할 수 있습니다. 교사는 부모님의 말을 참고하여 학교에서 비슷한 문제를 일으켰던 아이들의 이야기를 하는 것이 도움이 됩니다. 이때는 반드시 그 아이가 이 문제를 어떻게 해결해나갔는지도 함께 이야기해야 합니다. 그리고 당시 그 아이가 겪고 있었던 불안함에 대한 이야기를 전하며, 부모님의 자녀도 비슷한 심리적 상황에 있을 수 있음을 설명드립니다. 문제행동을 보이는 아이들 대부분은 불안감을 해소하기 위해 오히려 더 많은 문제행동을 일으키기도 하기 때문입니다. 또 그 불안감으로 인해 해결책을 제시해주어도 받아들이지 않는 경우가 많다는 것도 부모님께 전합니다.

일단 여기까지 이야기가 진행된다면, 이 아이가 보이는 문제가 세상 유일한 문제도 아니고, 다른 아이들도 겪을 수 있으며 해결할 수 있는 문제라는 희망을 가질 수 있습니다. 부모님을 안심시키는 하나의 방법이 될 수 있는 것입니다. 그러고 나면 부모님의 역할에 대한 이야기를 시작합니다.

아이의 마음속 불안함이 해소되지 못한다면 어떤 해결책도 도움이 되지 않는다는 것을 부모님께 이해시키고, 아이들의 불안감을 해소하거나 다독일 수 있는 가장 유리한 위치의 사람이 부모라는 것을 이야기합니다. 더불어 부모님들도 이런 불안함을 느꼈던 적은 없는지 돌아보도록 설명합니다. 저학년의 경우에는 아이들이 겪는 문제들을 따라가다 보면 부모님들의 심리적 걱정이나 근심이 원인인 경우가 많습니다. 결국 아이의 문제행동을 해결하려면 부모님이 편안하고 담대한 생활을 해야 한다는 것을 이야기합니다. 그리고 교사와 부모가 함께 고민하고 해결하려는 태도를 보이는 것이 왜 중요한지 설명합니다. 더불어 부모와 교사가 아이에게 어떤 존재로 인식되는지 이야기하는 것도 도움이 됩니다.

부모와 교사, 엄격함으로 한편 되기

상담을 할 때 해야 할 가장 중요한 일 중 하나는 교사와 부모가 한편이 되는 것입니다. 아이의 입장에서 가장 난처한 상황은 교사와 부모의 이야기가 같을 때입니다. 만약 조금만 자신을 감싸는 사람이 있다면 그쪽의 이야기만 솔깃하게 듣고 따르려 할 것이고, 결국 균형이 무너져버릴 것입니다.

상담 시간은 교사도 부모도 자신의 모습을 돌아보는 시간이어야 합니다. 또한 부모와 교사가 같은 기준으로 아이를 바라보는 그 자체가 엄격함을 실천하는 길이 될 것입니다. 이런 관계가 만들어질 때 아이에게 가장 최적화된 해결책을 찾을 수 있을 것이고요.

용기 : 비겁함 없는 교육

"우리가 학교를 다니며 반드시 익혀야 하는 것은 비겁함이 아닌 용기의 마음이다."

질문 : **용기란?**

☯ 용기의 반대말은 생각 없음이다

한나 아렌트를 아시나요?

한나 아렌트는 독일 태생의 유대계 미국 정치이론가로, 제2차 세계대전의 전범인 아돌프 아이히만(Adolf Eichmann, 1906~1962)의 재판에 대한 글을 쓰며 '악의 평범성'이라는 말로 세계적인 논란을 일으킨 사람입니다. 전 아렌트를 전문적으로 공부한 사람은 아니지만 그분의 생각에 많은 부분 동의하는 편이라는 사실을 미리 말씀드립니다.

생각한다는 것

아렌트는 생각한다는 것은 그저 단순히 사고할 수 있다는 것이 아니라 무엇이 옳고 그른지, 어떤 것이 아름다운 것인지 판단하는 능력이라고 이야기합니다. 그런 의미에서 아돌프 아이히만은 생각의 힘이 없었거나 아니면 그 생각을 거부한 사람임에 틀림없다고 말하지요. 아이히만은 재판에서 자신은 그저 자신에게 주어진 책무를 어떤 의도를 가지지 않고 열심히 수행했을 뿐이고, 그런 자신의 행동조차 벌을 받아야 타당(여기서의 타당은 그 정도 벌을 받을 정도의 죄를 지었다면으로 이해)하다면 자신의 어머님조차도 총살형에 처할 수 있다는 말을 아무렇지도 않게 합니다.[6]

한나 아렌트는 이러한 아이히만의 모습에서 그 사람 자체가 악의 화신이거나 괴물이 아니라, 그저 평범한 한 인간이면서 동시에 자신이 스스로 생각할 줄 모르는 불쌍한 사람이라고 여겼습니다. 그런데 아렌트의 이런 생각은 수많은 사람들로부터 지탄을 받습니다. 왜냐하면 수많은 사람들을 죽인 잔혹한 범죄자가 우리와 같은 평범한 사람이라고 하니, 마치 아이히만을 변호하는 듯이 보였기 때문입니다. 아렌트는 친한 지인들에게까지 따돌림을 받게 되었지만 이 주장을 굽히지

---

6 아이히만은 나치스의 친위대 중령으로 수많은 유대인들을 죽인 학살 계획의 실무를 책임졌던 인물이다. 그러나 그는 재판과정에서 자신은 상관이 시킨 일을 수행했을 뿐이라며 전혀 잘못한 것이 없다는 태도로 일관했다.

않고 계속 연구해나갔습니다.

　나중에 한나 아렌트는 스스로 자신의 주장을 조금 수정하게 되었다고 합니다. 히틀러와 같이 독특하게 처음부터 악의 모습을 가지고 있는 사람도 있을 수 있다고 말이지요. 아이히만은 그런 사람이 아니었지만, 간혹 우리 주변에는 히틀러와 같은 사람도 있다는 것을 인정한 것입니다.

　그런데 한나 아렌트가 이렇게 자신의 주장을 수정한 것은 다른 사람들의 시선이 두려워서일까요? 그것은 아닌 것 같습니다. 한나 아렌트는 철저하게 자신의 생각을 가지고 논리적, 이성적인 판단을 내렸습니다. 《한나 아렌트의 말》(한나 아렌트, 윤철희 옮김, 마음산책, 2016)이라는 책에는 아렌트가 자신의 연구에 대해 말한 부분이 나옵니다.

　　"나는 연구를 할 때는 내 연구가 사람들에게 끼칠지도 모르는 영향에 대해서 전혀 신경 쓰지 않는다고요."

　그리고 자신이 연구하고 글을 쓰는 것은 철저히 자신의 사유과정 자체의 중요성을 추구하는 것이라고 이야기합니다. 이런 아렌트의 말이 제게는 아들러의 생각과 연결되었습니다. 아들러는 자기 철학의 핵심 중 하나를 '용기'라고 했는데, 그것은 다른 사람에게 미움을 받을 수도 있는 용기라고 말했습니다. 우리나라에는 《미움받을 용기》라는 책으로 널리 알려졌습니다. 다른 사람들의 생각까지 관여하는 것은 자신의 권한을 넘어선 일이며, 그렇게 하면 안 된다는 내용이 들어 있습니다. 다른 사람의 시선보다는 자신이 스스로 판단하고 행동하라고 말하는 것입니다.

　제가 보기에 한나 아렌트는 이런 아들러의 이야기에도 가장 부합하는 사람인 것 같습니다. 한나 아렌트는 자신이 실제 참관한 재판에 대해 생각하고 판단한 결과를 세상에 내놓았고, 그것에 대해 한 치도 흔들림 없는 주장을 펼칩니다. 그리고 그 주장을 계속 연구하여 자신의 주장에서 허술하거나 부족하였던 부분을 채운 것입니다.

전 아들러가 말하는 용기란 이런 것이라고 생각합니다. 자신의 사유과정에 집중하고, 자신이 옳다고 생각하는 것에 대해 끊임없이 연구하고 다른 사람들과 나누는 것. 그래서일까요? 한나 아렌트의 이러한 주장은 지금까지도 많은 사람들에게 영감을 주고 있으니, 이러한 용기가 진정 필요한 용기가 아닐까요?

아들러와 한나 아렌트

아이히만의 행동은 쉽게 이해가 되지 않습니다. 가장 이해하기 힘든 부분은 그렇게 많은 사람들을 죽음으로 몰아가면서도 집에서는 누구보다 자상한 아버지이자 사랑스러운 남편이었다는 것이 이해가 되지 않습니다. 그렇다면 혹시 한나 아렌트가 말한 것처럼 아무런 생각이 없어서 그런 일이 가능했을까요? 즉, 집에서는 가장으로서의 역할만을 생각하고 살고, 한편으로는 잔혹한 살인자로서의 삶을 살아간 것일까요? 그것이 가능하긴 한 걸까요?

저는 아들러의 철학과 아이히만의 행동을 연결할 수 있는 고리가 있다는 생각이 들었습니다. 아들러의 철학에는 제가 결론 내리지 못해 어려워하던 이 부분에 대한 힌트가 되는 이야기가 등장하는 것 같았습니다.

아들러는 인간이라는 존재가 그렇게 유연한 존재가 아니라고 말합니다. 즉 여기서는 이런 모습으로 살아가고, 또 저기서는 저런 모습으로 살아갈 수 있는 존재가 아니라는 것입니다. 그 예로 직장에서의 일을 들었는데, 직장상사와 자신의 관계를 수직적인 관계로 인식하는 사람은 다른 곳에서도 수직적인 인간관계를 맺고 살아간다고 합니다. 즉, 인간은 자신의 존재방식을 쉽게 이리저리 바꾸지 못한다는 것이지요. 결국 그 사람이 가진 삶의 자세는 어느 곳에서든 같다는 이야기인데, 전 이 부분에 적극적으로 동의합니다.

그렇다면 아이히만은 어떨까요? 아이히만은 가정에서의 모습과 일터에서의 모습이 완전히 다르지 않았나요? 여기서 한나 아렌트와 아들러가 만납니다.

기계적 성실함

인간은 존재방식을 유연하고 쉽게 바꿀 수 없다는 아들러의 주장과, 아이히만은 생각이 없는 사람이라는 한나 아렌트의 이야기가 연결되는 것입니다. 즉, 아이히만은 처음엔 분명 두 곳(가정에서의 모습과 공무원으로서의 모습)에서 자신의 모습이 다르다는 것을 인지하고 느꼈을 것입니다. 그리고 그 순간 선택해야 했을 것입니다. 아들러의 말처럼 두 가지 모습을 다 가진 채 살아갈 수는 없을 테니까 말입니다. 그래서 자신의 이익에 유리한 것을 선택할지, 아니면 인간으로서의 모습을 유지하는 쪽을 선택할지 고민했을 것입니다. 그리고 결국 아이히만은 자신에게 유리한 쪽을 선택했습니다.

아이히만은 직장에서 하는 모든 행위는 자기 의지로 하는 것이 아니라 그저 시키는 것을 성실하게 하는 것, 그 이상도 이하도 아니라는 결론을 내렸습니다. 인간으로서 바르게 살아가는 쪽을 선택하여 힘들어할 것이 아니라, 나쁜 일이라 하더라도 시키는 일을 성실하게 하자고 생각한 것입니다.

이러한 모습을 전 기계적 성실함이라 말하고 싶습니다. 기계적 성실함은 가정에서 가장의 역할과 아버지로서의 역할을 수행하는 것에도 철저하게 부합합니다. 그렇기에 그는 진정으로 가족과 의미 있는 시간을 보내진 못했을 것 같습니다. 기계적 성실함 속에서 인간의 온기가 느껴지긴 힘들 테니 말이지요. 그런데도 아이히만은 철저히 자신의 이득을 위해, 생각하지 않고 그저 시키는 대로만 열심히 하자는 기계적인 성실함을 선택했습니다. 그리고 한나 아렌트는 이런 아이히만의 모습을 보며 악의 평범성을 이야기한 것입니다.

《어린 왕자》속 기계적 성실함

자신에게 주어진 일은 성실하게 해야 한다.
하지만 주변 환경에 어울리지 않는 행동은 성실함의 의미를 잃게 만들 수도 있다.

책 《어린 왕자》에도 기계적 성실함이 등장합니다. 어린 왕자가 만난 사람 중에는 1분마다 한 번씩 전등에 불을 밝히고 끄는 아저씨가 있습니다. 이 사람은 명령에 따라 자신에게 주어진 일을 그저 열심히 성실하게 할 뿐입니다. 어린 왕자는 성실함을 가진 이 사람이 좋았지만, 이 사람과 함께할 수 없음을 알게 되어 슬퍼합니다. 저는 어쩌면 아이히만의 모습이 이 아저씨의 모습과 겹친다는 생각을 했습니다. 성실하게 자신에게 주어진 일을 하지만, 그로 인해 누구와도 진심을 나눌 친구가 되지 못하는 사람. 성실함 자체는 의미 있는 가치이지만 그 가치가 생각 없음과 만났을 때는 끔찍한 일이 벌어질 수도 있으니까요.

생각 없음의 의미

한나 아렌트의 주장처럼 아이히만이 '악의 평범성'을 보여준다면 일반적인 삶을 살아가는 우리들도 얼마든지 이러한 모습을 가질 수 있다는 점에 동의해야 할 것입니다. 그리고 조금만 과거로 돌아가보면 일제강점기 시절 수많은 친일파들에게서도 아이히만과 같은 모습을 찾을 수 있습니다. 친일파라 불리는 사람들이 가진 평범한 일상의 모습은 그저 좋은 가정의 아버지, 남편, 이웃의 모습처럼 보였을 것이고, 그것은 가정에서 아이히만의 모습과 다를 바 없었을 것입니다.

현재에도 아이히만은 존재합니다. 기업에서 물건을 생산하거나 판매할 때, 그 물건과 관련된 사람은 그 물건의 적정 가치가 얼마라는 것을 알고 있습니다. 하지만 사람들의 욕구를 자극해 그 물건의 가치보다 훨씬 더 높은 폭리에 가까운 이윤을 붙여 팔거나, 심지어 가짜를 진짜처럼 만들어 판매하는 사람들도 결국 아이히만과 같이 집에서는 좋은 가장이자 아버지였고 좋은 이웃처럼 보이지 않을까요?

어쩌면 그렇기에 우리는 자신을 속이며(한나 아렌트의 말처럼 본인을 속인다기보다는 생각을 멈추고) 하루하루를 살아가고 있는지도 모릅니다. 그것이 잘못되었다는 것을 알면서도, 세상이 이러니 그저 나는 시키는 일에 성실하면 된다는 태도로 살아가는 것입니다. 그러면서 마음속으로는, 내가 비록 직장에서는 이런 행동을 하지만 이것은 직장에서만이고 나 개인으로 돌아가면 이런 사람이 아니라고 믿고 싶을지도 모릅니다.

하지만 과연 직장에서의 모습과 가정에서의 모습이 달라질 수 있을까요? 아니, 정확하게 말해서 직장에서의 나와 가정에서의 내가 다른 사람이라고 할 수 있을까요? 저는 그것은 불가능하다고 생각합니다.

▌ 재판 도중의 아이히만 : 무엇을 생각하고 있었을까?

아이히만은 결국 재판에서 사형을 언도받고 사형되었습니다. 한나 아렌트는 그러한 결과에 대해서 잘 되었다고 이야기했지만, 많은 사람들은 한나 아렌트가 아이히만을 변호해주었다며 여전히 비난했습니다. 하지만 정말로 한나 아렌트가 아이히만을 변호한 것일까요? 오히려 한나 아렌트가 하고자 했던 이야기는 이런 것이 아닐까요?

아이히만을 보고 저 사람이 나쁘고, 저 사람은 괴물이며 우리와 다른 존재이니 사라져야 한다고 손가락질하는 것으로 그칠 것이 아니라, 우리 자신 속에 숨어 있는 아이히만의 모습을 들여다볼 용기가 있느냐고 말이지요. 그리고 그런 모습을 떨쳐낼 수 있는 용기를 내보자고 말입니다.

어쩔 수 없이 사회 속에서 살아가는 우리들이지만, 최소한 우리 사회에 짙게 드리워져 있는 아이히만의 모습, 스스로 생각하지 않고 그저 주어진 일만 기계적으로 처리하며 살아가는 그러한 모습은 배우지 말아야 할 것입니다. 그리고 학교에서도 그러한 모습의 추함을 알리고 생각하는 시간을 가르치고 배워야 할 것입니다. 주어진 것을 앵무새처럼 외우는 교육이 아니라, 자신의 생각을 가질 수 있도록 하는 교육을 해야 합니다. 만약 그렇지 못하다면 우리의 아이들이 아이히만처럼, 자신의 생각은 없이 누군가 시키는 일을 맹목적으로 행하고, 누군가 알려준 정보나 지식만을 앵무새처럼 되뇌는 모습으로 자라게 될 수도 있으니까요.

모범생의 의미

여러분은 모범생이라는 단어를 들으면 무엇이 떠오르나요? '어른들의 말을 잘 듣고 잘 따르는 학생'이 지금까지 모범생의 정의였다면, 저는 이제 모범생의 의미가 조금 달라져야 한다고 생각합니다. 자신의 생각 없이 그저 어른들의 말을 잘 듣고 따르는 학생을 모범생이라고 부르면 안 된다는 생각입니다. 진정한 모범생은 무조건 듣고 따르는 학생이 아니라, 자신의 생각을 당당하면서도 예의 있게 말할 수 있는 학생일 것입니다.

학급살이에는 자신의 생각을 당당하게 표현할 수 있는 용기가 꼭 필요합니다. 용기는 친구 관계에도 필요하고, 선생님과의 관계에서도 필요하며 배움에도 필요한 것입니다.

용기 있게 자신을 표현하는 일은 때로는 어렵고 두려운 일입니다. 하지만 어렵고 두렵지만 도전하며 성공과 실패를 경험하는 과정이 교육의 과정이기도 할 것입니다. 또한 이렇게 자신을 표현하는 과정을 통해 우리는 만남을 가질 수 있게 됩니다. 만남이 있어야 '우리'가 될 수 있을 것이고요.

결국 우리가 되기 위해서는 용기를 배우고 익혀야 하며, 학급살이 전반에 걸쳐 용기는 계속 필요할 것입니다. 그러면 수업과 놀이를 통해 용기를 자연스럽게 배울 수 있는 방법을 알아보겠습니다.

② 수업을 통해 배운다!

"선생님, 새벽에 연락드려서 죄송합니다. 하지만 지금 떠오른 이 느낌을 잊고 싶지 않아서 보냅니다. 방금 이상한 꿈을 꾸었습니다. 아무것도 내 뜻대로 하지 못하고 평생 쳇바퀴 돌듯 사회의 부품이 되어 기계처럼 살다가, 마지막에 지켜주는 사람 하나 없이 쓸쓸히 죽어가는 꿈이었어요. 그런데 생각해보니 이 사회의 모습이 제 꿈과 비슷한 것 같았어요. 저는 솔직히 사람보다 스펙을 보고, 착하면 이용당하고, 틀린 것과 다른 것을 구분하지 못하는 지금의 우리 사회가 너무 싫어요. 꿈으로 겪어보니까 더 잘 알 것 같아요. 그래서 저는 이런 사회에 저항하고 싶고, 미래에는 이런 끔찍한 사회를 바꾸는 사람이 되고 싶어요. 부당한 것을 참으면서 비겁하게 살고 싶지 않고, 쌤이 얘기해주신 것처럼 용기를 내서 살고 싶어요. 그리고 꼭 용기 있는 사람이 되어서 이 사회를 바꾸고 싶어요. 사실 어디부터 시작해야 될지, 뭘 어떻게 해야 할지도 모르겠고, 그냥 이런 생각이 갑자기 들었어요. 하지만 지금부터 시작하면, 계속 포기하지 않으면 언젠가는 바꿀수 있겠죠? 아니, 그렇게 만들어야겠죠."

우리 반 아이가 새벽에 보내온 메시지 내용입니다. 아이는 자신이 꾼 꿈이 너무 끔찍해서, 꿈에서 깨자마자 자신이 생각한 내용을 저에게 보내왔습니다.

이처럼 초등학교 고학년 아이들 중에는 이미 사회의 여러 측면을 다양한 생각을 가지고 바라보는 친구들도 있습니다. 물론 이런 아이들의 비율이 높지는 않습니다. 그리고 개인적으론 높아서는 안 된다는 생각도 합니다. 초등학생 정도의 아이들이라면 아직은 자신과 주변의 문제에 집중할 때이니까요.

하지만 중학생이 될 고학년 친구들이라면 사회의 여러 이면에 대한 감각도 조금씩은 익힐 필요가 있습니다. 그래서 저는 수업을 통해 사회의 여러 가지 이야기들을 아이들과 나누기도 합니다. 물론 우리나라의 교육과정에도 이런 부분들이 수록되어 있습니다. 당연히 중고등학교에서는 더 많은 내용들이 다뤄지고요. 그런데 수업에서 이런 문제를 다룰 때 현재의 사회 현상을 있는 그대로 전달하면 될지에 대해서도 고민해보아야 합니다. 사회의 여러 상황에 대해 알려주고, 우리 사회가 이러니까 그냥 조용히 숨 죽이고 살아가라고 이야기해야 할까요, 아니면 이런 사회를 바꾸기 위해 끝까지 저항해야 한다고 말해야 할까요?

저는 이런 이야기를 풀어갈 땐 어떤 방향으로 가야 한다고는 이야기하지 않습니다. 그것은 아이 개인의 몫일 테니까요. 하지만 적어도 자신의 삶의 태도는 분명하게 생각하도록 하는 수업을 진행하려고 애쓰고 있습니다. 그리고 삶의 태도를 결정하는 것에는 용기가 필요하다는 것을 이야기합니다.

아이가 보낸 위의 글에는 사회에 대한 걱정과 두려움이 보입니다. 하지만 동시에 아이는 용기 있게 살아가고 싶다고 이야기하고 있습니다. 그동안 수업을 통해 용기를 강조했고, 어떤 용기가 필요할지 고민하도록 했던 것이 영향을 준 것이겠지요. 이렇게 수업시간에 생각하고 고민했던 마음이 아이들의 실제 생활 속에서 살아나도록 하는 것이 바로 학급살이입니다. 물론 교사에게도 용기는 꼭 필요하지요.

수업을 통해 배운다. 용기!

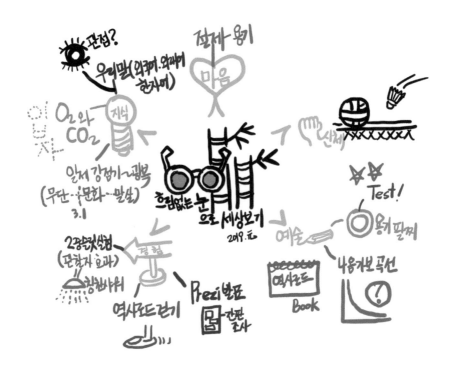

용기에 대한 감각을 익히기 위해 디자인된 수업−흐림 없는 눈으로 세상 보기.

학년 초에 아이들이 믿는다는 것과 신뢰하는 것에 대해 익히고, 그것을 통해 친구관계에도 용기가 필요함을 알게 된다 해도[7] 그것만으로는 용기 있는 학급살이를 실천하기엔 부족합니다. 아이들은 여전히 친구와의 관계에서 용기를 내기보다는 기존의 습관대로 친구를 감싸려고만 하거나 친구의 잘못에 대해 별 관심

---

7 6부 수업 편 참고.

이 없는 경우가 많습니다. 하지만 교사로서 이런 상태로 흘러가도록 두고볼 수는 없습니다. 그래서 저는 1학기가 끝나기 전 다시 한번 용기 있는 삶에 대한 이야기를 꺼냅니다. 그 대표적인 수업이 '흐림 없는 눈으로 세상 보기'라는 수업입니다. 이 수업 역시 학년 초에 진행되는, '우리'를 중심으로 하는 수업과 마찬가지로 교과별로 분리된 수업이 아니라 모든 교과가 서로 연결되어 서로에게 영향을 주는 통합적인 수업입니다.

저는 이런 수업을 통해 아이들이 자신의 삶과 수업을 연계할 수 있다고 생각합니다. 이 수업은 특히 국어 교과의 관점에 대한 부분이 강조되는 수업입니다. 그래서 이 주제 수업을 할 때 참고로 아이들에게 읽어주는 책이 《핑크대왕 퍼시》입니다. 세상 모든 것이 핑크색이길 원한 퍼시 대왕의 이야기를 통해 결국 자신의

세상 모두가 핑크색이길 원하는 핑크대왕 퍼시는 결국 자신의 안경에 핑크색을 칠하는 것으로 문제를 해결하게 된다.

관점이 무엇이냐에 따라 세상이 전혀 다르게 보일 수도 있고, 바뀔 수도 있음을 아이들에게 이야기하는 것입니다.

이야기를 활용한 수업은 고학년에게도 아주 효과적이어서, 계속 활용하고 있습니다. 학급에서 일어난 일을 해결할 때에도 관련 책이나 이야기를 활용하는 것은 좋은 방법입니다. 아이들과 퍼시 왕에 대한 이야기를 나누다 보면 자연스럽게 세상을 살아가는 마음가짐에 대해 이야기하게 되고, 학년 초에 함께 이야기했던 친구관계에 대한 이야기도 다시 꺼내게 됩니다. 그래서 우리가 생각했던 대로 용기 있는 친구관계를 실천하고 있는지 다시 한번 생각해보고, 용기 있게 살자고 거듭 다짐하게 됩니다.

하지만 이렇게 다짐하는 것만으로 충분할까요? 당연히 아닙니다. 다짐만으로 이뤄진다면 참 좋겠지만, 현실은 그것만으론 변화되지 않으니, 문제들이 발생하는 것이겠지요. 그래서 아이들의 다짐에 대해 간단한 '용기 테스트'를 진행합니다. 우리가 다짐한 것과 실제 행동 사이에 어떤 차이가 있는지 확인해보는 것입니다.

용기 테스트 수업

용기 테스트 수업에는 미술의 관찰하기 수업과 국어의 관점에 대한 수업이 융합되어 적용됩니다. 무엇인가를 관찰한다는 것은 자세히 살피는 것이고, 그것을 통해 서로 다른 점이나 같은 점을 찾아내게 되니까요. 그 과정에서 아이들은 관찰 속에도 나름의 관점이 들어간다는 것을 깨닫게 됩니다. 관찰한다는 것이 단순히 보는 행위만을 뜻하는 것이 아님을 알게 되는 것이지요.

간단한 도구만 있으면 가능한 이 수업 속에는 사실 아이의 고정관념을 이용한 심리적 함정이 포함되어 있습니다. 아이들의 생각에 영향을 주려면 기존에 가지고 있던 고정관념을 다시 돌아볼 수 있어야 하기 때문입니다. 그래서 이 수업은 침묵으로 시작됩니다. 그리고 미술과 국어 수업을 한다는 이야기 외엔 어떤 힌트도 주지 않습니다. 아이들은 일정한 공간에서 대기하고 있다가, 자기 순서가 되면 한 사람씩 앞으로 나와 교사와 일대일 테스트를 진행하게 됩니다. 아이들은 테스트라는 말에 벌써 잔뜩 긴장하기 시작합니다. 이렇게 긴장한 아이들에게 교사는 일대일로 아래의 그림을 보여줍니다.

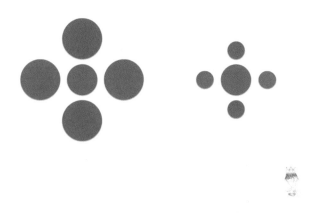

아이들에게 제시되는 그림 : 두 그림의 가운데 붉은색 원들은 합동이다.

이제는 많은 사람들이 알고 있는, 착시현상의 대표적인 예로 등장하는 그림입니다. 두 그림의 가운데에 있는 붉은색의 두 원은 같은 크기입니다. 하지만 옆에 있는 파란색 원의 크기에 따라 한쪽은 더 커 보이고 한쪽은 상대적으로 작아 보입니다. 아마 많은 어른들은 이런 그림을 한 번쯤은 보았을 것이기에 새롭지도 않을 것입니다. 그렇다면 아이들은 어떨까요?

용기 테스트 수업 속 아이들의 반응

아이들은 위의 그림을 보고, 교사의 이런 질문을 듣고 생각하게 됩니다.

"이 그림 속에 붉은 원이 두 개 보일 거야. 둘 중에서 크기가 큰 붉은 원 하나를 선택해보렴."

주어진 그림을 보고
가운데 있는 빨간 원 중에
큰 거 하나를 골라서
가져가세요.

▌ 교사와 일대일 상황에서 아이들에게 하나를 선택하게 한다.

앞에서 말한 대로 가운데 붉은 원 두 개는 완벽한 합동인 도형, 즉 같은 크기를 가진 원입니다. 주변의 원 때문에 크거나 작아 보일 뿐입니다. 교사는 이런 사실을 알고 있지만, 아이에게 하나를 선택하라는 과제를 줍니다. 이런 상황에서 사람들은 어떻게 반응하고, 또 아이들은 어떻게 반응할까요? 만일 아이들 중에 이와 비슷한 착시현상에 대해 이미 알고 있는 친구들이 있다면, 그 친구들은 어떤 반응을 보일까요?

대부분의 아이들은 상대적으로 커 보이는 오른쪽의 붉은 원을 고릅니다. 왼쪽의 붉은 원이 더 크다고 생각해서 그것을 고르는 아이들도 있습니다. 그런데 왼쪽과 오른쪽, 두 가지 선택이 끝이 아닙니다. 한 가지 선택이 더 있습니다. 아이들 중에는 이렇게 물어보는 친구도 있습니다.

"선생님, 제가 보기엔 가운데 붉은 원의 크기가 둘 다 같은 것 같아요. 그런데 어떻게 하나를 선택할 수 있나요?"

드물지만, 이렇게 자신이 보기엔 같아 보이는데 하나를 고르라는 교사의 말에 의문을 던지는 아이가 있습니다. 이런 아이에게 교사는 담담하게 대답합니다.

"네 생각이 그렇다면 네가 원하는 대로 선택해보렴!"

분명히 교사는 한쪽을 선택하라고 했습니다. 하지만 자신이 볼 때 맞지 않는 지시에 의문을 품고 선생님에게 이야기하는 친구에겐 두 번째 안내가 주어지게 됩니다. 물론 의문을 제기한 친구에게만 말입니다.

두 번째 안내를 받은 친구들의 반응도 각각 다릅니다. 두 번째 안내를 받았으면서도 다시 오른쪽을 선택하는 친구도 있고, 왼쪽을 선택하는 친구도 있습니다. 어떤 친구는 두 개를 모두 선택하기도 하고, 어떤 친구는 선택을 할 수 없다면서 빈손으로 가기도 합니다. 아이들의 이런 모습을 교사는 어떻게 해석해야 할까요?

용기 테스트를 통한 교육과 삶

《서울대에서는 누가 A+를 받는가》(이혜정, 다산에듀, 2014)라는 책에는 이런 내용이 있습니다. 서울대에서도 최우등생으로 지내는 학생들 46명에게 만약 수업 중 교수의 이야기가 당신의 생각과는 다를 때 어떻게 하겠느냐고 물었는데, 41명의 학생이 그냥 교수의 의견에 무조건 따른다고 대답했다고 합니다. 90%에 가까운 학생들이 자신의 주장을 포기하고 교수의 의견에 따른다는 대답을 한 것입니다. 이 내용을 읽으며, 저는 우리 교육의 허심(虛心)을 생각했습니다. 더 정확히 말하면 교육이 문제가 아니라 교육을 바라보는 우리 자신들의 시선에 문제가 있지 않을까 생각했습니다.

왜 서울대 학생들은 교수의 의견에 무조건적으로 동의하기를 선택했을까요? 우리가 교육받는 이유는 이렇게 무조건적인 수용에 있는 것일까요?

앞에서 교육의 중요한 목적 중 하나는 기존의 고정관념을 뛰어넘고 깨쳐나가는 것이라고 말했습니다. 그런데 현실은 그렇지 않다는 것을 우리의 주변에서 너무 많이 보게 됩니다. 그저 로봇처럼 주어진 것을 풀어내고 다음 단계로 달려가기만 하는 우리 교육의 모습 속 빈 마음은 저만 느끼는 것이 아니겠지요.

전 이런 현실 속에서 우리가 놓치고 있는 것이 바로 용기라고 생각했습니다. 항상 말로는 용기를 내야 한다고 하지만, 전혀 실천하지 못하고 있는 것은 아닌지 말입니다. 그리고 학교에서 용기 있는 삶의 실천을 충분히 연습하고 경험할 수 있어야 한다고 생각했습니다. 하지만 용기를 낸다는 것이 무엇인지 완전히 받아들이는 것에는 분명 시간과 연습이 필요하겠지요.

사회화의 두 가지 길

　앞에서 실시한 용기 테스트에서 보인 아이들의 모습은 우리가 평소 접하는 사회의 모습과 크게 다르지 않습니다. 아이들은 용기 있게 살아가겠다고 다짐은 했지만, 실제 자신의 삶 곳곳에서 만난 문제에 쉽게 용기를 내지 못합니다.

　그렇다면 용기 테스트에서 용기를 낸 아이들은 어떤 삶의 태도를 가진 아이들일까요? 교사는 분명 하나를 선택하라고 지시했습니다. 교사의 지시는 무게를 가지고 있기에, 때론 다소 이상하다고 생각하면서도 대부분의 아이들이 교사의 지시를 받아들입니다. 통계에서 보인 서울대 학생들처럼 말입니다. 그럼에도 교사의 지시에 이상함을 느낀 아이들 중 일부는 하나를 선택하지 않고 교사에게 자신의 생각을 말했고, 이것은 매우 용기 있는 모습입니다. 물론 이 상황에서 교사에게 의문을 제기하는 아이는 이미 이 실험에 대해서 알고 있을 수도 있습니다. 하지만 그저 자기 눈에는 두 원의 크기가 같은데 고르라고 하니 의문을 품고 교사에게 물어보는 경우도 있었습니다.

　중요한 것은 교사의 일방적인 지시에 무작정 따르지 않고, 이상하게 느낀 부분을 물어보았다는 것입니다. 그리고 이렇게 자신이 느낀 이상한 점을 물어보는 아이는 무척 적은 편입니다. 그 이유는 별다른 생각 없이 교사의 지시에 그저 따르는 것이 익숙하거나, 교사가 수업시간에 하는 말은 무조건 따라야 한다는 고정관념 때문입니다. 저는 이 두 가지 상황 모두 우리 교육에서 고민해야 할 부분이라고 생각합니다. 생각 없는 행동이나 무조건적인 믿음은 위험한 것이니까요.

　생각하지 않고 무조건적으로 반응한다면 우리는 그 사람을 믿을 수 있을까요? 그렇지 않겠지요. 그리고 믿을 수 없으니 당연히 신뢰관계를 만들 수 없게 됩니다. 그런데 더 큰 문제는 자신보다 우월해 보이는 사람의 말을 무조건 믿는 것입니다.

물론 교사는 아이들에게 믿음을 주고 아이들과 신뢰 관계를 만들어야 하지만, 그렇다고 해서 교사의 모든 말을 무조건적으로 믿고 따라야 하는 것은 아닙니다. 앞에서 언급한 '둥근 사각형'과도 같습니다. 믿고 따르며 신뢰하는 관계이지만, 그러면서도 비판적으로 생각하는 것을 멈추면 안 되는 것입니다. 전 그것이 용기라고 생각하며, 그 용기를 아이들과 실천하고 싶습니다. 결국 교육을 통한 사회화란 사회의 관습과 이해관계를 받아들이는 것과 동시에, 그것을 비판적으로 생각할 수 있고, 나아가 의미 있으며 생산적인 상황으로 바꿔나갈 수 있는 힘을 키우는 것이 아닐까 생각합니다. 물론 수업을 통해, 학급살이를 통해서 이런 사회화가 이루어져야 하겠지요.

용기 테스트의 결과

용기 테스트를 통해 교사들은 아이들이 자신의 생각과 다를 때 어떤 반응을 보이는지 알 수 있습니다. 그리고 그저 묵묵히 따르는 것이 아니라 자신의 의견을 말할 수 있기를 바라는 마음이었습니다. 하지만 결과는 우리 사회의 일반적인 모습과 거의 같았습니다. 교사의 지시에 무조건 따르는 친구들이 대부분이고, 몇몇 아이들만이 자신의 생각에 따라 의문을 표하고, 다른 선택을 했습니다. 그리고 이렇게 두 가지 모두를 선택하거나 아예 선택하지 않음으로써 자신의 생각을 표현한 아이들은 매우 적었습니다.

그런데 이 결과를 생각해보면, 겉으로 드러난 결과는 서울대 학생들의 상황과 초등학교 교실에서의 상황이 같아 보이지만 사실 조금 다릅니다. 저는 서울대의 상황이 더욱 심각하다고 생각합니다. 대학생이라면 이미 성인으로서 사회의 일원이라고 할 수 있습니다. 더 이상 아이가 아니고 어른이 되었는데도 자신의 생각을 말하거나 의견을 제시하지 못하는 것은 정말로 큰 문제입니다. 이런 모습이라면 우리 사회는 한 발도 앞으로 전진하지 못할 것입니다.

반면 아이들의 모습은 조금 다르게 해석할 필요가 있습니다. 아이들이 교사의 말, 즉 한 가지를 선택하라는 말에 순응한 이유는 대부분 그냥 그래야 한다는 막연한 느낌 때문입니다. 서울대생은 교수의 이야기가 자신의 생각과 다르다는 것을 막연한 느낌이 아니라 자신만의 생각을 가지고 비교했을 것입니다. 그래서 교수의 이야기 속에 존재하는 어색함이나 불합리함을 찾아냈을 가능성이 큽니다. 물론 그런데도 말하지 않았다는 사실은 변하지 않았지만 말입니다. 하지만 아이들은 막연한 느낌으로 접근하는 경우가 많습니다. 아이들 스스로도 어른들의 말이 무조건 맞지는 않다는 것을 알고 있습니다. 하지만 왠지 수업시간에 선생님이 말하는 것은 무조건 들어야 할 것 같다고 느끼는 것이지요. 그렇다면 우리 아이들에게는 무엇이 필요한 걸까요?

압도적인 수업

이 용기 테스트에서 가장 크게 당황하는 아이들은 소위 우리 사회가 오랫동안 학교에서 원하던 '모범생'들입니다. 모범생 아이들 중에는 독서를 많이 해서 이런 심리실험에 대해 이미 잘 알고 있는 친구들도 있었습니다. 실제로 반 아이들 28명 중에서 이 실험을 이미 알고 있는 아이가 12명이었으니까요. 그런데도 이 12명 중, 선생님의 지시에 따라서 한쪽만을 선택한 친구가 10명이나 되었습니다. 두 원이 똑같으니 자신은 두 가지 모두를 선택하겠다고 자신의 생각을 밝힌 아이는 단 2명뿐이었습니다. 문제는 한쪽만을 선택한 10명의 착실한 모범생입니다.

용기 테스트가 끝난 후 결과를 들은 아이들은, 선생님이 한쪽만 선택하라고 하셔서 자신은 하나를 선택했을 뿐이라고 호소했습니다. 그래서 이 실험에 대해 이미 알고 있었는데도, 무시하고 하나를 선택한 것이라며 무척 당황하고 억울해합니다. 학급 내 대표적인 모범생 아이가 쓴 글을 보며 생각해볼까요?

"오늘 용기 실험을 했다. 문제는 2장의 원 중 더 큰 원을 가져가는 것이었다. 딱 보는 순간 둘 다 같다고 느꼈다. 또, 이 실험을 알기도 했다. 둘 다 같다는 것을. 하지만 난 주어진 조건에 따라 더 크다고 생각한 것을 가져갔다. 나중에 결과를 보니까 한 장만 가져간 친구가 26명이었다. 나머지 2명은 두 장 다 가져간 친구였고. 그 친구들은 참 용기 있는 친구들이다. 특히 둘 다 나중에 선택하는 차례라 더 힘들고 분위기도 좀 싸했는데……. 내가 생각해도 참 대단하고 용기 있는 행동이었다. 다시 돌아가면 난 무슨 선택을 하게 될까? 참, 생각해보니 나도 내 생각을 표현하는 건 잘 못하는 것 같다. 이 실험을 통해 내가 더 용기 있는 사람이 되었으면 좋겠고, 노력할 것이다. 오늘 수업은 압도적이었다."

모든 교사는 자신의 수업이 아이들의 삶에 바람직한 영향을 주기를 바랄 것입니다. 지금 내가 하고 있는 수업이 이런 선한 영향력을 줄 수 있다면 아이들은 그 수업을 오랫동안 기억하고 자신의 삶에 적용하게 될 것입니다.

'놀이'의 핵심은 위험성과 창조성이다 ③

최근 우리 교육에는 '놀이'라는 단어가 많이 등장하고 있습니다. 급격한 사회 변화로 사회는 성장했지만, 삶이 그만큼 행복해지지는 않은 것 같습니다. 그래서 여유를 가지고 행복해지길 원하는 사람들의 마음이 놀이라는 말로 표현되고 있다는 생각입니다. 특히 성장기의 아이들에겐 놀이만큼 매력적인 활동이 없을 것이고, 따라서 학교에서도 놀이가 강조되고 있습니다.

그런데 사람들에게 놀이에 대해 물어보면 생각보다 막연하게 받아들이는 경우가 많습니다. 다양한 놀이의 방법은 이야기하지만, 놀이 자체에 대한 생각은 깊이 있게 해보지 못한 것입니다.

그렇다면 놀이는 어떻게 시작되었을까요? 여러가지 이야기들이 있지만, 저는 놀이도 발명품이라는 이야기를 전하고 싶습니다.

놀이는 인류의 발명품

놀이가 정확하게 언제부터 시작되었는지는 알기 어렵습니다. 놀이는 인간의 삶 속에 자연스럽게 함께 있어온 것이니까요. 하지만 놀이가 가진 의미를 생각하면 다음과 같은 주장도 설득력 있게 들립니다.

인간이 지금처럼 문명을 가지기 전엔 다른 동물들처럼 직접 먹을 것을 구하러 다녔을 것입니다. 그러다 인간보다 신체적으로 더 뛰어난 맹수들을 만나면 피해야 하는 상황이 생겼을 것이고, 그런 상황에서 빠르게 판단하고 행동하는 것이 무엇보다 중요한 삶의 기술이었을 것입니다. 하지만 인간에겐 뛰어난 지능이 있었으므로 무기를 만들고 가축과 작물을 재배하여 야생의 위험으로부터 벗어날 수 있었던 것입니다. 그런데 문제는 이렇게 인간의 삶이 안전해진 대신, 인간이 가지고 있었던 위험에 대한 감각은 점점 약해졌고, 이러한 감각의 둔화가 자신의 삶을 통제하지 못하는 모습으로 나타나기 시작했다는 것입니다.

문명이 발전할수록 인간의 삶이 풍요로워지기만 하는 것이 아닌 이유는 바로 이러한 감각의 손실에 있다는 생각이 들었습니다. 감각이 무뎌지게 되면 자신이 현재 해야 할 일을 스스로 찾기보다 주어진 일을 처리하는 것에 익숙해지고, 불편한 상황보다는 편안하게 할 수 있는 일들을 찾게 됩니다. 당연히 몸을 사용하지 않는 경우가 많아지고, 신체적인 능력도 떨어지게 됩니다. 이런 상황에서 인간이 가져야 할 본능적인 능력에 대한 연습이 필요해졌고, 그래서 놀이가 발명되었다는 이야기입니다. 즉 놀이를 통해 위험 상황을 만났을 때 빠르게 판단하고 대처하는 감각을 익히고, 그런 상황을 피하기 위한 다양한 신체활동으로 건강한 몸을 만드는 것입니다.

여기에 더해 놀이는 인간에게 다양한 이익을 줍니다. 아이는 놀이를 하면서 의사소통과 상호작용의 능력을 배우게 되는데, 이러한 능력이 공동체를 형성하는 데 도움이 되기도 하니까요. 그래서 놀이의 기본적인 속성 속에는 위험도 존재합니다. 완전히 안전한 놀이는 놀이라기보다는 하나의 활동이라 부를 수 있겠지요. 또한 놀이의 또 다른 기본 속성 중 하나는 창조성입니다. 놀이는 다양하게 변형되고 창조되며, 그 과정에서 서로가 소통하는 것이 무엇보다 중요합니다.

위험한 놀이, 창조적인 놀이

"놀이와 위험은 뗄 수 없는 관계다. 모험과 위험이 완전히 제거된 '놀이'는 성립 불가능하다. 적당한 위험이 섞인 놀이 속에서 아이들은 '잘못하면 다칠 수 있다'는 점을 배운다. 이건 어른들이 말로 설명한다고 되는 게 아니다. 그런데 어른들이 나서서 위험을 모조리 치워준다? 그렇다면 아이들은 놀이도 만나지 못하고, 위험에 대한 경각심도 기르지 못한다. 이는 결국 아이들이 세상을 만나지 못한다는 것과 같은 말이다."

_편해문(놀이운동가)[8]

우리나라에 놀이전문가가 있다면 편해문 선생님을 이야기할 수 있습니다. 선생님께서는 전국을 다니며 놀이터를 설계하기도 하고, 우리나라 아이들에게 놀이가 필요하다는 것을 이야기합니다. 아이들이 보이는 학교폭력과 왕따, 그리고 온라인 중독현상의 근본원인이 바로 '놀이밥'이 부족해서라고 이야기합니다. 아이들에게 놀이는 밥 먹는 일과 같다는 주장인 거지요.

저는 위험과 놀이가 뗄 수 없는 관계라는 말에 동의합니다. 놀이의 진짜 목적

---

8 "'놀이밥'에 굶주린 아이들, 닭장 속에서 괴롭히며 논다", 프레시안, 2012. 9. 26.

은 즐거움에만 있지 않습니다. 놀이를 통해 위험을 감지하고 그것을 피하는 감각을 익히는 것입니다. 그리고 위험해 보이지만 그것에 도전하는 순간 아이들은 자연스럽게 용기를 배우고, 용기라는 것이 무엇인지 직관적으로 알게 됩니다. 그래서 놀이는 정해져 있는 것이 아니라는 생각입니다. 이미 정해져 있는 놀이를 하더라도 그때마다 바뀔 수 있어야 합니다. 너무 완벽하게 세팅되어 있다면 그것은 놀이가 아닙니다. 놀이는 창조적이어야 하고, 그 자체로 변화의 폭이 크며 변화를 받아들이고 균형을 잡을 수 있어야 합니다.

흔들림이 있기에 배울 수 있는 것들

변화의 폭이 크고 균형이 필요한 것은 놀이뿐만이 아닙니다. 우리는 몸의 건강을 위해 운동을 해야 합니다. 사람들은 운동을 하려고 헬스클럽에 등록하기도 합니다. 헬스클럽에는 다양한 운동기구가 있지요. 온갖 기구가 구비되어 있어, 누구나 혼자서 쉽고 안전하게 기계에 몸을 맡기면 되는 곳도 있고, 기계가 아닌 흔들리는 줄이나 다른 간단한 도구들을 붙잡고 운동하는 곳도 있습니다. 그중에는 노르웨이에서 시작된 것으로 알려진, 줄과 간단한 도구만을 활용해 자신의 체중과 중력을 이용한 운동을 주로 하는 헬스클럽도 있습니다.

혹시 여러분은 줄을 잡고 줄에만 의지한 채 운동해본 경험이 있으신가요? 양손에 줄을 잡고 팔굽혀펴기를 해보면, 바닥에서 하던 팔굽혀펴기와는 완전히 다름을 알 수 있습니다. 팔은 대책 없이 흔들리고, 허리는 자리를 못 잡고 앞뒤로 왔다갔다 반복하는 등 그동안 편안하게 할 수 있던 팔굽혀펴기가 전혀 되지 않는 것입니다. 트레이너는 그 이유가 몸의 균형이 잡혀 있지 않아서라고 말합니다. 하지만 흔들림이 있기에 우리 몸은 그 흔들림을 이겨내기 위해 노력하게 되고, 그래서 운동이 된다고요. 실제로 어느 정도 시간이 흐르고 나니 그렇게 흔들리기만 하던 몸이 차츰 안정되고, 팔굽혀펴기도 할 수 있게 되었습니다. 기계로 할 때처럼 많은 무게를 들거나 옮겨서 근육을 크게 만드는 운동은 아니었습니다. 하지만 제 몸이 가져야 할 균형 잡힌 신체를 만드는 데는 이것만큼 좋은 운동이 없다는 생각이 들었습니다. 만약 기계에 올라서 하는 안전하고 쉬운 운동만 경험했다면, 이렇게 흔들리는 기구와 함께하는 운동의 필요성에는 공감하지 못했을 것 같습니다. 하지만 이제는 흔들림이 있기에 오히려 내 몸을 더 정확하게 이해할 수 있다는 것을 알게 되었습니다.

흔들림이 있게에 우리 몸은 균형을 기억해 낸다!

2여.유

자율적인 인간이 되기 위해 어쩌면 우리에겐 더 많은 흔들림이 필요할지도 모른다. 흔들림 속에서 자신을 돌아볼 수 있기 때문이다. 흔들림을 받아들일 수 있는 용기가 필요하다.

놀기 위한 용기

아이들은 정해진 길을 무작정 따라가기만 하는 놀이가 아니라 순간 순간 변형되고 다르게 펼쳐지는 놀이 속에서 수많은 시행착오를 경험하게 됩니다. 남들이 예상하지 못하는 행동을 하며 즐거워하기도 하고, 때로는 자신의 의견을 친구들이 들어주지 않는다고 화를 내거나 슬퍼하기도 합니다. 친구들과 마음이 잘 맞아 신나고 재미있는 놀이를 하기도 하지요. 놀이를 통해 끝없이 자신과 타인의 관계를 연습할 수 있는 것입니다. 이긴 팀 소속으로 기쁨을 만끽하기도 하지만 진 팀으로서 패배감을 느끼기도 하고요. 그래서 놀이에도 의외로 용기가 필요합니다. 이런 상황들이 몇 번 벌어지고 나면 친구들과 노는 일이 힘들게 느껴질 수도 있기 때문입니다. 아이들 중 유독 친구들과 어울리지 않으려는 아이는 이런 불편한 느낌이 싫어서인 경우가 많습니다. 놀이가 재미있기도 하지만 자신에게 불편하기 때문입니다. 이럴 때는 어른의 존재가 반드시 필요합니다.

흔히 아이들끼리 스스로 놀게 두면 된다고 생각합니다. 아이들끼리만 놀아도 잘 놀 수 있다는 것에는 동의합니다. 하지만 나이가 어릴수록 그 옆엔 든든한 어른이 존재해야 합니다. 어른이라는 존재는 아이들에게 믿음을 줄 수 있는 존재이니까요. 아이들끼리만 있을 땐 아직 이런 믿음과 신뢰를 충분히 느낄 수 없는 경우가 많습니다. 그래서 아이들이 믿고 신뢰할 수 있는 어른이 주변에 있는 것은 의외로 중요합니다. 아이들과 같이 뛰어놀지 않아도 좋습니다. 단지 옆에서 미소만 짓고 있어도 됩니다. 물론 아이들과 함께, 아이들이 원하는 방식으로 놀이에 참여한다면 더 좋겠지요.

이렇게 아이들 옆에 있는 어른은 문제 상황에서 기준점이 되어줍니다. 아이들은 자신들이 믿고 신뢰하는 어른의 판단을 들으며 또 다른 새로운 놀이로 나아갈 수 있습니다. 그리고 그 과정에서 자신의 의견에 부족한 부분을 깨닫게 됩니다. 그래서 어른은 아이들과의 놀이에 신경을 써야 하고, 특히 교사는 더욱 더 그렇습니다.

수업과 놀이의 공존?

아이들에게는 놀이밥이 절실하게 필요하다는 편해문 선생님의 말에 적극적으로 동의합니다. 그런데 편해문 선생님은 재미있는 이야기를 합니다. 교사들이 수업시간에 아이들과 놀았다고 생각하는 것과 아이들이 실제로 놀았다고 생각하는 것은 다르다는 이야기입니다.

"어린이집이나 유치원을 보면 놀이방, 놀이교육, 영어놀이 등 '놀이'가 붙은 과정이 많이 있다. 그런데 거기서 하는 게 진짜 '놀이'인지는 생각해봐야 한다. 교사에게 '아이들이 뭐 하고 있느냐'라고 물으면 '놀이를 하고 있다'고 한다. 그런데 아이들은 종이 접기 한 것을 교사에게 내밀며 이렇게 말한다. '선생님, 이제 놀아도 돼요?' 결국 아이들 입장에서 이런 놀이들은 '가짜 놀이'라는 것이다. '가짜 놀이'와 '진짜 놀이'가 있는데, 방과 후 프로그램으로 배치돼 있는 '놀이'나 유치원에서의 '놀이'를 아이들이 '진짜 놀이'로 보느냐는 것이다. 그래서 교사들에게 '정규 수업이 끝나면 아이들을 제발 놔둬라'라고 말하고 싶다."

_편해문(놀이운동가)[9]

어린이집이나 유치원뿐만 아니라 초등학교, 심지어 중학교 이상에서도 수업시간에 놀이라는 명칭을 붙이는 경우가 많습니다. 저 또한 '생태놀이'라는 말을 사용하고 있습니다. 하지만 엄밀히 말하면 수업시간에 선생님과 함께 하는 것은 놀이가 아니라 수업이고 활동입니다. 아이들에게 놀이는 변화와 창조성이 담보되어야 하는데, 이미 어떤 목적을 가지고 이렇게 저렇게 해보자 하는 순간 그것은 놀이라기보다는 수업이기 때문입니다. 그래서 아이들은 그 수업시간에 열심히 놀았다고 생각하는 교사와는 달리, 쉬는 시간이면 자신들만의 놀이를 찾아 교실을 벗어나게 되는 것입니다.

따라서 교사는 아이들과 놀이를 할 땐 철저하게 아이들이 원하는 것을 함께해야 합니다. 그리고 옆을 든든하게 지키며 아이들 사이의 문제에 기준점이 되어주어야 합니다. 아이들이 서로 사이좋게 열심히 놀았다면 그것에 의미를 부여해주고, 같이 기뻐하면 됩니다. 아이들이 서로 자신의 의견을 주장하고 다투었다면 왜

---

9 "'놀이밥'에 굶주린 아이들, 닭장 속에서 괴롭히며 논다", 프레시안, 2012. 9. 26.

그랬는지 차근차근 들어주고 문제를 해결할 수 있도록 함께 고민합니다. 이런 어른이 옆에 있다면 아이들은 자신들이 하고 싶은 놀이를 마음껏 하게 됩니다. 그리고 그 놀이를 통해 자신이 지금 할 수 있는 일들과 하지 못하는 일에 대한 감각을 키울 수 있습니다.

그래서 놀이는 용기를 연습하는 좋은 방법이 될 수 있습니다. 놀이를 통해 자신의 한계를 알게 되고, 그것에 대해 고민할 수도 있게 됩니다.

입학 전 아이들과 놀이

놀이가 인간의 본성에서 출발한 것이라면, 어린 아이일수록 놀이가 더 필요할 것입니다. 아이는 놀이를 통해 자신을 조절하기도 하고 자신을 드러내기도 합니다. 결국 아이가 제대로 성장하는 데 있어 놀이는 필수적인 것입니다.

제가 있는 학교에선 1월 초가 되면 입학을 위한 신입생 예비소집일이 있습니다. 다른 학교에서는 필요한 서류를 나눠주고 학교생활에 필요한 안내를 하며 신입생을 등록하는 것으로 마무리되는 경우가 많습니다. 하지만 우리 학교는 이에 더해 입학 전 아이들이 놀이에 참여하도록 합니다.

이때 선생님들은 놀이를 진행하고 관찰하면서, 아이들이 노는 모습을 통해 이번에 입학할 아이들 개개인에 대한 상황을 이해하고자 합니다. 그리고 이렇게 아이들과 한바탕 놀고 난 후에는 올해 아이들과 어떤 시작점을 가질지 고민하고 협의합니다.

놀이는 이렇게 인간이 가진 본성에 기반한 중요한 표현 수단 중 하나입니다. 하지만 놀이를 빙자해 다른 일들이 소홀해지지 않도록 살피는 것도 중요한 교사의 일이 될 것입니다.

입학 전 예비소집일에 아이들이 함께 놀이에 참여하고 있다.

용기를 통해 나를 성찰하다

"나는 누구인가?"

이것은 어쩌면 인생의 영원한 물음이 아닐까요? 삶의 길은 곧 자신이 누군지 찾아가는 길일 테니까요.

너무 어릴 때는 자신을 또렷이 인식하지 못하기에 자신에 대해 고민하지 않는 것처럼 보일 뿐입니다. 하지만 시간이 지날수록 이 물음은 삶의 근본적인 고민으로 다가오기 시작합니다. 문제는 자신을 알기 위해서 어떻게 해야 하는가입니다. 그런데 일반적으로 가장 쉽게 자신의 모습을 알고 싶다면 우리는 어떤 도구를 이용하게 될까요? 바로 거울이 아닐까요?

▌ 카라바조, 〈나르키소스〉, 1599~1600년, 로마, 팔라초 코르시니, 국립고전미술관.

나만의 거울

자신의 모습을 볼 수 있게 도와주는 도구는 거울입니다. 거울을 통해 지금 내 모습을 바로 확인할 수 있지요. 지금과 같은 거울이 만들어지기 전에는 물에 비치는 자신의 모습을 보았을 겁니다. 그리스 신화 속 나르키소스 이야기에도 물에 비친 자신의 모습을 바라보다 죽음에 이르게 되었다고 하니까요.

이처럼 사람은 거울과 같은 도구를 통해 자신의 모습을 인식하는 것에 익숙합니다. 그렇다면 앞의 질문에 대한 답을 찾으려면, 결국 나를 비춰주는 거울을 찾아야 하는 것 아닐까요?

그런데 이때의 거울은 우리가 매일 접하는, 나의 겉모습을 비춰주는 거울이 아니라 나의 진짜 모습을 비출 수 있는 특별한 거울이어야 합니다. 이렇게 특별한 거울은 다른 이에게 살 수도 없습니다. 이 세상 누구도 다른 사람을 위한 거울을 만들 수도 없고 만들지도 않을 테니까 말입니다. 그런 거울이 있다면 이 세상에서 오직 나만이 만들 수 있으며, 나의 진짜 모습을 비출 수 있는 거울일 것입니다.

내 삶의 아이러니

그렇다면 우리는 현재 이렇게 소중한 거울을 가지고 있을까요? 혹시 여러분은 자신의 온전한 모습을 비춰주는 자신만의 거울을 가지고 계신가요? 아마도 아니라고 대답하는 사람이 대부분일 것 같습니다. 만약 우리 각자가 자신의 모습을 정확히 볼 수 있는 거울을 가지고 있다면, 누구나 자신의 모습을 비춰보고 자신에 대해 이해할 수 있을 것입니다. 그리고 지금 겪고 있는 삶의 문제들에서 한 발 떨어져 자신을 바라볼 수 있고, 그 문제들을 해결할 수 있는 길을 찾을 수도 있을 것입니다. 물론 나르키소스 이야기처럼 자신의 모습을 바라보는 일이 인생을 더 허무하게 만들 수도 있지만 말이죠.

우리에게 그런 특별한 거울이 하나씩 있다면 얼마나 좋을까요? 하지만 우리는 그런 거울을 생각조차 하지 못하는 삶을 살아가고 있는 것은 아닌가 싶습니다. 여기에서 삶의 아이러니가 시작되는 것은 아닐까요?

하지만 용기를 내어 나를 바라보고 싶었습니다. 결국 모든 문제의 해결책은 내가 가지고 있으니까요. 비록 현실의 삶은 나에게 주어진 모든 문제를 해결할 수도 없고, 그 해결 방법을 쉽게 알지도 못하지만 말입니다.

내 삶의 조각들을 찾아 맞춰가는 것이 인생이다.

거울원정대의 시작!

우리는 때로 자신의 모습을 찾아 떠나게 됩니다. 그것은 그 자체로 숭고할 것입니다. 하지만 결코 만만한 여행이 아닐 것이 분명하기에, 유명한 영화에 등장하는 '반지원정대'처럼 '거울원정대'라는 이름을 붙여봅니다.

거울원정대는 어디로 가야 하고 누굴 만나야 하며 무엇을 먹고 언제 쉬어야 할지 전혀 알지 못합니다. 특별한 가이드가 있으면 좋으련만, 현실은 그저 혼자 힘으로 해결해야 할 뿐입니다. 그래서 내가 거울원정대로서 길을 떠났는지조차 잊어버리기도 합니다. 그러다 저는 문득 깨닫게 되었습니다. 나에겐 이미 나만을 위한 거울이 있었다는 것을 말이지요. 아마도 내가 태어났을 때부터 가지고 있었던 것 같습니다. 그런데 무슨 연유인지 모르지만 나를 온전히 비춰줄 그 거울은 산산이 조각 나 사라져버렸습니다.

지금 내 손에는 그 거울이 과거에 있었음을 알려주는 틀만이 존재할 뿐입니다. 그 틀을 아무리 뚫어져라 바라보아도 내 모습은 비치지 않습니다. 그런데 그 순간 한 조각의 빛나는 무엇인가가 내가 가진 틀 한 귀퉁이에 붙어 있는 것이 보입니다. 아주 작은 조각이지만 처음으로 내 모습을 확인해볼 수 있는 기회가 생긴 것입니다.

이제 하나를 찾았으니 나머지 조각들도 찾아야 합니다. 아니, 찾고 싶어집니다. 이 세상 어딘가에 흩어져 있을 내 삶의 편린들을 찾는 일, 그것이 바로 내 삶에서 내가 가져야 할 용기가 아닐까요. 그리고 이렇게 용기를 내어 자신을 찾아가는 것을 우리는 성찰한다고 이야기합니다.

성찰한다는 것

우리는 자신에 대해 성찰한다는 말을 종종 사용합니다. 그리고 자신에 대해 깊이 생각하고 고민하며 알아가야 한다고 이야기합니다. 맞습니다. 자신을 알기 위해 고민하고 생각하는 것은 중요합니다. 그리고 그렇게 함으로써 숨겨져 있던 거울 조각을 찾을 수 있을 것입니다. 내 모습을 제대로 비춰줄 거울을 완성하기 위해서는 성찰이 꼭 필요하겠지요. 그런데 사람들이 성찰한다는 것에 대해 생각하고 있는 모습은 대부분 비슷해 보입니다.

"나를 알기 위해 지금 스페인 산티아고 길로 떠나려고 해요. 그곳을 혼자 걸으며 나에 대해 생각해보려고요. 아마 내가 가진 나의 진짜 모습을 알 수 있지 않을까 기대하고 있어요."

"전 강원도의 조용한 펜션으로 들어가려고 해요. 조용히 혼자만의 시간을 가지고 바다를 바라보며 내 마음속 나를 찾으려고요."

이처럼 많은 사람들이 성찰한다는 것의 의미를 자신을 찾는 것과 연결해서 이야기합니다. 그리고 자신을 찾기 위해 혼자만의 시간을 가져야 한다고 생각합니다. 물론 그런 성찰의 방법도 좋은 방법일 것입니다. 하지만 아쉬운 부분도 있습니다. 혼자만의 시간을 가지는 것은 분명 자신을 알기 위한 필요조건이지만 충분조건은 아니니까요.

"선생님, 선생님은 오늘도 '소위 말하는~'이라는 말을 5번 사용하셨어요."
"선생님이 그런 말을 썼다고? 왜 선생님은 기억하지 못하는 걸까?"

아이들이 수업시간에 저에게 한 이야기랍니다. 저도 모르게 '소위 말하는~'이라는 말을 자주 사용하고 있다는 것을 아이들 덕분에 알게 되었습니다. 이처럼 내가 나이기에 알지 못하는 영역은 분명 존재합니다. 저도 그것을 인정할 수밖에 없었고, 결국 나를 제대로 이해하고 알기 위해 나 혼자만의 힘으론 충분하지 않음을 알게 되었습니다. 그래서 삶에 대한 성찰에는 '소통'의 힘이 반드시 필요하다는 것을 생각하게 되었습니다.

소통의 진정한 의미

우리는 삶을 온전하게 유지하기 위해 소통이라는 도구를 통해서 서로를 보호해주고 있는 것인지도 모릅니다. 만약 소통이 제대로 이루어지지 않는다면 우리는 아주 작은 일로도 위험한 상황을 만날 수 있습니다.

우리 집에는 고양이 한 마리와 앵무새 한 마리가 반려동물로 함께 살고 있습니다. 10여 년을 함께 살아왔으니, 가족과 같은 존재입니다. 평소엔 서로의 눈빛만으로도 충분한 소통이 이루어지고 있다고 생각했습니다. 하지만 반려동물에게 병이 나자 소통의 필요성을 절감했습니다. 병원에서 치료를 받고 받아온 약이 문제였습니다. 많은 반려동물들이 약 복용에 어려움을 겪습니다. 어떻게든 먹여보려고 좋아하는 간식에 섞어서 줘보지만 귀신같이 알고 먹지 않습니다. 저는 안타까운 마음에 발만 동동 구르며 애원하기 시작했습니다. "이 약을 먹어야 해. 그래야 나을 수 있어. 제발 좀 먹어보자!" 하지만 이런식으로 해결될 일이 아니었습니다. 눈물로 호소했더니 마음이 통해서 먹일 수 있었다는 사람도 있지만, 쉬운 일이 아닙니다. 결국 안전을 위해 약을 먹여야 하는데 무력을 사용할 수밖에 없는 아이러니가 펼쳐지게 됩니다.

그런데 만약 나와 반려동물이 자연스럽게 소통할 수 있었다면 어땠을까요? 어쩌면 소통이란 서로의 의견을 나누고 함께하기 이전에 서로의 안전을 위해서도 반드시 필요한 것이 아닌가 생각했습니다.

같은 이유로 아이들과의 소통도 중요해 보였습니다. 아이들의 안전을 위해 소통이 필수인 것입니다. 그렇다면 소통하기 위해서는 어때야 할까요? 남이 아닌 자신을 이기는 사람, 자신을 이기기 위해 자신을 더 많이 드러내는 사람이 되어야 하지 않을까요? 나를 드러내고 다른 사람과 함께 살아갈 때 우리는 자신에 대해 더 깊은 이해를 할 수 있습니다. 나를 드러내고 다른 사람과 함께하는 것이 바로 소통일 것이고요.

　나를 드러내는 일이 쉽지는 않습니다. 하지만 용기를 내면 결국 소통의 핵심에 다가설 수 있습니다. 서로를 위하는 마음과 안전한 생활을 영위하기 위한 필수이자 충분조건은 바로 소통이니까요.

삶을 위한 용기

　소통의 순간들은 객관적이고 통계적인 자료나 수치로 표현되지 않습니다. 하지만 삶의 순간을 깊이 들여다보고 그 속에서 서로의 마음을 살피는 순간은 무엇보다 소중합니다. 그것은 또한 삶에 대한 용기일 테고요. 비록 느려 보이고 당연한 듯이 보이는 상황이라도, 이런 소통이 있다면 결국 진정한 변화가 일어날 것이기 때문입니다.

　그래서 우리 삶에 필요한 진짜 용기는 길을 가다 넘어지면 다시 일어나는 것처럼, 자연스러운 용기여야 합니다. 그리고 내 삶에 충실하게 살아가는 것이 바로 자연스러운 용기이며, 이처럼 평범하지만 위대한 용기들이 모여 나만의 특별함이 만들어지는 것입니다. 그래서 저는 학급의 아이들에게 용기에 대해서 이렇게 말하고 있습니다.

　"선생님은 아는 것을 안다고 말하고, 모르는 것을 모른다고 말하는 것이 용기라고 생각해요. 여러분이 용기 있는 삶을 살기를 바래요. 모르지만 아는 척하거나, 알지만 모르는 척하지 않는, 진정 용기 있는 사람이 되기를 바랍니다."

6년 만의 용기와 운동장

초등학교나 중고등학교의 점심시간은 아이들의 놀이가 펼쳐지는 주요 시간대입니다. 남학생들에게는 놀이와 스포츠가 결합되는 경우가 많은데, 고학년 아이들은 축구나 농구와 같은 구기종목을 주로 합니다. 그런데 아이들끼리만 운동장에서 노는 경우와 교사가 그 속에 있는 경우는 상황이 많이 달라집니다. 아이들끼리 운동장에서 축구와 같은 놀이 겸 스포츠를 하다 보면 몇몇 아이들은 참여하지 않는 모습을 볼 수 있습니다. 자신은 운동에 소질이 없으니, 자신이 끼는 것을 친구들이 싫어할 거라고 생각합니다. 실제로 아이들끼리 운동장에서 축구를 할 때, 경쟁을 우선시하다가 조금이라도 실수하는 친구에게 비난을 퍼붓는 사례도 많습니다. 아이들끼리 놀게 되면 종종 일어나는 일입니다.

하지만 교사가 함께 참여하거나 옆에서 아이들의 모습을 바라만 봐주어도 아이들은 승패에 연연하는 모습을 넘어 놀이로서 친구들과 어울리는 모습을 보여줍니다. 또 축구 등을 할 때도 남학생들만의 전유물이 아니라 여학생도 나와서 함께 하기도 합니다. 실제로 학교에서 여학생들과 남학생들이 섞여 점심시간 운동장에서 놀이를 한다면, 그것은 아이들 사이에 원만한 관계가 정착되어 있다는 신호로 보아도 무방할 것입니다.

6학년이 될 때까지 점심시간에 단 한 번도 운동장에 나와본 적이 없던 친구가 운동장에 나와 축구를 함께 한 일이 있습니다. 아이 스스로도 자신이 운동장에 나온 것이 신기하다고 말할 만큼 특별한 상황이 되었던 것입니다. 그 뒤로 아이는 함께하는 놀이에 차츰 참여하기 시작했고, 6학년이 되어서야 처음으로 친구들을 집에 초대해 함께 노는 경험도 하게 되었습니다. 분명 이 친구에겐 자신의 삶을 확장하기 위한 용기가 필요했을 것입니다. 그리고 그 용기는 아이 생각에 그래도 믿음직해 보이는 교사가 함께하는 상황에서 나온 것이 아닐까 싶습니다. 그래서

교사는 아이들이 이런 용기를 낼 수 있도록 기다려주는 사람이어야 합니다. 그리고 용기를 내준 아이에게 말해야 합니다.

'잘했다'가 아니라 '고맙다'라고 말입니다.

시간 : 기다림의 미학

"시간에 대한 인식은 삶의 질과 방향을 결정하는 주요 변수이다."

질문 : **시간이란?**

① 기다림, 순간과 순간의 연속

여러분은 힘든 일이 생기면 어떻게 하나요? 당연히 그 일을 해결할 수 있는 방법을 찾아 노력해야 할 것입니다. 하지만 전 어려운 일이 생기면 일단 시간을 보내봅니다. 물론 그냥 보내는 것은 아니고, 충전하는 시간을 가지는 것입니다.

어려운 일이 생겼다는 것은 그 순간 어려움의 에너지가 커졌음을 의미합니다. 그리고 이 말은 조금 시간이 흐른다면 그 에너지가 줄어들 수도 있다는 이야기가 됩니다.

이렇게 상황을 바라보고 나니 문제가 생겼을 때 잠시라도 나를 충전하는 시간이 매우 중요해졌습니다. 무엇보다 좋은 것은, 충전을 통해 힘을 비축하면 시간이 지나 문제가 해결될 기미가 보일 때 그 힘을 쏟아낼 수 있다는 점이었습니다. 저는 이렇게 해서 많은 어려움을 잘 극복할 수 있었던 것 같습니다.

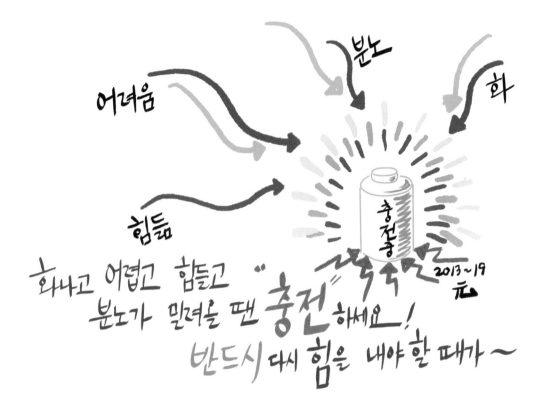

어려움

분노

화

힘듦

충전중

화나고 어렵고 힘들고
분노가 밀려올 땐 "충전"하세요!
반드시 다시 힘을 내야 할 때가~

2013~19
元

❚ 충전의 힘으로 다시 일어날 수 있다.

시간의 흐름

그런데 여러분은 혹시 지금, 다른 사람에 비해 특별하지 않아 보이는 자신이 초라하다고 생각하지는 않나요? 예전에 비해 정보가 넘치는 요즘 같은 시대에는 그 정보들이 오히려 나를 어렵게 만드는 요인이 되기도 합니다. 특히 SNS로 대표

되는 소셜미디어의 홍수는 너무나 멋져 보이는 수많은 사람들 속에 던져진 것과 같은 생각을 들게 합니다. 때로는 거대한 물줄기 속에 빠져 허우적대는 느낌마저 드는 것입니다.

"오늘은 ○○이란 곳을 왔습니다. 이곳에 오니 참 멋진 풍경과 맛있는 음식들이 있어요. 이런 곳에 올 수 있고 맛있는 음식을 먹을 수 있어서 지금 너무 행복해요."
"오늘은 이런 수업을 했습니다. 이 수업을 통해 아이들은 감동의 눈물을 흘리더군요. 이런 수업을 할 수 있음에 감사한 하루였습니다."

쉴 새 없이 울리는 SNS의 알림 소리 속에 내 마음속 울림의 소리는 들리지 않는 것 같습니다. 저 또한 처음엔 이런 분위기에 동조되어 큰 물결 속에 던져진 것 같은 기분을 느끼기도 했습니다. 그래서 다른 사람들처럼 특별하고 멋있는 사진이나 이야기를 올리고, 다른 사람들의 반응을 기대하기도 했습니다. 또 한때는 제가 소중하게 생각하는 내용을 담은 게시글에 아무도 반응하지 않아서 속상한 마음이 들기도 했습니다. 하지만 금세 알게 되었습니다. 다른 사람들의 반응을 얻는다고 해서 제가 행복해지는 것은 아니라는 것을 말이지요. 그리고 시간이 흐르며 제 마음은 차츰 정리되었습니다. 아마도 그 거대한 물결 속에서 빠져나오고 싶어했던 제 마음이 스스로 정리할 시간을 허락한 것 같았습니다.

SNS와 같은 매체의 근본적인 어려움은 올리는 이야기들이 앞뒤 배경과 후속 이야기까지 충분히 다루지 못한다는 점이었습니다. 과정에 대한 길고 지루한 시간에 대한 이야기보다 멋진 결과물 하나가 더 많은 사람들의 반응을 이끌어낼 수 있으니까요.

누구에게나 특별한 순간은 찾아온다

'이생망'이라는 말을 들어보셨나요? '이번 생(生)은 망했다'라는 의미로 사용되는 단어라고 하더군요. 요즘 아이들이 잘 쓰는 줄임말이어서 처음에는 무슨 의미인지 한참을 생각해야 했습니다. 아무튼, 이생망이라는 단어가 주는 아픔은 그 뜻을 아는 사람이라면 누구나 공감할 것입니다. 얼마나 현실이 어려웠으면 이런 말이 탄생했을지, 상상조차 되지 않습니다. 어쩌면 이런 말을 사용하는 사람이 제가 그동안 만나온 제자들일 수도 있기에 더욱더 마음이 아팠습니다. 하지만 만약 이런 말을 사용하는 제자를 만난다면 꼭 이런 말을 해주고 싶다는 생각을 했습니다.

> "지금 당장은 아무런 길도 보이지 않고 힘들어서 주저앉고 싶을 거야. 하지만 생각보다 우리 인생은 짧지 않아. 그래서 지금은 너 자신을 채우고 충전하는 데 집중하면 어떨까? 분명 너의 생각을 펼칠 수 있는 순간이 올 테니 말이야!"

특별한 사람은 어떤 사람일까요? 반대로 평범한 사람은 어떤 사람인가요? 사실 특별한 사람이나 평범한 사람이나 큰 차이가 있을 것 같진 않습니다. 단지 어느 순간 특별함을 보이며 살아가는 사람이 있을 뿐이고, 반대로 그 순간 평범함을 보여주며 살아가는 사람이 있을 뿐이지요. 시간은 우리에게 특별함과 평범함을 모두 드러낼 수 있도록 기회를 공정하게 줄 테니 말입니다.

그래서 저는 지금 당장의 일에 너무 크게 기뻐하지도, 슬퍼하지도, 낙담하지도 않습니다. 지금의 상황에서 그저 제가 할 수 있는 최선의 선택을, 노력을 쏟을 뿐이지요. 제가 이런 삶의 태도를 견지할 수 있다면 언젠가는 특별함이 활약하는 순간이 더 자주 찾아올 거라고 믿으니까요.

〈덩케르크〉의 '희망고독'

　몇 해 전에 개봉했던 영화 중에 〈덩케르크〉라는 영화가 있습니다. 실화를 바탕으로 만들어진 영화인데, 위기에 빠진 부대가 철수하는 장면이 인상적이었습니다. 그런데 다양한 장면들 중에 저에게 가장 인상 깊었던 장면은 덩케르크 해안에 모습을 드러낸 민간인 선박들의 모습이었습니다. 부대의 철수가 구축함으로

▌　영화 〈덩케르크〉에서 덩케르크 해변에 나타난 민간인 선박들.

이뤄져야 하는데 구축함이 부족한 절망적인 상황, 그때 민간인들의 배가 수평선에 나타나는 장면과 그 모습을 하염없이 바라보며 감동하는 장교의 모습이 가장 인상 깊었습니다. 민간인 선박이 군인들을 구출하러 올 거라고 생각한 사람들은 적었을 텐데, 그 장교만은 그 희망의 끈을 놓지 않고 기다리고 기다렸던 것입니다. 어쩌면 그 장교의 고독해 보이던 희망이 현실로 이뤄지는 마중물의 역할을 했다는 생각도 들었습니다. 장교의 희망고독이 말입니다.

희망의 빛

　희망을 가지고 산다는 것은 고독한 일입니다. 하지만 희망이 있기에 우리는 밝은 빛과 함께 할 수 있습니다. 덩케르크에 나타난 작은 배들이 희망의 빛이고 나라를 위해 떨리는 손으로 들었던 촛불이 희망의 빛입니다. 또 저는 불안한 마음과 어려움투성이의 현실 속에서도 최선을 다해 자신을 성장시키기 위해 학교에 나오는 아이들이 희망의 빛이라 생각합니다. 이런 희망의 빛들이 우리의 세상을 만들어갈 것입니다.

　희망의 빛이 있기에 우리는 고통의 순간도 넘을 수 있습니다. 희망이 있기에 고독의 순간을 참고 견딜 수 있습니다. 희망의 빛이 있다는 것을 믿기에 기다리고 기다릴 수 있습니다. 시간은 언젠가는 우리에게 희망의 빛을 허락하리라 믿으니까요. 시간 속에 숨어 있는 희망의 빛을 발견하며 하루하루를 살아가길 바라니까요.

나팔꽃의 비밀

▌　어둠의 시간이 있어야 아침을 깨우는 나팔꽃이 필 수 있다.

나팔꽃의 영어 이름은 Morning glory라고 합니다. 우리말로 하면 '아침의 영광' 정도 되겠네요. 그런데 왜 이런 이름일까 생각하다가, 인터넷을 검색해보고 알게 되었습니다.

어느 식물학자가 나팔꽃이 정확하게 언제 꽃을 피우는지 알기 위해 밤새도록 불을 켜고 지켜보았다고 합니다. 하지만 새벽이 되고 아침이 밝아도 나팔꽃은 피지 않았습니다. 그 다음 날도, 그리고 그 다음 날에도……. 많은 시간이 흐른 뒤 학자는 나팔꽃이 피는 데 필요한 조건은 아침햇살이 아니라 오랜 시간 지새워야 하는 어둠이라는 것을 알게 되었습니다. 일정한 시간 동안 어둠이 있어야 꽃을 피운다는 사실을 말입니다.

무엇이건 조급하게 서둔다고 해결되는 것은 아닙니다. 자연의 섭리에 알맞은 때를 기다릴 줄 아는 것도 용기가 아닐까요?

아이를 기다리는 마음도 이와 같습니다. 아이가 지금 꽃을 피우지 않는다고 닦달하고 보챈다고 되는 것은 아닙니다. 아이가 보내야 할 시간, 아이로서 경험해야 할 시간을 기다릴 수 있어야 합니다. 만약 우리가 기다리지 못하고 재촉하기만 한다면 아이는 영원히 자신만의 아름다움을 간직한 꽃을 피우지 못할 수도 있습니다. 기다립시다. 그리고 시간을 믿어봅시다. 시간은 가능성의 토대이기도 하니까요.

② 행복과 만족감은 기다림으로 나뉜다

행복과 만족감이 같은 말이라고 생각하시나요? 만약 다르다면 어떻게 다른 것일까요? 사전을 찾아보면 행복과 만족에 대해 이렇게 설명하고 있습니다.

행복 – 생활에서 충분한 만족과 기쁨을 느끼어 흐뭇함. 또는 그러한 상태.

만족 – 모자람이 없이 충분하고 넉넉함.

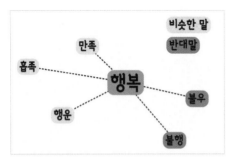 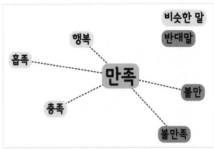

이렇게만 보면 크게 달라 보이지 않습니다. 그래서 유의어를 가지고 비교해보았습니다. 유의어도 겹치는 것들이 많습니다. 이렇게는 구별하기 힘들 것 같습니다. 그래서일까요? 많은 사람들은 행복과 만족을 구별하지 않고 살아가는 것 같습니다. 그런데 최근 한 연구자의 글이 저에게 해답을 주었습니다. 노벨상을 수상한 심리학자인 대니얼 카너먼(Daniel Kahneman)은 행복과 만족은 시간으로 구별이 가능하다고 이야기하고 있습니다.

#LIFEGOALS

A Nobel Prize-winning psychologist says most people don't really want to be happy

December 21, 2018

By **Ephrat Livni**
Senior reporter, law & politics, DC.

"행복은 자발적으로 발생하는 일시적인 경험이며 순간적이다. 만족은 시간이 지남에 따라 구축되고 목표를 달성하고 존경하는 삶의 방식을 구축하는 것을 기반으로 만들어진 장기적인 느낌이다." – 대니얼 카너먼[10]

즉 행복이 순간적이고 일시적이라면 만족은 오랜 시간 만들어진 장기적인 느낌이라는 것입니다. 사전에서 행복과 만족을 구별하던 것과는 달리, 시간이라는 변수를 포함하니 행복과 만족에 대해 좀 더 분명하게 구별할 수 있었던 것 같습니다.

이렇게 보니 앞에서도 계속 언급했던 아이들의 특징 중 하나와 행복이 상당히 잘 맞아 보입니다. 빠르고 단순한 소통을 원하는 아이들에게는 만족보다는 행복

---

10 "A Nobel Prize-winning psychologist says most people don't really want to be happy", QUARTZ, 2018. 12. 21.

이 먼저 친숙해질 것 같습니다. 일시적이고 순간적인 경험과 아이들의 삶은 잘 맞아 보입니다. 반면에 만족은 어른들의 삶과 잘 맞는 것 같습니다. 어른들은 앞일과 뒷일을 같이 고려하고 장기적으로 무언가를 추구하는 삶을 살아가는 경우가 많으니까요.

어른과 아이의 갈등은 시간에 대한 감각의 차이

시간은 변하지 않고 누구에게나 동일하게 적용되는 특별한 친구입니다. 하지만 시간을 느끼고 받아들이는 것은 사람마다 다를 것입니다. 100명의 사람이 있다면 100가지의 형태가 나올 수도 있겠지요. 하물며 어른과 아이가 서로 다른 시간 감각을 가지는 것은 너무도 당연합니다. 그래서 아이들은 대개 지금 자신이 누릴 수 있는 행복을 쫓고, 어른들은 이 순간을 넘어 앞으로까지 생각하여 만족을 추구하는 경우가 많을 것입니다. 그리고 이렇게 시간에 대한 서로 다른 감각과 생각이 어른과 아이 사이에 갈등의 원인이 되기도 할 것입니다. 어른들은 나중의 만족감을 위해 지금을 참아가며 노력해야 한다고 말하고, 아이들은 지금 당장의 행복을 원한다고 이야기하기 때문이지요. 그렇다면 이런 갈등을 해결하는 방법은 무엇일까요?

아이들에게 좀 더 친숙한 행복한 감정, 그리고 어른들에게 좀 더 밀접해 보이는 만족감은 결국 그 목적지가 같지 않을까 싶습니다. 행복하자는 이야기도, 만족한 생활을 하자는 이야기도 결국엔 기쁨을 위한 것일 테니까요. 무엇을 추구하건 우리는 기쁘고 즐겁게 살아가길 원합니다. 슬프고 우울하게 살아가고 싶은 사람은 없으니까요. 그러면 이제 기쁨에 대해 생각해볼까요?

삶의 가장 큰 기쁨은 소통하기

톨스토이는 다른 사람들과의 융합과 일치를 통해 삶의 기쁨을 얻는다고 말했다고 합니다. 삶의 기쁨은 소통에 의해 만들어진다고, 그리고 소통의 기본은 타인과의 공감이라고 말이지요. 저 또한 이런 톨스토이의 의견에 깊이 공감하고 있습니다. 그리고 아이와 어른이 서로를 이해하고 공감하는 것이야말로 서로 간의 갈등을 해소할 유일한 길임을 다시 생각하였습니다.

그런데 문제는 아이와 어른 사이에 소통이 원활하지 않다는 것입니다. 아이는 아이들만의 세상에서, 어른들도 어른들만의 세상에서 살아갈 뿐이죠. 그렇다 보니 서로가 서로를 이해하지 못하고, 공감이 사라진 세상이 되어가는 것 같습니다. 이런 사회 현상은 아이들의 삶에 대한 만족도에서도 드러나고 있습니다.

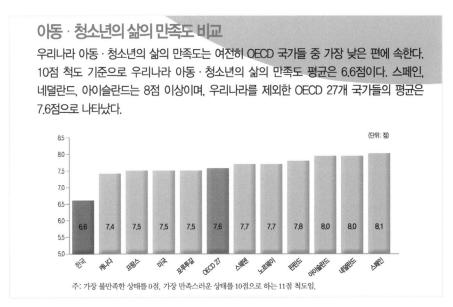

아동 · 청소년의 삶의 만족도 비교

우리나라 아동 · 청소년의 삶의 만족도는 여전히 OECD 국가들 중 가장 낮은 편에 속한다. 10점 척도 기준으로 우리나라 아동 · 청소년의 삶의 만족도 평균은 6.6점이다. 스페인, 네덜란드, 아이슬란드는 8점 이상이며, 우리나라를 제외한 OECD 27개 국가들의 평균은 7.6점으로 나타났다.

(단위: 점)

한국	캐나다	프랑스	미국	포르투갈	OECD 27	스웨덴	노르웨이	핀란드	아이슬란드	네덜란드	스페인
6.6	7.4	7.5	7.5	7.5	7.6	7.7	7.7	7.8	8.0	8.0	8.1

주: 가장 불만족한 상태를 0점, 가장 만족스러운 상태를 10점으로 하는 11점 척도임.

청소년 셋 중 하나는 "죽고 싶다"… 원인은 '학업' – 《한국일보》, 2019. 12. 24.

《한국일보》의 기사에 따르면 우리나라는 17세 이하 청소년의 삶의 만족도가 OECD 국가들 중 꼴찌라고 합니다. 실제 그래프를 보면 얼마나 심각한지 알 수 있습니다. 또 우리나라 청소년 셋 중 하나는 죽고 싶다는 생각을 해본 적이 있다고 합니다. 그 주요 원인은 학업에 대한 스트레스였고요. 이런 상황이 벌써 몇 년째 지속되고 있지만 상황은 나아질 기미가 보이지 않습니다. 어떻게 해야 할까요?

최선의 선택

행복은 현재와 함께하고 만족은 미래와 함께한다는 말이 있습니다. 하지만 우리의 삶은 현재와 미래로 뚝뚝 끊어져 있지 않습니다. 가늘고 질긴 실처럼, 우리의 삶은 과거와 미래, 현재가 서로 연결되어 지속적인 상호작용을 하는 연속체입니다. 그리고 이런 연속체의 굴레가 우리의 삶을 설명하는 본질이라면 행복이나 만족감, 현재와 미래도 연속체의 하나로 봐야 할 것입니다.

그렇다면 이렇게 연속체의 모습을 다루는 삶의 자세는 어떠해야 할까요? 우리의 선조들은 이미 이런 생각을 했습니다. 그래서 "다 때가 있다!"라는 말이 있는 것은 아닐까요?

이 말은 어느 한쪽의 일방적인 선택만 존재하는 것이 아니라 때에 따라서 다르다는 이야기입니다. 지금의 행복에 좀 더 집중할 시기가 있기도 하고, 미래를 위해 준비해야 할 때도 있다는 의미입니다. 그 순간에 선택하는 것이 무엇인지에 따라 그 사람의 삶의 질이 결정되기도 할 것입니다. 또 이러한 입장에 따라 사회의 모습도 달라질 수 있습니다.

어떤 행위에 대해 서로 다른 입장을 가지는 경우가 있다고 합시다. 빨리 해결책을 시행해서 지금 당장의 어려움을 해결하고 행복해져야 한다고 주장하는 쪽이 있을 수 있고, 반면에 시간을 두고 해결하여 사회 전반적인 만족을 추구하는 방향을 주장하는 쪽이 있을 수 있습니다. 어느 쪽이건 우리 사회가 성장하고 모두에게 기쁨이 되기 위한 선택을 바랄 것입니다. 단지 서로 중요시하는 시기가 다를 뿐입니다. 이럴 때 서로가 다름을 먼저 인정하고 깊이 있게 논의하며 합리적인 의사결정이 이뤄지는 사회가 좋은 사회가 아닐까요?

아이들의 문제도 마찬가지라고 생각합니다. 만약 그 아이가 지금 당장의 행복을 요구한다면 그 요구를 일단 받아들이고 인정해주어야 합니다. 또 어떤 아이가 지금 당장은 힘들어도 나중의 만족을 위해 스스로 어려운 일을 하겠다고 한다면 그 또한 인정해주는 것입니다.

물론 인정해준다는 것은 무조건 따른다는 의미가 아닙니다. 최소한 행복과 만족이 어떻게 다른지 이해할 수 있는 나이가 되었다면 설명해주고, 선택에 도움이 될 수 있도록 해야 합니다. 축구를 좋아하는 친구가 있다고 합시다. 그 친구에게 행복과 만족을 설명할 땐 축구를 예로 들어 말할 수 있을 것입니다.

"네가 좋아하는 축구로 설명해볼게. 축구선수들은 대표가 되어 대회에 나가는 경우가 많아. 네가 더 잘 알다시피. 그런데 이런 말이 있어. 공격을 잘하는 팀은 승리할 수 있지만 수비를 잘하는 팀은 우승할 수 있다는 말. 혹시 들어봤니? 그래, 너처럼 축구를 좋아하는 친구들은 들어본 이야기일 거야. 그런데 이 말이 무엇을 뜻하는지도 알고 있니? 공격을 잘하는 팀은 승리할 수 있다는 것은 어쩌면 지금 당장 행복한 것과 비슷하다 생각해. 너도 자주 공격수를 하잖아? 왜 그러지? 그래, 많은 사람들은 공격수를 하며 골을 넣고 기뻐하는 것을 좋아해. 그리고 공격을 하고 나면 시원한 느낌도 가질 수 있고. 하지만 수비는 그렇지 않아. 열심히 해도 결국 본전이야. 별로 티가 나지 않거든. 하지만 수비가 정말 강한 팀은 우승을 할 수 있어. 수비가 바탕이 되어 강한 팀도 이겨낼 수 있을 테니까. 그런데 수비는 재밌진 않아. 우승을 위한 하나의 바탕이 될 뿐이거든. 꼭 만족과 비슷하다고 생각하면 될 것 같아. 어때? 이제 행복한 감정과 만족을 구별할 수 있겠니?"

최소한 이렇게 어른과 아이가 서로의 입장에 대해 이야기하며 소통할 수 있다면 우리는 함께 기쁨을 향해 나아갈 수 있을 것입니다. 톨스토이는 부와 성공, 명예를 가졌어도 그 행복이 지속되려면 타인과 공감해야 한다고 말했다고 합니다. 그러니 소통이 없는 곳에서 기쁨을 맛보긴 어렵지 않을까요? 만약 행복과 만족에 대해 시간의 개념과 함께 이해하기 힘든 아이라면 우선 그 아이가 원하는 것을 해주도록 노력하면 좋겠습니다. 아직 그 아이가 행복과 만족을 구별할 수 없다면 그때를 기다려주는 것도 어른들의 몫일 테니까요.

행복은 권리가 아니라 의무

"행복이 권리이면 우리는 투정을 하고 요구를 하게 돼. 권리니까. 남한테 거둬들이고 뺏어 오는 게 그게 무슨 행복이야. 행복은 의무야."

_채현국, 효암학원 이사장

채현국 이사장은 스스로가 노인이면서도 잘못된 행동을 일삼는 노인들을 비판하고, 자신의 삶에 대해 진솔하게 이야기하는 분입니다. 종종 신문 기사에서 이분과 관련된 글을 읽었는데, 그중 눈에 띈 것이 행복에 대한 위의 이야기였습니다. 행복은 권리가 아니라 의무라고 표현한 것이 이색적입니다.

권리라는 말은 당연히 나에게 주어진 것을 말합니다. 내가 선택적으로 가져갈 수도 있고 그렇지 않을 수도 있습니다. 하지만 의무는 반드시 해야 할 일입니다. 따라서 행복이 권리가 아닌 의무라면, 우리는 반드시 행복을 위해 노력해야 하겠지요.

그래서일까요? 독일과 같은 나라들에선 행복에 대한 내용을 정식 수업으로 다루고 있다고 합니다. 행복은 선택의 문제가 아니라 모두가 적극적으로 알아야 하고 받아들여야 하는 문제라는 것을 제도를 통해 실천하고 있는 것입니다. 행복은 생각보다 훨씬 더 까다로운 녀석입니다. 그래서 행복하기 위해서는 노력해야 합니다.

행복을 위해 노력하기

그렇습니다. 행복은 그냥 나에게 자연스럽게 주어진 것이 아니라 어쩌면 내가 찾아야 하는 것일 수도 있습니다. 저도 행복과 함께하는 삶을 살기 위해 노력해왔습니다. 그러다 다음과 같은 사실을 알게 되었습니다.

행복은
우리가 불러줘야
우리가 놀아줘야
우리가 사용해야
우리에게 다가오는
삐딱하고 까칠한 녀석이다.

행복을 생각하면 행복만으로 모든 것이 해결될 것처럼 느껴집니다. 행복은 무조건 좋은 것이니까요. 하지만 어느 교수님께서 그러시더군요. 행복을 평생 연구한 자신보다 평범한 일상을 살아가는 자신의 동생이 더 행복하게 살고 있다고 말입니다.

저는 그래서 행복에 대해 제대로 알아내려고 열심히 노력합니다. 그리고 앞으로도 노력해서 결국 이 삐딱하고 까칠한 녀석과 친해지고 싶답니다. 여러분은 어떤 노력을 하실 건가요?

우리는 수많은 선택을 하며 살아갑니다. "인생은 'B'와 'D' 사이에 있다"라는 우스갯소리가 있더군요. 눈치채셨는지 모르겠지만 B는 Birth, 즉 탄생을 뜻하고 D는 Death, 즉 죽음을 뜻합니다. 그렇다면 B와 D 사이엔 무엇이 있을까요? C가 있겠지요. 그렇다면 C는 무엇을 말하는걸까요? 네, C는 Choice를 뜻한다고 하더군요. 바로 '선택' 말입니다.

제 삶을 돌아보더라도 정말로 수많은 선택의 순간이 있었습니다. 그래서 저 이야기가 마음에 와 닿았던 것 같습니다.

생각해보면 선택에도 웃음 짓는 선택과 얼굴 찌푸리는 선택이 있음을 알 수 있습니다. 그리고 그때 다른 선택을 했다면 조금은 덜 어렵지 않았을까 하는 순간도 있을 것입니다. 그래서 그 순간 가장 좋은 선택을 '효율적인 선택'이라고 말하고 싶습니다.

'효율적'의 첫 번째 의미

아이들과 과학 시간에 에너지에 대해 공부하였습니다. 다양한 에너지의 종류를 알아보고, 우리 주변에서 효율적인 에너지 사용이 필요하다는 내용이 주가 되는 부분입니다. 이때 '효율적'이라는 단어의 의미를 크게 두 가지로 정리한 적이 있습니다.

첫째, 한정된 자원을 활용해 그 자원의 가치를 잘 이끌어내는 것.
둘째, 지금 나에게 부과된 일의 성격에 맞는 충실한 삶을 살아가는 것.

이렇게 정리했습니다. 어떻게 보면 첫째와 둘째가 같은 이야기일 수도 있습니다. 결국은 주어진 본질을 제대로 찾아가는 것이 효율적인 것의 목적이 될 수 있으니까요. 하지만 아이들과 이렇게 정리한 이유가 있습니다. 먼저 아이들에게 지금 우리 사회가 효율적인지 물어보았습니다.

"혹시 여러분은 길을 걷다가 우리 주변에 있는 것들 중 효율적이지 못한 것을 본 경험이 있나요? 선생님은 길을 가다 그런 생각이 든 적이 있어요. 바로 길가에 묶여 방치되어 있는 자전거들을 보면서 비효율적인 모습이라고 생각했지요. 주변을 조금만 신경 써서 돌아보면 자전거뿐만 아니라 수많은 물건들이 버려져 있음을 알 수 있어요. 금방이라도 움직일 수 있을 것 같은 자전거도 자물쇠가 채워진 채 버려져 있었고요. 여러분은 어떻게 생각해요? 이런 모습을 보면 우리 사회가 효율적이지 못하다는 생각이 들어요."

사실 이런 생각을 하게 된 것은 동남아 국가들을 여행하면서 본 거리의 모습을 떠올렸기 때문입니다. 우리 사회보다 경제력도 약하고 어렵게 살아가는 국가들인데도, 거리의 모습을 보면 무엇 하나 헛되이 버려져 있지 않더군요. 만약 이곳이 동남아의 어느 국가의 거리였다면 어땠을까를 생각해보니, 버려진 자전거는 이미 누군가의 손길을 거쳐 고쳐지고 다시 사용되고 있을 것 같았습니다. 그리고 저는 그 물건이 가진 가치를 발휘할 수 있게 다시 사용되는 것이 효율적이라고 생각했습니다.

이것은 비단 자전거만의 문제는 아닐 것입니다. 사회 속 개인도 효율적인 삶을 살아가야 한다고 생각합니다. 어느 정도의 코칭과 제도가 뒷받침된다면 자신이 가진 능력을 발휘하며 살아갈 수 있다는 생각입니다. 자신에게 주어진 재능을 충실히 사용하며 살아가는 것, 이것이 가장 효율적인 삶의 모습이고 또한 훌륭한 삶의 모습이라 생각합니다. 이런 저의 의도에 아이들 또한 공감하였기에 첫 번째 의미로 정리되었습니다.

'효율적'의 두 번째 의미

두 번째 의미인 '지금 필요한 일에 충실하게 살아가는 것'은 아이들에게 제가 하고 싶은 말이었고, 이 말이 아이들에게 공감을 일으켜 아이들의 행동에도 많은 변화를 주었습니다.

"여러분이 학교를 나오는 것은 엄청난 일이라 생각해요. 아침에 일어나 학교를 가기 위해 준비하고, 학교에 나와서는 딱딱한 자리에 앉아 다른 사람의 이야기를 듣기도 하며 계속해서 생각해야 하는 학교. 그래서 학교는 힘든 곳이고 오기 싫은 곳이 되기 쉽지요. 하지만 우리는 학교라는 곳에 나와서 공부하며 성장하는 기쁨을 가지기 위해 이 어려운 일들을 하고 있는 것이겠죠. 과학 책에 나온 겨울눈처럼 말이에요. 식물들도 겨울에 꽃을 피우면 좋겠지만 그렇게 하지 않는 이유가, 겨울에 핀 꽃은 나중에 열매로 맺어지기 어렵기 때문인 것을 알고 있기 때문입니다. 추위를 견뎌야 하기에 사용하는 에너지가 더 많아야 할 텐데 꽃을 피워 결국 열매를 맺기가 힘들다면 어떨까요? 그래서 가장 효율적인 상황에서 꽃을 피우기 위해 봄이 되고 따뜻해지기를 기다리는 것이겠죠. 여러분도 마찬가지가 아닐까요? 이왕 이렇게 어렵게 나온 학교에서 가장 효율적으로 살아가기 위해 우리는 무엇에 집중해야 할까요?"

겨울 눈은 온 힘을 다해
겨울을 견디며
화려한 봄을 기다린다.

2020. 元

▌ 겨울눈은 혹독한 겨울 동안 에너지를 비축한 이후에야 봄의 따뜻함 속에 자신의 생명 에너지를 분출할 수 있다.

그 말에 아이들은 학교는 당연히 공부를 하러 오는 곳이니, 열심히 공부하는 것이 가장 효율적이라고 대답하더군요. 그렇다면 학교에 와서 우리가 하는 효율적이지 못한 행동이 있다면 무엇이 있을지 이야기해보았습니다.

수업 시간에 집중하지 않고 딴짓하는 것

학교에서 규칙을 어겨서 친구들과 선생님을 곤란하게 하는 것

정해진 수업시간을 지키지 않고 늦게 오는 것

필요하지 않은데도 휴대폰을 사용하는 것

해야 할 숙제를 미리 해오지 않고 쉬는 시간에 급하게 하는 것

등등의 이야기들이 나왔습니다. 아이들 스스로 효율적인 학교생활이 중요하다는 것을 다시 인식할 수 있어서 특히 좋았던 것 같습니다. 이때 학생들 사이에서 이슈가 되는 화장에 대한 이야기도 나눴습니다.

"선생님은 화장하는 중고등학교 선배들을 보며 여러분들도 화장을 하고 싶어 하는 것은 자연스러운 현상이라고 생각해요. 그리고 기본적으로 화장하는 것이 나쁘다고는 생각하지 않아요. 그런데도 선생님은 여러분이 화장을 하지 않았으면 좋겠다고 말하고, 부모님들께서도 이런 선생님의 말, 우리 학년의 결정에 따라주시고 있지요. 왜 그럴까요?"

아이들은 "지금 우리들이 화장하는 것은 지금 이 순간에 우리가 해야 할 일에 집중하는 것과는 조금 거리가 있는 행동 같아요. 그래서 비효율적인 행동이 아닐까요?"라고 대답했습니다. 그리고 대부분의 아이들이 고개를 끄덕이며 지금 자신들에게는 화장이 필요하지 않다고 동의했답니다. 물론 이 문제는 이렇게만 따지

기엔 너무 복합적인 문제이기도 합니다. 그래서 이 부분을 다룰 땐 아이들과 충분히 이야기하며 각자의 생각을 표현하게 하고, 설득하고 설득당한다는 마음으로 진행하는 것이 좋습니다. 다음은 실제로 아이들과 화장에 대해 토론했던 상황입니다.

화장하는 것에 대한 토론 (2016년 12월)

화장품 사용에 대해 아이들과 이야기를 하게 되었다. 아이들은 자신들도 예뻐지고 싶어서 바르는 것이고, 그 정도가 지나치지 않다고 생각하는 것 같았다. 그때 평소 자신의 주장이 강한 친구가 이야기했다.

"선생님, 어른들은 학생답지 않다는 이유로 화장을 못하게 하는데, 학생답다는 것이 무엇인가요? 학생다운 것이 옷 대충 입고 머리는 똥머리 하고 다니고 두꺼운 안경을 쓰는 것인가요? 우리도 예쁘게 하고 싶은 마음이 있는데 왜 어른들은 그것을 못하게 하는지 모르겠어요."

얼마 전에도 학생답다는 것이 무엇인지에 대한 논란이 있었다. 인터넷상에선 학생답다는 의미가 어른들의 요구, 즉 어른들이 시키는 것을 잘 따라야 한다는 뜻으로 받아들이는 모습이다. 평소 친구들과 SNS로 소통을 많이 하는 친구가 학생답다는 것이 무엇인지 이야기를 꺼냈다. 그래서 왜 화장을 하는 것에 대해 부정적인 어른들이 많은지, 왜 학교에선 안 했으면 하는지 다른 친구들에게도 물어보았다.

"우리 엄마는 화장을 많이 하는 것은 지금 나이에 맞지 않고 피부도 오히려 더 나빠진다고 하지 말라고 하셨어요."

"솔직히 학교 밖에서 하는 것은 어쩔 수 없는 부분이 있지만 학교에선 안 했으면 좋겠어요. 학교에선 공부해야 하는데 방해가 될 것 같거든요."

이렇게 주로 화장하는 것에 대해서 부정적인 의견들이 이야기되었다. 이런 분위기 속에서 화장에 대해 좋은 이야기를 하거나 화장의 필요성에 대해 이야기하는 것은 어려워 보였다. 이럴 땐 적극적으로 화장에 대해 좋은 점을 이야기할 수 있도록 안내해야 한다. 그러자 안내에 힘입어 한 친구가 말했다.

"우리도 예쁘게 지내고 싶은 마음이 있어요. 친구들과 있다 보면 예쁘게 보이고 싶고 누가 화장하고 있으면 같이 해보고 싶은 마음도 있거든요. 그런데 화장은 나쁜 거라고 하니 참 난감해요. 우리 엄마는 오히려 좋은 화장품을 추천해주기도 하시거든요."

최근 언론 보도에서도 이런 비슷한 이야기들이 나왔다. 얼굴이 예뻐야 친구들 사이에서 왕따를 당하지 않는다는 이야기는 그 자체로 서글픈 이야기이다. 어느 순간 화장품 업계도 아이들을 대상으로 하는 마케팅에 열을 올리고 있다. 결국은 어린 아이들까지 새로운 사업의 대상이 되는 것이다. 이런 분위기는 어느새 대다수 사람들에게 영향을 주고 있고, 식품의약품안전처에서는 아예 어린이와 청소년을 위한 화장법 자료까지 만들어 배포하고 있다.

┃ 출처 : 식품의약품안전처

이런 상황에서 학생답지 못하니까, 공부에 방해가 되니까, 아직 너희들에겐 안 좋은 성분이 더 많으니까, 지금 모습 그대로가 더 예쁘니까, 등의 말로는 아이들을 설득하지도 못하고 공감을 얻지도 못하게 된다.

아이들의 이야기를 들은 후 마지막으로 선생님의 의견을 들려주었다. 물론 이 의견은 선생님의 의견일 뿐 정답은 아니며, 각자 생각해볼 문제라는 것을 설명하고 이야기한다.

"좋아요. 여러분 이야기를 들으며 선생님도 여러 가지 생각을 했어요. 그런데 선생님도 생각이 있어요. 한번 들어보고 생각하면 좋을 것 같으니 말해볼게요. 먼저 화장을 하는 장소에 대해 두 가지 경우를 생각해봅시다. 아까 한 친구가 학교 밖에선 하더라도 어쩔 수 없지만 학교에선 하지 않았으면 좋겠다고 말했어요. 그런데 선생님은 학교 밖에서 화장을 하는 것은 위험한 일일 수 있다고 생각해요. 우리가 접하는 많은 것들에 나이 제한이 있는 것은 알고 있죠? 왜 그럴까요? 여러 가지 이유가 있겠지만 가장 큰 이유 중 하나는 그것에 담겨 있는 내용이 아직 어린 학생이나 아이들에겐 심한 충격을 줄 수 있기 때문이에요. 15세 이하의 어린이는 시청하지 않았으면 좋겠다는 것은 그 이하의 아이들이 보았을 때 심한 충격을 받을 수 있다는 것이에요."

아이들은 고개를 끄덕이며 동의하는 표정이다.

"물론 15세 이하의 어린이가 15세 관람가를 시청하기도 하지요. 그리고 어떤 친구들에게는 그것이 충격적이지 않을 수도 있어요. 하지만 우리가 그것에 대해 관심을 가지고 지켜가려고 하는 이유는 그렇게 함으로써 어린 아이나 학생들을 보호할 수 있기 때문이에요. 그러면 화장을 학교 밖에서 하는 경우를 생각해봅시다. 학교 밖에서 화장을 하는 것은 15세 이상만 시청할 수 있는 프로그램을 시청하는 것과 비슷하지 않을까요? 즉 여러분은 조금이라도 더 예뻐지기 위해 화장을 한다고 말해요. 그리고 예쁜 것이 더 좋다고 말해요. 맞아요. 예쁜 것을 싫어하는 사람은 없어요. 그런데 문제는 화장을 하면 그 사람이 어린 학생인지 아니면 어른인지 잘 구분이 안 되는 경우도 있다는 거예요. 요즘은 사람들이 어리게 보이는 화장도 많이 해요. 그래서 어떤 사람은 분명 어른인데도 아직 학생처럼 보이기도 해요. 그렇다면 그 반대의 경우도 있겠지요? 분명 아직 어린 학생인데 화장을 했더니 다른 사람이 그 학생을 어른으로 착각할 수도 있다는 것이예요. 그럴 경우 혹시 뜻하지 않은 상황이 생길 수도 있지 않을까요? 어른들은 그런 상황에 대처할 수 있지만, 아직 어린 여러분은 이해할 수 없거나 어려운 상황이 될 수도 있어요."

아이들의 표정이 진지해졌다. 그리고 생각하는 얼굴들이다.

"여러분이 무엇인가를 하고 싶다고 할 때, 어른들이 무조건 못하게 하는 것처럼 보이기도 할 거예요. 하지만 사실 어른들의 마음 깊은 곳엔 여러분의 안전에 대한 걱정이 가장 큽니다. 그것을 말로 표현하지 못하거나 안 할 뿐이지요. 여러분이 작은 위험이라도 겪지 않고 안전한 생활을 충분히 누리며 살기를 바라는 마음이 화장을 하지 않았으면 좋겠다는 것으로 표현되고 있기도 할 거예요."

"학교 밖에서 화장하다가 혹시 만나게 될 위험에 대비하는 의미로 화장을 하지 않았으면 좋겠다는 이야기는 처음 들었어요. 왠지 위험한 상황이 생길 수도 있을 것 같아요. 진짜로요."
"그러면 학교 밖에선 위험하지만 학교 안에서는 안전하니 해도 되지 않을까요? 심하게 하진 않을 거니까요."

아이들에게 여전히 학생답다는 것과 화장은 별개라는 생각이 있는 것 같다. 그리고 여기엔 근본적인 이유가 있다. 바로 학생답다는 말의 의미를 외모에 집중하여 사용하고 있다는 점이다. 그러나 학생답다는 것은 외모에 대한 이야기를 하는 것이 아니라 학생으로서 가져야 할 안전에 대한 권리와 의무를 갖는 것이고, 학생으로서 해야 할 권리와 의무인 공부에 최선을 다하는 것을 말한다. 학생답다는 것은 결국 이러한 권리와 의무 사이에 균형을 이루는 것이다. 그것을 이해시키기 위해서 이렇게 이야기했다.

"좋아요. 학교 안은 나름 안전한 곳이니 화장을 해도 위험한 상황에 처하지는 않을 것 같다는 데 선생님도 동의해요. 당연히 위험한 일은 일어나지 않을 것 같아요. 그런데 한번 생각해봅시다. 주변 대부분의 여자 어른들은 화장을 하시더군요. (아이들이 고개를 끄덕인다.) 그런데 그분들을 살펴보다가 한 가지 사실을 알게 되었죠. 모두는 아니지만 많은 분들이 아침에 화장을 했다고 해서 하루 종일 그 상태로 있지는 않는다는 사실이었어요. 중간중간 계속 화장을 점검하고 고치는 작업(?)을 하더군요. 그래서 보통 여자분들의 가방엔 화장품을 담는 가방이 들어 있고요. 그 화장품 가방이……."

"선생님, 그 가방의 이름이 파우치예요."

"아, 그렇죠. 파우치. 자 그러면 학교로 다시 돌아와봅시다. 만약 여러분들이 화장을 하는 것이 자유롭다면 다들 화장을 하고 학교에 오겠죠? 그런데 그냥 오지 않고 아마 파우치를 하나씩 가지고 오지 않을까요? 그렇다면 쉬는 시간마다 무슨 일이 벌어질 것 같아요?"

"쉬는 시간이면 화장실에 몰려가서 화장을 고치느라 북적일 것 같아요."

"선생님 생각도 그래요. 그래서 결국 많은 학생들이 화장을 하기 시작하면 수업시간에 집중하기보다는 화장이 혹시 지워지지 않았을까 걱정하는 일도 생길 것 같아요. 그리고 혹시 운동장이나 체육관에서 진행되는 체육시간에는 화장이 지워질까 두려워하거나 귀찮아하지 않을까요? 물론 선생님이 너무 극단적인 경우를 예로 드는 것일 수도 있어요. 하지만 이런 작은 것들이 결국 큰 것으로 옮겨진다는 것을 말해주고 싶은 거예요."

남자아이들은 운동할 때 소극적인 여학생들의 모습에 더욱더 크게 공감하는 표정이었다. 여학생들도 나름 선생님 말에 동의하는 표정이다.

"혹시 선생님이 한 말에 궁금한 점이 있으면 이야기해주세요."

"처음엔 선생님께서 무조건 부정적으로 생각하시는 것 같아 좀 기분이 나쁠 뻔했는데 지금은 왠지 시원한 느낌이에요. 왜 우리가 화장을 해선 안 되는지 알 것 같아요."

"자, 그래서 결국 정리를 해보자면, 학생답다는 것은 외모만을 이야기하는 것이 아니예요. 학생다운 것은 학생으로서 누려야 할 안전한 생활에 대한 권리를 누리는 것이고, 동시에 학생으로 최선을 다해야 하는 열심히 공부하기라는 의무를 수행하는 것이라 생각해요. 여러분이 이런 생활을 할 수 있도록 지금처럼 같이 고민하고 도와주기를 바래요."

작은 차이가 만드는 관계

우리는 작은 일들은 그냥 눈감고 넘어가도 되지 않느냐고 이야기하는 경우가

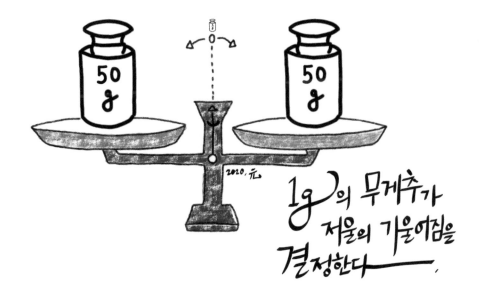

있습니다. 하지만 전 이 말에 동의하지 않습니다. 작은 차이가 결국 모든 것을 결정하는 경우가 너무 많기 때문입니다.

가장 효율적인 것은 작은 차이를 살펴보고 관리하는 것입니다. 51과 49는 비록 2만큼의 작은 차이일 뿐이지만 그것이 양팔저울이라면 한쪽으로 확실히 기울어지는 관계가 되는 것입니다. 작은 것이라도 그것이 가진 의미를 더 생각해보고 소통하며 다져나가길 바랍니다.

능력은 꾸준함을 품고 있다

"서울대 진학한 것이 자기 능력이라고 생각하느냐고 물었더니 90%가 그렇다고 손들어, '이 나라 망했다'고 생각했다."

_조정래(작가), 서울대 강연 경험 이야기 중에서

《풀꽃도 꽃이다》라는 책으로 우리나라의 공교육에 대한 이야기를 논의의 장으로 끌어들이셨던 조정래 작가님의 인터뷰 내용 중 한 부분입니다. 작가님이 왜 절망스럽게 생각했는지 제게도 느껴졌습니다. 또 우리 사회가 능력에 대한 심각한 오해를 가지고 있고, 위의 사례는 거기에서 비롯된 문제라는 생각이 들었습니다. 자신이 가진 능력이 오로지 자신에게서만 비롯되었다고 생각한다면 우리는 심각한 사회 분열을 경험할 수밖에 없을 것입니다. 그리고 패자부활전은 꿈도 꿀 수 없겠지요.

능력의 의미

"저 사람 능력 있네!"라고 말하는 것은 보통 어떤 일이나 과업을 수행하는 데 탁월한 성취를 보이는 사람을 설명할 때입니다. 물론 성취란 결과만을 가지고 이야기하는 것은 아닙니다. 비록 실패했더라도 그 과정이 훌륭했다면 그 사람에게도 능력 있다는 이야기를 하지요. 하지만 대개는 과정이 훌륭했다 하더라도 결국은 결과가 훌륭할 때 능력을 인정받는 경우가 많습니다.

이런 사회에서는 학교도 마찬가지입니다. 평소에 학교생활이 불성실하거나, 해야 할 일에 집중하지도 못하는 것 같은데 시험은 잘 보는 친구가 있다면 우리는 그 친구를 능력 있는 친구라고 인정해주는 경우가 많습니다. 드라마나 영화 속 주인공도 평소엔 말썽꾸러기이고 제대로 하는 것도 없지만, 결정적인 순간에 나타나 주변에 도움이 되거나 짠 하고 문제를 해결하는 극적인 모습이 주인공의 모습인 경우가 많습니다. 그리고 이런 주인공을 보고 우리는 능력 있다고 합니다. 그런데 과연 이런 모습이 우리가 원하고 추구해야 할 능력의 진정한 모습일까요?

능력의 두 가지 모습

우리는 능력 있는 사람을 좋아합니다. 그 사람이 가진 능력이 우리의 문제를 해결해주기도 하니까요. 하지만 능력 있는 사람 때문에 상처를 받기도 합니다. 자신에게 없는 듯한 능력을 보유한 사람과 자신을 비교할수록 자신감이 떨어질 테니 말입니다.

하지만 사람들은 다들 능력 있는 사람이 되고 싶어 합니다. 능력이 가진 좋은 면만을 보려 하고, 그 능력을 가졌을 때 더 많은 것을 할 수 있는 상황을 좋아하기 때문입니다. 그 능력이 자신을 힘들게 할 수 있다는 사실은 제쳐둔 채 말입니다.

오랫동안 사람들에게 꿈과 희망을 주며 우주에 대한 환상을 키워준 〈스타워즈〉 시리즈에는 '제다이'라는 능력자가 나옵니다. 그는 초능력을 가지고 있어 다른 인물들이 할 수 없는 일들을 할 수 있고, 그렇기에 영화 속에서 지도자의 역할을 맡습니다. 하지만 이런 제다이들은 선과 악의 두 가지 길이 갈라지는 갈림길에 반드시 한 번은 서야 하고, 자신이 선택한 길로 인해 전혀 다른 역할을 맡게 됩니다. 선한 역할을 맡게 되는 명예로운 제다이로 살아갈 수도 있고, 악의 세력 편에 서서 악의 지도자가 될 수도 있지요.

영화 〈스타워즈 : 깨어난 포스〉 포스터.

만약 능력이라는 것을 할 수 있는 일로만 판단한다면 선한 쪽에 서 있건 악의 쪽에 서 있건, 두 경우 모두 제다이는 뛰어난 능력을 가졌다고 이야기해야 하겠지요. 하지만 전 두 가지의 길 중에서 선한 쪽을 선택한 제다이만이 진정한 능력을 가졌다고 생각합니다. 그 이유는 당연히 능력이 뛰어나다는 것의 의미 속엔 다른 존재에 대한 존중의 마음이 함께 있어야 한다고 생각하기 때문입니다. 진정한 능력은 깨끗하고 완전한 모습의 새싹이 돋아나듯이 바른 마음에서 돋아나는 것일 테니 말이죠. 그래서 바른 마음으로부터 만들어진 능력만이 오랜 생명력을 가질 수 있습니다. 새싹이 시들어 있다면 그 싹은 커다란 나무로 자라지 못할 테니 말입니다.

능력과 시간의 관계

앞에서도 언급한 것처럼 능력은 자기 혼자 이루어내는 것도 아니고, 결과만을 가지고 이야기할 수 있는 것도 아닙니다. 평소엔 제대로 하는 일 없이 빈둥거리다가 결정적인 순간에 나타나 문제를 해결해버리는 돈키호테와 같은 인물은 영화나 소설, 혹은 드라마 속에서만 환영받는 존재일 것입니다. 실제 우리 주변에 이런 인물이 있다고 생각해보면 얼마나 힘들어질지 알 수 있습니다.

학교에서도 마찬가지입니다. 어떤 친구는 가지고 태어난 것이 많아서 조금의 노력으로도 많은 성과를 얻고, 어떤 친구는 아무리 노력해도 성과가 없다고 합시다. 이럴 때 나타난 성과만을 가지고 능력이 있는 아이라고 한다면 누가 변화하기 위해, 성장하기 위해 노력하겠습니까? 지금 당장은 나타나는 성과가 없어 보여도 최선을 다해 노력하고 견디는 친구가 있다면 그 친구가 바로 진정한 능력을 가진 사람일 것입니다. 능력은 시간에 비례하기 때문입니다.

견디는 힘과 능력자들

누군가 그러더군요. 내 일생이 행복했는지 알 수 있는 방법은 죽기 직전의 순간뿐이라고 말입니다. 우리 인생은 수없이 많은 변화를 겪으며 이루어지고 그 변화를 받아들이거나 비켜서는 선택을 통해 만들어집니다. 지금 당장의 선택이 최선이라 하더라도 그 선택이 최악의 선택이 될 수도 있고, 지금 내가 보이는 능력이 몇 년 후엔 아무 쓸모도 없는 능력처럼 취급받을 수도 있습니다. 반대로 지금은 아무도 알아봐주지 않지만 수십 년이 흐른 후에 누군가가 그 가치를 알아보는 일도 일어나지요.

그래서 저는 진정한 능력은 견디는 것에서 생겨난다고 생각합니다. 자신의 하루하루를 충실하게 견디며 살아간다면 우리 모두는 이미 능력자의 삶을 살고 있는 것입니다. 그런 의미에서 학교에 나와 자신의 하루를 보내기 위해 노력하는 아이들도 능력자라고 할 수 있습니다. 아이들 속에서 어떻게든 살아보려고 노력하며 견디는 교사들도 당연히 능력자들이지요.

그런데 이렇게 뻔한 능력자가 되는 것이 쉽지는 않습니다. 그 끝이 어디인지 알 수 없기 때문입니다. 한편으로는 세상에 확실하고 멋있는 능력을 보여주고 싶기도 하고, 하루하루 살아가는 것만으로 충분치 않다고 생각하기도 합니다. 자신이 지금 얼마나 대단한 삶을 살아가고 있는지 전혀 인식하지 못하는 것입니다. 어쩌면 우리 인생의 어려움 중 하나는 자신에 대한 이런 의심들이 아닐까 합니다.

그렇다면 이렇게 생각해볼까요?

눈앞에 커다란 병이 하나 있습니다. 그 병은 불투명해서 안에 물이나 음료가 얼마나 들었는지 알 수 없는 상태입니다. 그 병에 여러분이 각자 손으로 조금씩 물을 따른다고 생각해보시기 바랍니다. 여러분은 이 병에 언제 물이 가득 찰지 정확하게 알 수 있나요? 만약 모른다면 병에 물이 가득 찼는지는 어떻게 알 수 있을까요? 이 질문들에 대한 답은 결국 병에서 물이 넘치지 않으면 알 수 없다는 것입니다.

어쩌면 우리가 생각하는 멋있는 능력은 보이지 않는 물병이 어느 순간 넘치는 순간이 아닐까 싶습니다. 어떤 사람은 어릴 때 그 물병이 넘칠 수 있고, 어떤 사람은 죽기 직전에 넘칠 수도 있겠지요. 하지만 분명한 것은 누구나 한 번쯤은 인생에서 자신의 멋진 능력이 드러나는 넘침의 순간을 맞이할 것이라는 사실입니다. 물론 그 순간을 맞이하기까지는 하루하루 자신에게 주어진 일에 최선을 다하며 살아야 하겠지요.

저는 그래서 저 자신을 능력자라고 생각합니다. 그리고 이런 믿음을 가지고 오늘도 열심히 제게 주어진 것들을 받아들이며 살아갑니다. 여러분은 어떠신지요?

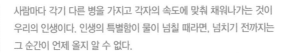

속을 볼 수 없는
병의 가득 참은
넘칠 때가 되어야
알 수 있다 !

> 사람마다 각기 다른 병을 가지고 각자의 속도에 맞춰 채워나가는 것이 우리의 인생이다. 인생의 특별함이 물이 넘칠 때라면, 넘치기 전까지는 그 순간이 언제 올지 알 수 없다.

세상의 능력자들이 보이는 모습

세상에는 축구선수, 야구선수, 농구선수, 인기 연예인, 프로 게이머 등 특별한 능력자들이 참 많습니다. 이런 특별한 능력자들은 많은 사람들의 추앙을 받으며 하루하루를 화려하게 살아가는 것처럼 보입니다. 하지만 그런 특별한 능력자들은 어느 순간 갑자기 튀어나온 것이 아닙니다. 오랫동안 준비의 과정을 거쳤고, 특별한 능력자가 된 이후에도 그 능력을 유지하기 위해 많은 노력을 하는 사람들입니다. 그런데 정보가 빠르게 퍼지는 현대사회의 특성상, 최근에는 그런 능력자들도 도덕적인 잣대로 보아 바르게 살아가는 사람이 아니라면, 더 이상 자신의 위치를 유지하기 어려운 세상이 되었습니다. 유명해질수록, 특별해질수록 더 겸손하게 노력하지 않는다면 아무리 특별한 능력이 있어도 소용 없어지는 것입니다. 이제 세상은 내가 무슨 일을 얼마나 했는지를 따지는 양(量)의 시대가 아니라, 그 일을 어떻게 했는지를 따지는 질(質)의 시대가 되었기 때문입니다.

양의 시대와 질의 시대

시대에 대한 이야기는 아이들, 특히 고학년 아이들과의 소통에 꼭 필요한 부분입니다. 시대가 어떻게 변해가고 있는지 아이들과 이야기하면서 자연스럽게 앞으로의 삶이 어때야 할지 고민하게 만들 수 있기 때문입니다.

3월 29일 아침
아이들이 과제로 내주었던 '수학 문제 스스로 만들어 풀어오기'를 서로 검사하고 있다. 얼핏 보이는 수학문제들이 너무 쉬워 보인다. 아무런 도움이 되지 않을 것 같은

데……. 이런 생각을 하던 중 과제를 하지 않은 친구들이 몇 명 보여서 확인해보았다. 과제를 하지 않았거나, 했지만 가져오지 않은 친구들이 8명! 천진난만한 표정으로 착하게 지내는 아이들이라 믿었건만, 역시 아이들이라는 생각이 들었다. 하지만 더 큰 문제는 아이들의 표정에 진지함이 안 보인다는 것이다. 아니, 없다! 그저 하루하루 재미있게 지내면 그만이라는 듯한 모습들…….

"자! 수학 문제 풀이를 하지 않거나 가져오지 않은 친구들은 교실 뒤로 나가서 서주세요. 그리고 지금 앉아 있는 친구들 중에서도 진짜 마음을 담아서 자기 수준에 어울리는 문제풀이를 하지 않았다고 생각하는 친구는 자리에서 일어나주세요!"

아이들은 주섬주섬 자리에서 일어난다. 눈치를 살피며 일어나는 친구도 있다. 결국 25명 중에서 4명을 제외한 모두가 일어나거나 교실 뒤로 나갔다. 이것이 지금 현재 우리반의 현실임을 알기에 가슴이 답답하다.

"분명히 선생님과 여러분은 약속을 했습니다. 그리고 선생님은 자율에 대해 여러분에게 이야기했고, 여러분은 그것을 생각하며 수학 문제 풀기를 하겠다고 약속했습니다. 그런데 이런 모습을 보이다니, 정말 실망입니다. 어찌해야 할까요?"

칠판에 답답한 심정을 담아 두 단어를 쓴다.
'양(Quantity)' / '질(Qulity)'

"양을 중요시하던 시대는 이제 끝나가고 있어요. 여러분이 직접 눈으로 보았겠지만, 양으로는 인공지능(예를 들어 최근의 알파고)을 이길 수 없다는 것을 알 겁니다. 왜 얼마 전에 이세돌과 알파고의 대국이 큰 파장을 낳았을까요? 왜 바둑계는 놀랐을까요? 선생님 생각엔 수천 년을 이어져 내려오던 바둑의 힘이 단 몇 년 혹은 몇 달의 데이터 분석에 무릎을 꿇었기 때문이라고 생각해요. 수천 년을 거치며 쌓아온 모든 것이 한순간에 무너져내린 듯해서 그 충격이 무척 큰 거랍니다. 여러분은 이런 세상에 살고 있고, 앞으로 이런 부분은 더욱 더 크게 다가올 거예요. 만약 여러분이 '양'이 중요하다고 생각하고 무엇이든 그저 많이 하면 좋다거나 많이 경험해보는 것으로만 만족한다면, 어쩌면 평생 쌓아온 지식이 한순간 인공지능에게 따라잡히는 모습을 지켜봐야 할지도 몰라요. 그러면 그동안 쌓아왔던 노력은 어디에서 찾을 수 있을까요?"

진지해진 아이들의 눈빛.

"그래서 선생님은 여러분이 무언가를 의미 없이 그저 많이 하는 것을 원하지 않아요. 조금 하더라도 그것에 의미를 담아, 온 정성을 담아서 하기를 바해요. 그래야 '질'이 보장될 수 있어요."

인공지능의 등장은 충격적이었다. 그것이 이세돌과 알파고의 바둑 대결을 통해 전면에 드러나면서, 사람들의 마음에 두려움마저 가지게 했다고 생각한다. 그렇다면 이 두려움의 정체는 무엇이고, 교육에서는 어떻게 풀어가야 할까? 나는 아이들과도 인간다움이란 과연 무엇인지 생각해보아야 한다며 여러 차례 이런 이야기를 나누었다. 그리고 다시 한번 질문했다.

"질을 높이기 위해서는 무엇이 필요할까요? 결국 진심을 다하는 마음이 필요하겠지요? 그런데 그런 마음은 누가 시킨다고 생겨나지 않아요. 그것은 철저히 여러분 각자의 선택에 달려 있어요. 그런데 여러분은 현재 학교에 속해 있고, 학교를 다니고 있지요? 그래서 지금 여기서의 선택은 무조건적이고 완전히 자유로운 선택을 말하는 것이 아니라, 지금 우리가 해야 할 일을 해가면서 선택하는 '자율'을 이야기하는 거예요. 지금은 여러분이 수업시간을 힘들어하지만, 그 속에서 배우고 익혀야 할 것들이 있기 때문에 수업을 받아야 하는 거지요. 우리가 학교를 다니고 있는 한, 자유를 선택한다고 해서 수업을 거부하거나 수학은 어렵고 힘드니까 체육만 하자고 할 수는 없는 거예요. 하지만 그 수업에 어떤 식으로 참여할지, 어떤 식의 수업으로 진행되었으면 좋을지 의견을 내고 선택할 수는 있어요. 즉, 여러분의 의견이 완전히 배제되는 것이 아니라, 여러분의 의견과 해야 할 일이 함께 공존하는 것이죠. 수학 문제 만들어 풀어오기도 마찬가지입니다. 분명히 선생님은 수학 문제 만들어 풀어오기가 여러 가지 의미에서 필요하다고 했어요. 하지만 그렇다고 선생님이 모든 것을 다 정해주진 않았어요. 최소 1문제 이상만 하면 되고, 얼마나 문제를 풀어올지는 스스로 선택할 수 있도록 했습니다. 왜 그렇게 했을까요?"

아이들은 이미 선생님의 의도가 무엇인지 생각하는 모습이다. 자신들에게 도움이 되는 방향으로 나아가기를 바라는 선생님의 마음을.

능력을 발휘하기 위해 필요한 마음

오랫동안 견디며 자신을 조절할 때 자신만의 특별한 능력을 발휘할 수 있다는 말 속에는 중요한 다른 의미도 들어 있습니다. 바로 내 마음속 '평화'입니다. 그 밑바탕에 평화의 마음이 없다면 꾸준하게 무엇인가를 하는 것은 불가능합니다. 평화의 마음이 있을 때에만 어떤 일이든 가능하고, 평화의 마음이 있어야 주변에 더 민감하게 반응하고 돌아볼 수 있습니다. 평화의 마음이 있기에 자신을 더 깊이 들여다보고 성장할 수 있는 것입니다.

세상 사람들이 부러워하는 특별한 능력을 가진 어떤 이는 한 인터뷰에서, 자신에 대한 평가를 가장 정확히 내릴 수 있는 사람은 결국 자신이라는 이야기를 했습니다. 또 스스로를 속이지 않고 최선을 다하기에 자신의 능력이 유지될 수 있다는 말도 했습니다.

　저는 진정한 능력은 견디는 힘과 꾸준함 속에 있다고 이야기했습니다. 그런데 꾸준함은 평화의 마음과 함께할 때 가능한 것입니다. 또한 누군가를 사랑하는 마음, 누군가를 존중하는 마음이 없다면 평화의 마음을 가질 수 없습니다. 스스로에게 부끄럽지 않은 삶을 살 때 평화의 마음을 가질 수 있습니다. 그러므로 진정한 능력을 얻기 위해서 우리는 주변을 더 존중하고 사랑하며 살아가야 할 것 같습니다. 내 마음의 평화를 위해서라도 말입니다.

⑤ 아이들의 기죽음 vs 아이들의 기살림

"우리 아이 혼내지 마세요. 기죽잖아요."

만약 누군가 이런 말을 한다면 그 사람은 아이에 대해 정말 1도 모르는 사람일 것입니다. 아이는 혼난다고 기가 죽지 않습니다. 잘못한 일에는 잘못했다고 이야기해야 아이가 실수를 줄여갈 수 있고, 나아가 자신을 보호할 수 있는 감각을 가지게 됩니다. 반면에 아이 스스로도 자신이 잘못했다는 것을 아는데, 혼내지 않고 감싸주는 사람들만 옆에 있다면 어느 순간 아이는 주변을 믿지 않고 잘잘못을 구분하지 못하는 아이가 되어버립니다.

오히려 아이가 기가 죽는 것은 자신이 믿을 만한 사람이 주변에 없을 때입니다. 자신을 있는 그대로 제대로 보아주는 이가 없다는 것을 깨닫는 것이지요. 따라서 잘못했을 땐 혼나고 잘했을 땐 칭찬받아야만 아이는 옳고 그름을 구분하며 자신의 삶의 폭을 잴 수 있습니다. 그래야만 기를 펴고 당당하게 살 수 있는 기반이 마련됩니다.

기 살리기의 시작점

과학의 아버지 뉴턴에 대해 모르는 사람은 없을 것입니다. 뉴턴은 그 당시에는 물론 지금까지도 과학사에서 가장 중요한 인물 중 하나입니다. 유명한 사과 이야기나, 만유인력의 법칙을 발견했다는 이야기도 들었을 것입니다. 하지만 그런 뉴턴도 처음엔 어려움을 겪었습니다. 자신이 말하고자 하는 과학적 사실들을 발표하기 위해서 아카데미의 회원이 되어야 했기 때문입니다. 그런데 아카데미의 회원이 되려면 자신의 이론이 아니라 기존의 회원들이 좋아할 만한 이야기에 손을 들어야 했다고 합니다. 뉴턴은 세상의 중요한 법칙을 이미 깨우쳤으면서도 아카데미에 들어가기 위해서는 고개를 숙일 수밖에 없었던 것입니다.

그렇지만 만약 뉴턴이 아카데미에 들어가지 못했다면 만유인력의 법칙은 세상에 나오지도 못하고 묻혀버렸을지도 모릅니다. 당시에 뉴턴의 입장에서는 받아들이기 어려운 부분도 있었겠지만, 뉴턴은 자신의 능력을 믿었기에 자신이 해야만 하는 일을 받아들였습니다.

피카소도 마찬가지였다고 합니다. 피카소는 이미 젊었을 때부터 천재성을 보이며 자신만의 화풍으로 그림을 그려내고 있었습니다. 하지만 처음에는 그의 그림을 누구도 사려고 하지 않았습니다. 피카소는 자신의 이런 처지를 받아들여서 다른 사람들이 원하는 그림을 그려주고 돈을 벌었다고 합니다. 그렇게 지내다 보니 어느새 유명해졌고, 그 이후에는 그의 독특한 작품들이 세상의 인정을 받게 되었다고 합니다.

이처럼 자신답게 살아가기 위해서는 시간이 필요합니다. 기 살리기의 첫 단계는 이처럼 누구나 첫술에 배부를 수는 없다는 것을 인정하는 것에서부터 시작될 것입니다.

지금에 충실한 기 살리기

학년 초에, 특이한 모습을 보이는 한 아이가 있었습니다. 타고난 능력도 탁월하고 노력도 열심히 해서 따로 영재반에 들어갈 정도로 뛰어난 아이였습니다. 그렇게 똑똑하고 멋진 친구인데도 그 아이는 다른 친구들과 어울리지 않았습니다. 같은 학교와 같은 반 친구들을 전혀 신경쓰지 않는 모습이 역력했습니다. 그래서 왜 그런지 물어보았더니 이렇게 대답했습니다.

"제가 주말마다 가는 영재학교엔 정말 멋진 친구들이 많이 와요. 전 그 친구들이 좋아요. 저하고 수준도 잘 맞고요."

아이의 대답에서 아이가 지금 처한 상황을 이해할 수 있었습니다. 지금 이 아이의 모습은 어떨까요? 주말마다 가는 영재반을 좋아하니까, 행복한 것일까요? 하지만 아이의 모습 속엔 깊은 외로움과 슬픔이 보였습니다. 학급에서 자신이 할 수 있는 일이 있는데도 속으로만 외치고 마는 모습도 보였습니다. 아이는 기죽어 지내는 것 같았습니다. 이렇게 능력이 탁월한 아이가 무엇이 부족해서 기가 죽어 지내는 것일까요?

지금의 상황 속에서 자신의 역할을 충실히 할 때 사람들은 기가 살아서 열심히 지낼 수 있습니다. 지금의 상황을 벗어난 곳에서 아무리 열심히 지내더라도 그것만으로는 절대 몸과 마음을 채울 수 없기 때문입니다.

저 또한 이런 경험을 한 적이 있습니다. 학교에서는 제가 원하는 만족감을 찾을 수 없다는 생각에, 외부로 눈을 돌려 열심히 활동한 경험이 있었습니다. 그때는 학교에서 느끼는 부족함을 외부 활동을 통해 채울 수 있다고 생각했습니다. 하지만 그것이 전부가 아님을 알게 되었고, 다시 당시에 제가 속해 있던 학교와 학급, 아이들에게 집중하기 시작했습니다. 그러자 지금까지 느꼈던 어떤 마음보다 충실한 마음을 얻을 수 있었습니다. 그러면서 얻게 된 만족감은 삶을 더욱 만족스럽게 해주었고, 그때부터는 무엇도 부러워하지 않으며 살아갈 수 있었습니다.

지금의 상황에 최선을 다하는 것이야말로 기를 살리는 방법입니다. 위에 이야기한 아이도 점차 자신이 속해 있는 학교와 학급에 집중하고, 그 속의 친구들, 선생님과 함께 살아가며 활기를 찾았고, 어느 때보다 행복한 학교생활을 할 수 있게 되었습니다.

"지금 내가 있는 곳에서 온전하지 못하다면 길을 잃고 헤매이는 것과 같다."

기죽은 아이 기 살리기

현재 상황에서 최선을 다하는데도 생각하는 만큼의 결과가 나타나지 않을 때 아이는 기가 죽습니다. 최선을 다하는 것만으로 모두가 만족할 결과를 얻을 수 있는 것은 아니므로, 이는 당연한 일입니다. 이럴 때 무엇을 할 수 있을까요?

〈미생〉이라는 드라마에는 '장그래'라는 인물이 등장합니다. 장그래는 바둑을 어릴 때부터 공부했고, 프로 기사가 되고자 했으나 결국 되지 못해서 아무런 학력도 경험도 없는 청년이 되어버립니다. 이 청년을 불쌍히 여긴 주변 사람의 도움으로 대기업 인턴사원으로 들어가게 된 뒤 겪는 일들이 드라마의 주요 내용입니다. 다른 인턴사원들은 외국어도 구사할 수 있고, 좋은 대학도 졸업했지만 장그래는 내세울 만한 것이 하나도 없습니다. 이런 상황에서 장그래는 온갖 수모를 당하게 됩니다. 아무것도 할 수 없는 사람 취급을 당하는 것이지요. 드라마는 이런 장그래를 비춰주며 장그래가 사실은 엄청난 능력을 가지고 있다는 것을 표현하지 않습니다. 그저 묵묵히 당하면서도 그 속에서 살아가기 위해 애쓰는 장그래를 비춰줄 뿐이지요. 사실 처음에는 그런 부분이 너무 답답해서 드라마를 보기 힘들 지경이었습니다. 하지만 드라마 속 장그래처럼, 현재 자신이 가진 모습을 직시하고 거기에서부터 시작한다는 내용이 오히려 이 드라마의 이야기를 특별하게 만드는 것을 알게 되었습니다.

아이의 기 살리기도 마찬가지입니다. 어떤 특별한 비법이 있는 것이 아닙니다. 그저 아이가 현재 자신의 모습을 있는 그대로 돌아볼 수 있도록 해주어야 합니다. 그래야 자신의 진짜 모습을 찾아갈 수 있을 테니까요.

〈미생〉의 주인공 장그래도 마찬가지였습니다. 처음에는 모든 것이 어려웠지만 시간이 갈수록 자신이 공부했던 바둑의 내용을 통해서 지금 자신이 겪는 문제를 해결해갈 수 있게 되었던 것입니다. 만약 처음부터 바둑을 활용해 어려움을 극복해나가는 이야기였다면, 슈퍼 히어로가 등장하는 영화와 다를 바 없는 영웅 이야기에 불과했을 것입니다. 현실에는 존재하지도 않고 가능하지도 않은 영웅 말입니다.

자신을 돌아보는 것으로 버릇 고치기

이상한 버릇을 가진 한 아이가 있습니다. 그 버릇 때문에 주변 친구들이 불편해하는 모습이 보일 때도 있습니다. 보통의 생활지도라면 곧바로 이야기를 해서 해결하는 것이 정석입니다. 하지만 아이 자신과 주변에 영향을 직접적으로 주는 버릇이 아니라면 일단 두고 보면서 관찰할 수도 있을 것입니다. 관찰을 통해 아이의 버릇이 어느 순간에 어떤 방식으로 나오는지 지켜보는 것이지요. 그리고 이렇게 시간을 들여서 알게 된 사실을 바탕으로 아이에게 이야기를 건넵니다. 너의 버릇이 이러이러한 상황에서 나오는 것 같은데, 그 버릇이 너에겐 어떤 도움이 되는지 말입니다.

이렇게 물어보면 아이는 비로소 자신이 가진 버릇을 인식하게 되고, 인식된 버릇은 이제 수정할 수 있는 생활의 영역으로 나오게 됩니다. 아이의 버릇을 수정하기 위해 필요한 것은 자신을 돌아볼 수 있는 시간이었습니다.

'뜬다'와 '난다'

열심히 노력하는데도 당장 성과가 나타나지는 않습니다. 그렇다고 곧바로 좌절하지는 않아야 합니다. 물론 그렇게 살기에는 너무 힘든 세상이기도 합니다. 눈 뜨면 세상에는 늘 새로운 스타가 나타나고, 그들은 부와 명예를 다 가지는 것처럼 보입니다.

묵묵히 일한다고 해서 성공이 보장되는 것 같지도 않습니다. 어린아이가 유튜브 스타가 되어 최고의 수입을 얻는다는 이야기도 들려오고, 거리에서 우연히 캐스팅되어 유명한 연예인이 된 사람도 있다고 합니다. 이제는 어떻게든 한방에 '뜨기만 하면' 모든 인생의 문제가 해결될 것처럼 보입니다. 하지만 정말 그럴까요? '뜬다'는 말과 '난다'는 말에 대해 생각해보겠습니다.

"하루아침에 스타로 떠버린 ○○○!"

우리는 이런 기사들을 자주 접합니다. 한순간에 세상 사람들에게 알려지고, 이른바 '떠서' 부와 명예를 다 가지게 된다는 이야기가 들려옵니다. 하지만 뜨는 것과 나는 것은 엄연히 다릅니다.

'뜬다'는 말은 내가 의식하지 않아도 다른 외부적인 요인에 의해 하늘 위로 올라가는 것을 말합니다. 반면에 '날다'는 스스로 날개를 퍼덕여 노력해서 올라가는 것입니다. 뜬다는 것은 수동적인 것이고, 난다는 것은 능동적인 의미입니다.

연예인을 예로 들어보겠습니다. 연예인 중에는 오랫동안 노력하고 준비해서 데뷔라는 과정을 거쳐 세상에 알려지는 사람이 있습니다. 하지만 어떤 연예인은 한 번의 특별한 계기로 인해 세상에 알려지고, 유명해지기도 합니다. 하지만 그 다음을 지켜보면 그 사람이 뜬 사람인지, 날고 있는 사람인지 알 수 있습니다. 외부의 영향에 의해 '뜬' 사람은 처음에는 주목을 받을지 몰라도 한번 잊혀진 뒤에는 다시 나오기 어려운 경우가 많습니다. 하지만 자신의 의지로 오랫동안 하늘을 날 수 있는 사람은 어느 순간 잊혀지더라도 스스로 날 수 있는 능력이 있기에, 언제든 다시 세상 사람들에게 자신의 모습을 보여줄 수 있습니다.

아이는 자신이 원하는 대로 하늘을 날지 못할 때 기가 죽습니다. 분명 하늘을 날 수 있었던 것 같은데 왜 갑자기 날아오르지 못하는지 알 수 없을 때 말입니다. 하지만 이런 경우는 아이가 스스로 자신의 날개를 움직여 하늘을 날아다닌 것이 아니라 주변의 도움으로 잠시 하늘로 떠올랐던 경우입니다. 하지만 뜬 것은 결국 추락하고 맙니다. 그리고 아이는 이유도 모른 채 기가 죽어버리는 것입니다.

그러므로 아무리 아이에게 필요해 보인다 하더라도 아이가 스스로 날갯짓을 해서 하늘을 날 수 있도록 해주어야 합니다. 높이 나는 것이 목적이 아니라 스스로 나는 것이 목적이 되어야 한다는 말입니다. 그렇지 않으면 아이는 한순간에 추락할 수도 있습니다. 아이의 기를 살리는 방법은 무조건 하늘로 떠올려주는 것이 아니라, 끊임없이 바른 방향을 안내하여 자기 힘으로 나는 법을 알려주는 것입니다.

때로는 노력도 배신한다

아이들은 순수합니다. 그래서 자신들이 최선을 다해 노력하면 분명 모든 일이 이뤄질 거라고 믿습니다. 하지만 세상 일은 최선을 다한다 해도 항상 좋은 결과가 따르는 것은 아닙니다. 그래서 교사의 역할이 필요합니다. 아이들에게 어른이 필요한 이유이기도 합니다.

"우리는 무조건 일단 열심히 하면 좋다고 생각해. 하지만 선생님 생각은 좀 달라. 무조건 열심히 할 것이 아니라 지금 우리가 해야 할 일이 무엇인지 바르게 판단하고 현명하게, 열심히 해야 하는 거야. 좀 더 쉽게 이야기해볼까? 선생님은 갑자기 부산에 사시는 어머님이 보고 싶어졌어. 그래서 열심히 운전을 해서 어머님께 달려갔어. 그런데 너무 마음만 앞서서 표지판도 안 보고 내비게이션도 안 보고 막 달린 거야. 정말 최선을 다했어. 쉬지도 않았지. 드디어 길의 끝에 도착했어. 그곳은 분명 어머님이 살고 계신 부산의 바닷가처럼 보였지. 하지만 이상했어. 사람들의 말투도 다르게 들렸어. 그제야 급하게 표지판을 보았더니 부산이 아니라 강원도로 온 것을 알게 되었어. 어때? 무조건 열심히 하기만 하면 된 걸까?"

아이들 중에는 이 이야기를 듣고 이렇게 말하는 친구도 있습니다.

"선생님, 비록 잘못된 길을 가셨지만 그래도 다시 바로잡아서 부산으로 내려가면 되는 거 아닐까요? 전 그것도 나쁘지 않다고 생각해요. 덕분에 강원도 구경도 하게 되었으니까요."

잘못된 목적은
모든 노력을
무력화시킨다.

▌ 잘못된 목적을 위한 노력은 기죽음의 주요 원인이다.

아이의 이런 말은 나름대로 충분히 의미 있는 것이라고 생각합니다. 하지만 저는 다음의 말을 하고 싶었습니다.

"그래, 맞아. 선생님도 그 말에 동의해. 좋은 경험이 되었으니 그것도 나쁘지 않다고 할 수 있지. 그런데 상황을 좀 더 자세히 살펴볼까? 사실 갑자기 어머님이 보고 싶었던 이유는 어머님께서 많이 아프셨기 때문이야. 다음 날 중요한 수술을 앞두고 있었던 상황이었고, 그래서 빨리 내려가서 힘이 되어드리고 싶었거든. 그런데 강원도로 가버렸으니…… 그 사이에 이미 어머님의 수술이 시작되었고 다시 부산에 내려가면 이미 수술이 끝나버리는 상황이었어. 그래도 괜찮을까?"

그러자 아이들 모두 고개를 끄덕이며 왜 우리가 바르게 판단하고 행동해야 하는지 생각하는 모습이었습니다.

아이들의 기가 죽는 경우 중 하나는, 자신은 나름대로 열심히 했는데 그 결과가 신통치 않을 때입니다. 이럴 때 아이는 많이 힘들어합니다. 자신이 성실하게 열심히 한 것들이 아무 소용없는 일로 느껴지기 때문이지요. 그래서 교사나 부모는 항상 아이 옆에서 함께해야 합니다. 아이에게 지금 필요한 것이 무엇인지 같이 고민하고 찾아갈 수 있도록 말이지요. 그래서 아이가 부산을 가야 하는데 강원도로 잘못 가지 않도록 적절히 안내해주어야 하는 것입니다.

물론 교사는 수업을 통해서 이러한 안내를 하게 되지요. 그래서 수업과 학급살이는 하나로 이어지는 것입니다.

수업 : 학급과 수업의 만남

"수업의 목적이 시험일 때 우리의 교육은 생명력을 잃는다."

질문 : **수업의 목적은?**

① 학급살이가 수업으로 깊어지다

학년 초, 학급에 대한 첫 느낌이 중요한 것처럼 첫 수업에 대한 느낌도 무척 중요합니다. 아이들에게는 새로 만난 선생님과 어떤 수업을 하게 될지가 또 다른 설렘이 되니까요. 아이들이 수업에 설렌다고 하면 믿지 않는 분들도 계실지 모르지만, 저는 분명히 아이들이 새로운 학년의 첫 수업에서 설렘을 느낀다고 생각합니다.

학급에서의 첫 느낌에 만남이 중요한 요소이듯, 새 학년의 첫 수업에서도 중요한 것은 만남입니다. 학급에서 교사와 학생, 학생과 학생의 만남이 이루어진다면 수업에서는 또 다른 질적인 만남, 즉 학생과 교과와의 만남이 이루어지지요.

매년 같은 아이들이 학년을 올라가는 작은 학교라면 학급을 통한 만남보다 수업을 통한 만남의 의미가 더 클 것입니다. 수업은 매년 새롭고 더 높은 단계로 나아가니까요. 그래서 수업에 대한 첫 느낌을 어떤 방향으로 잡아가느냐는 중요합니다. 그리고 학년이 끝날 때까지 수업의 흐름도 중요한 부분이지요. 흐름이 중요한 이유는 수업과 학급살이가 따로 이루어지는 것이 아니라 서로 긴밀히 얽혀 있기 때문입니다. 학급살이는 수업을 통해 실현되기도 하니까요.

둥근 사각형의 학급과 수업

이 책의 앞부분에서, 학급 운영이나 학급 경영이 아닌 학급살이가 중요하고, 학급살이에는 계획서보다는 철학이 필요하다고 했습니다. 그렇다면 수업에는 무엇이 필요할까요? 수업에도 철학이 필요합니다. 물론 수업에 대한 철저한 계획도 필요하지요. 사실, 학급살이에도 계획은 필요합니다. 단지 계획이 앞서서는 안된다는 것입니다. 그렇다면 결국 학급살이나 수업이나 모두 계획도 필요하고 철학도 필요하다는 이야기가 됩니다. 둥근 사각형이 다시 떠오르지 않나요? 둥글기도 해야 하고 사각형이기도 한 학급살이와 수업. 그래서 어려운 것입니다.

우리의 삶 또한 둥근 사각형과 같습니다. 시간의 흐름에 따라, 필요에 따라 둥근 형태이기도 하고 사각 형태이기도 한 것이 우리의 삶인 것이죠. 그렇다면 학급살이와 수업은 똑같은 것일까요? 아닙니다. 두 가지는 분명 같으면서도 달라야 합니다. 그렇다면 어떻게 달라야 할까요?

내 삶의 초점은 어디?

혹시 다음 세 사진의 특징을 비교해서 이야기할 수 있으신가요? 네, 맞습니다. 왼쪽부터 차례대로 사진을 찍을 때 어디에다 포커스를 맞추느냐에 따라 달라지는 것을 표현한 것입니다. 같은 곳에서 같은 대상을 찍었지만 사진작가가 어디에 초점을 맞추느냐에 따라 다른 사진이 됩니다.

왼쪽부터 차례대로 아웃포커싱, 인포커싱, 팬포커싱이라 부른다.

왼쪽의 사진은 모델이 된 아이들에게 초점을 맞춘 아웃포커싱 사진이고 가운데 사진은 인포커싱된 사진으로 아이들 너머의 배경이 중요한 사진입니다. 마지막 팬포커싱 사진은 아이들과 배경, 모두를 중요하게 생각할 때 사용하는 표현방법입니다.

어쩌면 우리의 삶도 이런 것은 아닐까요? 남들과 크게 다르게 사는 것도 아닌데 왜 나만 이럴까, 하고 생각해보신 적이 있을 것입니다. 저 또한 어릴 때 성장과정에서 여러 가지 어려움을 겪을 때마다 그런 생각을 했으니까요. 그런데 지나고 나서야 결국 내가 무엇을 선택하느냐에 따라 많은 것이 달라질 수도 있었음을 깨닫게 됩니다.

그렇다면 위의 세 가지 사진 중에 어떤 것이 가장 좋은 사진일까요? 어떤 삶의 형태가 가장 훌륭한 걸까요? 저는 그 질문에 대한 정답은 없다고 생각합니다. 무엇을 선택하든 어디에 초점을 두든 그것은 그 사람의 몫이지, 좋고 나쁨을 타인이 결정할 수는 없다고 생각하기 때문입니다.

자신의 삶에 대해 자신이 선택한 것을 받아들이는 것은 기적과도 같은 일일지 모릅니다. 내 삶의 일들을 받아들이는 것은 참 어려운 일이기 때문입니다. 같은 사진 같지만 초점을 어디에 두었는지에 따라 다른 사진이 되는 것처럼, 우리의 삶도, 그리고 학급살이와 수업도 같은 것 같으면서도 모두 다릅니다. 어디에 초점을 맞추느냐에 따라서 말이지요.

학급살이와 수업에 삶의 철학이 중요하다고 해서 계획이 필요 없는 것이 아니며, 또 계획이 아무리 중요하더라도 철학이 빠진다면 안 되기 때문이죠. 결국 철학과 계획이 동시에 필요하지만, 어떤 곳에 초점을 맞추어야 할지 고민해야 합니다. 제 경험에 비추어보면 학급살이에서는 철학에 초점을 맞추고 살아가는 것이 도움이 되었습니다. 대신에 학급살이에 필요한 기본적인 계획을 구성하는 것이, 철학을 실현하고 꾸준히 나아가는 데 도움이 되었습니다. 반대로 수업에서는 계획에 초점을 맞추고, 그 계획을 실현하고 풍부하게 만드는 과정에서 철학의 도움을 받았습니다.

교사와 수업

학급살이의 핵심인 '우리'를 위한 수업은 학급살이라는 철학을 실현하고 꾸준히 나아가는 것에 도움이 됩니다. 기본적으로 교사는 수업으로 아이들과 만나게 되기 때문입니다. 또한 교사에게 수업은 선택이 아니라 필수이기에, 이러한 현실에 대해 받아들이는 것도 필요하다고 생각합니다.

따라서 교사로 살아가며 아이들과 만나는 사람은 현실에서 자신이 해야 할 가장 중요한 일에 대해 마음을 다져야 합니다. 좋은 교사는 수업을 통해서 만들어지기 때문입니다. 수업을 계획하고 준비하며 진행하는 것은 분명 어렵고 힘든 일이

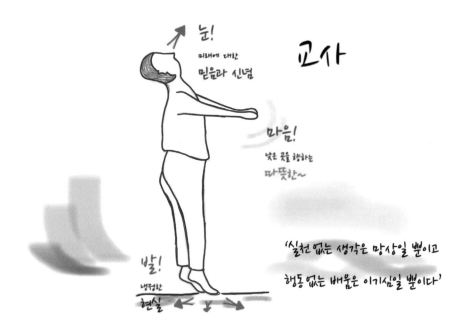

눈!
미래에 대한
믿음과 신념

교사

마음!
낮은 곳을 향하는
따뜻한~

발!
냉정한
현실

'실천 없는 생각은 망상일 뿐이고
행동 없는 배움은 이기심일 뿐이다'

❚ 교사로 살아가는 것은 이상만 가지고 되는 것이 아니라 현실 속에 발을 딛고 최선을 다하는 것이다.

지만, 그것이 교사의 현실임을 알고 받아들이는 것이 필요한 이유입니다.

학급살이를 통해 아이들과 좋은 관계를 만들고 아이들의 마음을 돌보는 일은 무엇보다 중요하지만 그것이 수업과 따로 이루어지면 안 될 것입니다. 그래서 저는 늘 수업을 통해서 '우리'를 이야기하고자 노력합니다. 이를 위해 제가 선택한 방법은 주제를 만들어 그 주제 속에서 함께 공부하며 생각하는 것입니다. 그래서 매년 학년을 새로 맡아 시작하는 수업은 '우리'를 중심에 둔 수업으로 진행합니다.

'우리'를 위한 수업계획 - 나 너 그리고 우리

학교에서 아이들이 공부해야 할 교육과정을 분석하고, 그것을 바탕으로 실제 수업시간에 해야 할 일들을 마인드맵 형태로 표현한 그림.

'나 너 그리고 우리'라는 주제는 학년 초에 아이들이 '우리'라는 감각을 익히기를 바라며 계획한 수업입니다. 이 수업을 통해 우선 '우리'를 위해 필요한 것들이 무엇인지 알아보고, '우리'가 되었을 때 나에게는 어떤 영향이 있는지 생각해봅니다. 그래서 이 수업에선 앞에서 설명했던 것처럼 소통을 위한 기본요소인 '들들들'과 '존중', '최선'에 대한 이야기가 핵심적인 부분이 됩니다.

이러한 주제 수업은 최근의 교사라면 누구나 한 번씩은 접해보았을 수업방법입니다. 특히 현재 우리나라의 초등 1, 2학년 교과서는 주제별로 나뉘어 이루어

져 있고, 아이들도 주제를 가진 수업을 하고 있습니다.[11]

주제를 가지고 수업하는 것이 저학년에만 적합한 것은 아닙니다. 외국의 사례를 보아도 중학교, 혹은 그 이상에서도 주제를 중심으로 한 수업이 이루어지고 있으니까요.

예전에는 외국의 교육사례에 대한 환상이 있기도 했고, 그에 따라 다양한 외국의 사례를 뒤따라 가려는 움직임도 있었습니다. 하지만 우리나라의 교육도 세계적인 교육의 흐름에서 결코 뒤처져 있지 않습니다. 우리나라 교육의 방향을 제시하고 있는 국가수준교육과정을 천천히 읽어보면 세계적인 흐름을 반영하며 우리의 것을 찾아가고 있음을 알 수 있습니다. 중요한 것은 이러한 흐름이 전 세계적인 추세이고, 우리나라에서도 이처럼 주제를 중심으로 한 수업이 이미 이루어지고 있다는 사실입니다.

저는 이런 흐름이 우리나라에서 본격화되기 전인 2010년부터 주제를 가지고 수업을 해왔습니다. 주제를 통한 수업으로 아이들과 마음을 나누는 일은 교사로서 저를 더 단단하게 만드는 계기가 되기도 했습니다. 더불어 아이들과 함께하는 수업의 의미 또한 알게 해준 소중한 수업방법입니다.

'나 너 그리고 우리' 주제 수업의 실제

학급에서 함께 살아가는 것의 의미는 아무리 강조해도 지나치지 않을 것입니다. 그런 의미에서 '나 너 그리고 우리' 주제는 본격적으로 '우리'에 대해 공부를

---

11 예전에는 초등 1, 2학년의 교과가 국어, 수학, 바른생활, 즐거운 생활, 슬기로운 생활로 이루어져 있었지만 최근에는 아이들의 발달과 특징을 반영한 주제별 교과를 만들어 사용하고 있다. 학교, 봄, 가족, 여름 등의 주제별 교과를 학교에서 배우며 아이의 수준에서 자연스럽게 여러 교과에 대해 알게 되는 것이다.

시작하는 단계에서 중요한 수업계획입니다. 먼저 광고 수업을 살펴보겠습니다.

최근의 사회는 미디어의 발달로 다양하고 예측 불가능한 접촉을 유발하고 있습니다. 그런데 다양한 미디어는 우리에게 정보를 제공하기도 하지만 때론 잘못된 개념과 고정관념을 가지게 하기도 합니다. 이런 시대적 상황에 대해 '미디어 리터러시'라는 개념으로 우리 주변의 많은 미디어를 비판적인 시선으로 바라보도록 하는 교육이 도입되었습니다. 우리나라에선 주로 국어 교과에 적용되어 있는데, 광고 관련 수업은 이러한 흐름 속에 있는 수업입니다. 국가수준 교육과정에서는 '광고의 특성을 이해하고 광고의 의도를 파악하며 비판적으로 판단하기'라고 제시되어 있습니다. 이것을 '성취기준'이라고 부릅니다. 이런 성취기준을 바탕으로 아이들과 학부모가 접할 수 있는 교과서가 만들어지는 것입니다.

이러한 성취기준에 입각해 국어 교과서에는 광고의 특징과 제시된 광고에 대한 의미 파악에 대한 내용들이 제시되어 있습니다. 우리 주변의 광고에 대해 비판적인 생각을 가지도록 하는 것이 중요한 목표가 됩니다.

이렇게 각 교과의 특징을 살려서 공부하는 것도 물론 아이의 삶에 도움이 된다고 생각합니다. 하지만 지금 당장을 살아가는 아이들에게 수업 시간에 광고를 비판적으로 보는 연습이 어떤 도움이 될까요? 미래에는 분명 도움이 되겠지만 지금 당장의 학교생활에 적용되지는 않을 수 있다는 점이 아쉽게 다가오기도 합니다.

교과서에 문제가 있다거나 기존의 교과별 교육방식이 잘못되었다는 이야기가 아닙니다. 미래를 위한 교육만이 아니라, 현재를 살아가고 있는 아이들의 모습을 인정하는 것도 중요하다는 이야기를 하고 싶습니다. 현재를 충실하게 살아갈 때만이 미래를 만들어낼 수 있을 테니까요.

그렇다면 이런 광고 수업을 포함하여 주제를 통한 '우리' 수업이 어떻게 진행되었는지 들여다볼까요?

앞의 그림은 제가 《교육과정 콘서트》라는 책의 마지막에 사용했던 그림입니다. 교사의 모습 속 깊은 곳에 자리 잡고 있을 괴물을 인식하는 것이 왜 중요한지 이야기했었지요.

내 속에 잠재되어 있는 괴물은 다른 것이 아닙니다. 어른으로서 어느새 가지게 된 수많은 고정관념들, 그것이 바로 내 속에 숨어 있다가 순간순간 나를 조종하는 괴물입니다.

전 교사로 살아가는 사람이라면 이 괴물을 인정하고 그 괴물과 싸울 수 있는 용기를 가져야 한다고 생각합니다. 교사도 보통의 어른이기에, 이미 생겨버린 그 괴물을 어찌할 수 없을지도 모릅니다. 하지만 그 괴물의 존재를 인정하고 그 괴물과 싸울 것을 두려워하지 않는다면 그것이 바로 용기일 것입니다. 그리고 교사가 용기를 가져야만 아이들도 용기를 가질 수 있습니다.

저는 아무리 나쁜 행동을 하는 아이라도 어른인 나보다는 훌륭한 존재라고 생각합니다. 어른이 되었다는 것은 이미 아이와 같은 상태로 돌아가지 못한다는 뜻입니다. 아이처럼 순수하게 주변의 사과와 격려를 받아들이지 못하기에 어른인 것입니다. 그러나 아이들은 아직 고정관념에 사로잡혀 있지 않고, 순수한 모습을 유지하고 있습니다. 이런 자신들의 모습이 얼마나 대단한 것인지 아이들 스스로 알 수 있도록 하는 것이 교사의 교육일 것입니다. 그리고 교사는 학급살이의 중요한 부분인 수업을 통해 그것을 이뤄내야 합니다. 자신이 깨닫지도 못한 채 가지게 되는 고정관념에 대해 아이들이 생각해볼 수 있도록 하는 첫 시작은 역시 3월에 이루어지는 일입니다.

3월은 친구 찾기의 달

학년 초가 되면 아이들이 가장 신경 쓰는 부분은 새로운 학년의 새로운 반 친구들입니다. 누구와 같은 반이 되었는지를 가장 중요하게 생각하지요. 새로 만나는 친구들과 좋은 관계를 유지하기 위해 보이지 않는 눈치 싸움이 시작되는 것도 3월의 학급 모습입니다. 친구 관계도 이때 형성되기 때문에, 아이들에게 3월은 불안한 달일 수밖에 없습니다. 분명 이전 학년까지는 ○○와 친했는데, 어느새 그 아이는 다른 친구들과 더 친해져 있고, 자신만 혼자인 듯한 마음이 든다면 학교에 오는 것조차 싫어질 수 있으니까요. 그래서 학년 초에 친구 관계를 살피는 것은 교사에게 무척 중요합니다. 대부분의 학급에서 새 학년이 시작될 때 놀이 위주의 자기소개나 재미있고 즐거운 수업을 하는 이유도 어쩌면 친구들 사이를 어색하지 않게 하기 위해서인 경우가 많습니다. 새로운 학년에서도 많은 친구들과 사이좋게 어울리기를 바라는 마음으로 말입니다.

하지만 고학년 아이들의 경우엔 친구 관계가 좀 복잡합니다. 같이 노는 것만으로 해결되지 않는 부분들도 있습니다. 저학년 아이들의 경우엔 그저 자신과 잘 놀아주는 친구면 누구라도 괜찮은 경우가 많습니다. 누구와 어울리더라도 잘 지낼 수 있는 아이들인 것입니다. 하지만 고학년으로 올라갈수록 복잡해지기 시작합니다. 아무래도 고학년 아이들은 저학년 아이들보다는 친구에 대한 고정관념을 가지고 있을 가능성이 크기 때문입니다.

그러면서도 한편으로는 친구란 어떤 존재인지 진지하게 고민하는 경우는 적습니다. 그저 막연하게 친구를 생각하는 경우가 대부분입니다. 그래서 아이들에게 친구란 어떤 존재인지 물어보면 대부분 비슷한 의견을 보입니다. 친구란 자신이 어렵고 괴로울 때 위로해주고, 기쁠 때 같이 기뻐하는 사이라고 말입니다.

아이들의 친구 관계는 어떤 면에선 순수합니다. 슬픔과 기쁨을 함께할 수 있는 순수한 관계가 친구라고 생각하고, 실제로 친구의 슬픔에 대해 자신이 해결해 줄 수 있을 것처럼 고민하고 행동하기도 합니다. 그런데 친구관계에도 용기가 필요하다는 것은 잘 알지 못하는 것 같습니다.

광고 수업 속 친구+용기

교사를 포함하여 기존의 고정관념 속에서 살아가는 어른은 어느새 괴물이 된 존재라고 말했습니다. 그런데 학교를 다니며 교육받는 이유 중 하나는 고정관념을 깨기 위한 것이 아닐까 싶습니다. 물론 아직 고정관념이 굳어지지 않았고, 자신의 고정관념을 쉽게 버릴 수 있는 존재는 아이들이겠지요. 이런 아이들과 수업시간에 친구에 대해 고민하는 시간을 가지는 것입니다.

광고 수업에는 광고의 특징을 알고 비판적으로 보는 것과 갈등 해결의 방법을 익히는 것이 포함되어 있습니다. 하지만 우리가 어떤 마음으로 1년을 살아가야 할지와 새로운 학급에서 만난 새로운 친구들과 어떤 관계를 맺어야 할지 고민하는 것도 광고 수업에 담게 됩니다. 그래서 광고를 분석하고 비판적으로 봐야 하는 수업을 진행할 때는 이러한 고민을 반영한 광고를 선택하는 것이 중요합니다. 최근엔 유튜브와 같은 동영상 서비스가 보편화되어 있어, 어떤 광고라도 쉽게 찾아 보여줄 수 있습니다. 저는 공익광고 중 2006년의 금연 광고(금연 캠페인 '우정' 편)를 이용하고 있습니다. 이 광고는 금연에 대한 것이지만 좀 더 들여다보면 친구관계에 대한 힌트가 숨어 있기 때문입니다.

광고 속 주인공은 담배를 피우는 친구에게 물을 끼얹어 담배를 피지 못하게 막는다. 물벼락을 맞은 친구 또한 그런 친구의 마음을 받아들여, 담배를 피우지 않겠다고 약속한다.

"광고 속에 등장하는 두 사람은 여러분이 흔히 말하는 절친 관계라 생각해요. 그런데 절친인데도, 친구가 담배를 피우자 화장실 물을 끼얹는 모습이 보였어요. 여러분은 만약 친구가 이랬다면 어떻게 반응할 것 같아요? 그리고 왜 담배를 피우다 물벼락을 맞은 친구는 화를 내지 않고 친구에게 미안한 표정을 지었을까요? 자신의 생각을 공책에 쓰고 친구들과 나눠봅시다. 참, 그리고 선생님은 왜 두 사람을 절친이라고 생각했는지도 써보세요."

광고를 보기 전 아이들에게 친구 관계에 대해 자신의 생각을 쓰게 했습니다. 그리고 광고를 보고 나서 다시 친구 관계에 대한 글쓰기를 하는 방법으로 수업을 진행했습니다.

광고를 보기 전에 아이들이 쓴 내용 중에는 어려울 때 감싸주고 도와주는 것이 친구라는 이야기가 많습니다. 하지만 광고를 본 후 아이들은 조금씩 생각의 변화를 보이기 시작합니다. 무조건적으로 친구를 감싸주는 것이 아니라 친구가 바른 길을 갈 수 있도록 해야 한다는 내용이 주를 이루게 되는 것입니다. 하지만 친구에게 쓴소리를 하는 것은 쉽지 않습니다. 친구가 싫어하는 이야기를 하는 것은 부담스러운 일이니까요. 그래도 친구라면 잘못된 길을 가지 않도록 해야 하기에 고민스러운 상황이 되지요. 이때 교사의 안내가 필요합니다.

"선생님이 앞의 광고 속 주인공들이 절친이라 생각한 이유는 하나예요. 만약 서로가 어색한 관계였거나 서로를 믿지 못했다면 물을 끼얹은 친구의 행동에 물벼락을 맞은 친구가 화를 냈을 테니까요. 하지만 그 친구는 물을 끼얹은 친구가 자신에게 왜 그랬는지 잘 알고 있었고, 그래서 화를 낼 수 없었던 것이라고 생각해요. 그래서 두 사람이 절친이라고 생각했지요. 여러분의 절친은 어떤가요? 혹시 절친이라고 말하면서도 나에게 욕을 하거나 툭하면 때리는 친구가 있나요? 선생님이 분명하게 하고 싶은 말이 있어요. 만약 내 친구가 나를 대하는 방식에 존중의 태도가 없다면, 그러니까 나를 때리거나 욕한다면 그 사람은 진정한 친구가 아닐 가능성이 크다는 점이에요. 만약 진짜 친구라면 나에게 욕도 하지 않고 날 때리지도 않을 거예요. 이 세상 누구라도 자신에게 소중한 사람을 욕하거나 때리지는 않으니까요. 그러니 나에게 소중한 친구가 있다면 여러분도 그 친구를 존중해주세요. 최선을 다해 그 친구의 말을 들어주세요. 하지만 그 친구가 잘못된 길을 가는 것 같다면 최선을 다해 말리세요. 그래야 친구랍니다. 진짜 친구를 만들기 위해 필요한 것은 친구에게 쓴소리도 마다하지 않을 용기랍니다."

'용기'의 원천은 믿음과 신뢰

"난 네가 그런 행동을 하지 않았으면 좋겠어. 넌 내 소중한 친구니까."

다음으로는 친구이기에 해야 하는 말을 아이들과 구체적인 문장으로 연습합니다. 막연하게 친구가 잘못된 일을 했을 때 말려야 한다는 이야기로 끝내는 것이 아니라, 그것을 구체적으로 연습하는 것은 아이들에겐 소중한 교육 방법입니다. 또 이런 연습을 몇몇 아이들만이 아니라 반 전체가 함께하는 것이 중요합니다. 그래야 함께한다는 것, 우리라는 것에 대해 이야기할 수 있을 테니까요.

그런데 이런 말을 하는 것은 쉽지 않습니다. 혹시라도 친구가 내 말에 상처를 받을지 걱정하게 되기도 하고요. 그래서 용기를 가지고 친구를 사귀는 것은 결코 쉬운 일이 아니며, 먼저 친구에 대한 믿음과 신뢰가 있어야 하는 것입니다.

학급에서 아이들과 살아가며 만들어야 하는 친구 관계의 핵심은 바로 이런 서로에 대한 신뢰와 다른 사람을 믿는 마음입니다. 신뢰와 믿음의 바탕 위에서 용기를 낼 수 있으니까요.

아이들은 관계 속에서 누군가를 믿는다는 것에 대한 감각을 익혀야 합니다. 그리고 교사는 신뢰라는 감각을 익힐 수 있도록 가르쳐야 하고요. 그러기 위해서는 무엇보다 교사가 아이들의 든든한 버팀목이 되어야 합니다. 아이들이 신뢰할 수 있는 어른으로서의 역할을 해야 하고, 아이들이 자신의 문제를 해결해나갈 때 든든한 지원자 및 동반자가 되어야 합니다.

누군가를 믿고 기댈 수 있는 아이라면 그것을 바탕으로 용기 있게 자신의 이야기를 할 수 있습니다. 진정으로 친구를 위하는 길은 친구의 아픔을 감싸고 감춰주는 것만이 아니라 도움을 줄 수 있는 사람과 연결해주는 것입니다. 그래서 아이들에겐 어른이 필요합니다. 자신의 삶에 충실한 어른이 옆에 있다면 아이들은 그 어른에게 편안하게 기대며 자신을 돌볼 테니까 말입니다. 이런 아이들은 다른 사람에 대한 믿음을 가지게 되고, 결국 아이들 사이에서도 신뢰 관계를 구축할 수 있게 됩니다.

'지금'에 대한 감각 익히기

학년을 시작하며 제가 빠지지 않고 하는 수업 중 하나는 '지금'에 대한 감각을 익히는 수업입니다. 우리는 과거를 살아왔고 미래를 살아갈 존재입니다. 하지만 지금이 있기에 과거도, 미래도 있는 것이라고 할 수 있습니다. 과거는 바꿀 수 없고 미래는 어떻게 될지 알 수 없지만 지금은 내 의지로 바꿀 수도 있으니까요. 그래서 아이들에게도 지금을 살아간다는 것에 대해 깊이 생각할 수 있도록 합니다.

수업도 마찬가지입니다. 미래를 위해 준비하는 수업도 당연히 필요합니다. 하지만 정작 아이들에겐 지금 당장 자신과 주변에 적용할 수 있는 수업이 필요하고, 어쩌면 그것이 지금의 아이에겐 전부일 수도 있습니다. 저는 아이들의 지금을 응원하는 것이 무엇보다 중요하다고 생각합니다. 그래서 수업 시간에 아이들에게 이런 질문을 던지곤 합니다.

"아래의 질문에 대한 해답을 공책에 써보세요. 여러분이 생각하는 해답을 친구들과 나눠보겠어요."

- 가장 소중한 시간은 언제일까?
- 가장 소중한 사람은 누구일까?
- 가장 소중한 일은 무엇일까?

이 질문은 사실 톨스토이의 글 속에 나오는 내용입니다. 톨스토이는 지금이 가장 소중한 시간이고, 지금 만나는 사람이 가장 소중한 사람이며, 지금 내가 하는 일이 가장 소중하고 중요한 일이라고 이야기합니다.

물론 저는 아이들에게 무엇이든 답이 될 수 있다는 이야기도 잊지 않습니다. 아이들은 이러한 허용적인 분위기 속에서 자신의 이야기를 자유롭게 꺼낼 수 있어야 합니다. 학급살이에도 그런 분위기가 가장 밑바탕에 있어야 하고요.

아이들의 대답을 들어보면 매우 다양합니다. 저는 아이들이 자신의 의견을 이야기하고 다른 친구들의 의견도 충분히 공유하고 나면 제 의견을 이야기합니다. 톨스토이라는 대단한 분의 이야기라는 것을 살짝 언급하는 것도 잊지 않습니다. 아이들은 선생님의 이야기도 좋아하지만 유명한 사람의 이야기라면 더 집중하는 모습을 보이기도 하니까요. 물론 이런 부분은 아이들마다 다르기에 다양한 접근을 하는 것이 하나의 포인트가 되겠습니다. 어쨌든 아이들은 선생님의 이야기를 들으며 자연스럽게 '지금'이라는 것에 대해 생각하게 됩니다.

광고를 이용해 지금을 받아들이기

국어에서의 광고 수업은 앞에서 이야기했던 것처럼 광고 속 숨은 의도를 알아차리고 비판적인 생각을 키우도록 하는 것이 포인트입니다. 이미 만들어져서 교과서나 인터넷상에 공개된 광고 속 의도를 파악하는 것은 중요합니다. 하지만 아이들에게 지금 당장의 의미로 광고를 다가오도록 하기 위해서는 다른 접근이 필요하다고 생각했습니다. 그래서 국어 교과의 광고 수업에 도덕 교과의 갈등 해결 수업과 미술 교과의 표현 수업을 융합했습니다. 이렇게 탄생한 수업이 '우리 반을 소개합니다'입니다.

새로운 학년을 맞은 아이들은 새로운 반에서 새로운 친구들, 새로운 선생님과 잘 지낼 수 있을지에 대한 걱정이 많습니다. 이런 상황에서 자신들이 느끼는 감정과 마음가짐을 광고로 제작하여 새로운 우리 반과 친구들을 소개하는 수업입니다. 광고는 누군가에게 보여야 하는 것이 목적이기에, 광고를 만들고 난 후엔 학년 전체가 모여서 각 반의 광고를 보며 각 반의 특징에 대해 생각해보는 시간도 가져야 합니다.

광고는 짧은 시간에 확실한 메시지를 던져야 하므로 보통은 기발한 내용들로 이루어지게 됩니다. 광고를 수업의 소재로 사용하는 것도 이런 광고의 특성 때문이기도 합니다. 학년 초 아이들이 우리 반을 기발하게 소개하기 위해 서로 머리를 맞대고 협의하는 것은 또 다른 즐거움과 배움을 줄 수 있습니다. 또 광고를 제작하는 과정에는 수많은 협의가 필요하고, 촬영 중 발생하는 다양한 상황에 대해 서로의 입장을 이해하려 노력하는 자세도 필요합니다. 이것은 도덕 수업의 갈등 해결의 자세와도 연결됩니다. 광고에 등장하는 여러 가지 소품을 제작하기 위해서는 미술 시간도 들어가게 되지요.

이렇게 학년의 첫 수업을 시작하며 아이들은 지금 현재 가지고 있는 자신들의 이야기를 꺼내놓고, 다른 사람과 함께 살아가기 위한 협의를 진행합니다. 그렇게 우리 반만의 광고가 만들어지는 과정에서 새로운 학년과 새로운 반, 새로운 친구들과 함께할 희망을 가지게 됩니다. 이 수업은 교사가 계획하지만 진행과 마무리는 아이들의 몫이기에, 교사와 아이들이 함께하는 수업이 될 수 있습니다.

▌ 친구들과 광고를 제작하기 위한 협의를 하면서 아이들은 자연스럽게 지금의 자기 모습을 드러내게 된다.

지금의 또 다른 이름은 '다름'

어제의 나와 오늘의 나, 그리고 내일의 나는 같을까요? 저는 다르다고 생각합니다. 겉으로 보면 물론 같은 사람처럼 보이지만, 오늘은 어제와 다르고, 내일은 또 다른 나를 만날 수 있기에 우리는 살아가는 것이겠지요. 만약 어제와 오늘, 내일이 모두 같다면 우리 삶은 얼마나 재미없고 무의미할까요? 그래서 저는 매 순간 달라짐을 인정하고 받아들이며 살아가기 위해 노력합니다.

아이들도 그렇습니다. 같은 아이라도 어제와 오늘, 그리고 내일은 모두 다릅니다. 특히 저학년에서 고학년으로 올라가고, 점점 어른이 되어갈수록 이 변화의 정도는 달라지는 것 같습니다. 저학년 아이들은 거칠게 표현하자면 매 순간이 다릅니다. 방금 자신이 한 행동에 대해 신기할 정도로 언제 그랬냐는 듯이 행동하기도 합니다. 방금까지 친구와 싸우고는 금세 다시 세상에 둘도 없는 친구인 것처럼 사이좋게 노는 모습은 절대 어른들의 세상에서는 볼 수 없는 모습입니다. 어른들은 아이들처럼 모든 것을 있는 그대로 받아들이거나 지금 현재의 상황을 받아들일 수 없기 때문입니다.

그처럼 매 순간 다른 아이들은 수업을 통해 서로의 모습을 확인하게 됩니다. 광고 수업 등을 통해 그동안 알고 있던 친구의 모습이 아닌 새로운 모습을 확인하는 것입니다. 물론 이것은 모두가 함께하는 수업, 즉 '우리'가 기본인 수업일 때 가능합니다. 또 친구와 내가 다름을 받아들이고, 과거의 나와 앞으로 만들어질 내가 다름을 인정하는 것이 수업의 시작이 됩니다.

지금의 또 다른 이름은 '희망'

개인적으로 참 좋아하는 영화 중에 〈쿵푸팬더〉가 있습니다. 저는 이 영화가 매우 교육적인 영화라고도 생각합니다. 또 우리의 삶에 대한 이야기라 더 좋아합니다. 1편에 나온 "지금이라는 단어는 영어로 present인데 이 단어의 뜻은 '지금' 이기도 하지만 '선물'이라는 뜻도 있다"라는 대사를 좋아합니다. 영어로 표현하면 'Present is present'가 될 수 있겠습니다.

지금을 강조하는 사람은 어쩌면 현재 힘 없고 어려운 사람들일 수 있습니다. 영화에서도 주인공인 팬더가 스스로 힘들어하고 있을 때 들었던 말이니까요. 하지만 힘없고 어렵기에 더욱 희망을 가져야 한다는 이야기이기도 합니다. 그래서 아이들에게는 이런 말을 해주는 것이 힘이 되는 것 같습니다.

"선생님은 이전까지 네가 어떻게 살아왔는지 중요하지 않아. 선생님에게 중요한 것은 지금 이 순간의 네 모습이란다. 지금 할 수 있는 일에 최선을 다한다면 그것으로 충분히 멋진 일이라 생각해."

아이들은 지금 자신의 모습을 누군가 있는 그대로 바라봐주기를 바라고 있습니다. 많은 아이들이 힘들어하는 것은 대부분 지금이 아닌 미래를 위해서 살아가라는 주변의 시선 때문이고, 또는 과거에 자신이 한 일 때문입니다. 하지만 분명한 것은 과거는 이미 벌어졌으며 미래는 어찌 될지 모른다는 점입니다. 그러니 지금 이 순간, 내가 할 수 있는 최선을 다하자는 것입니다. 바로 지금의 최선이 희망이 될 것이기 때문입니다.

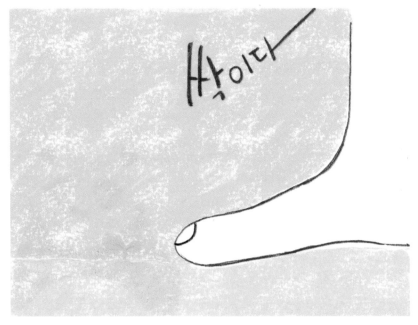

▌ 이제 막 싹이 올라왔을 뿐임을 명심하자!

아이들은 이제 막 새롭게 싹을 틔운 새싹과 닮아 있습니다. 아직 어떤 잎사귀를 가질지, 어떤 줄기를 어떻게 뻗을지, 어떤 꽃과 열매를 맺을지 알 수 없지만 무엇이든 될 수 있는 새싹 말이지요. 그리고 이런 아이들에게 필요한 것은 지금의 모습 그대로를 봐주며 기다리는 일뿐입니다.

그런데 여기서 중요한 부분이 있습니다. 지금이 중요하니 지금을 잘 살아가라는 이야기만으로는 잘못된 신호를 줄 수 있다는 것입니다. 아이는 '지금 난 더 자고 싶고, 선생님도 지금이 중요하다고 했으니 더 자야겠어'라고 생각하거나 "지금 난 게임을 하고 싶으니 놔두세요"라고 말할 수도 있습니다. 그래서 지금을 이야기하되 반드시 '최선'이라는 말과 함께해야 합니다. 지금 네가 할 수 있는 일에 최선을 다해야 한다는 것을 이야기해야 합니다. 그리고 최선을 다하는 마음은 학년 초뿐만 아니라 아이의 삶에 계속해서 희망을 줄 수 있는 힘으로 자리 잡게 됩니다.

지금의 감각과 아이 상담

지금에 대한 감각을 아이들과 나누게 되면 아이가 겪는 삶의 문제를 바라보고 해결하는 데 도움을 줄 수 있습니다. 다음은 한 아이와 있었던 일을 당시에 메모한 것입니다.

'늦은 시간, 제자 녀석이 카톡을 보내왔다. 아빠가 엄마랑 사이가 안 좋은지 꽤 오래되었고 지금은 그 정도가 심해서 무서워서 연락한 것이다. 평소에 밝고 건강하게 잘 지내는 녀석이라 생각했는데, 얼마나 이 녀석에 대해 알지 못했던 것인지……. 부끄럽다. 아무튼 늦은 시간인데도 연락을 해주어서 다행이라 생각하고 이런저런 이야기를 들어주었다. 사실 아이들의 문제는 대부분 어른들의 문제가 그대로 옮겨진 경우가 많다. 그런 의미에서 이번 경우도 엄마와 아빠 사이의 일이 아이에게 전해진 경우였다. 아빠를 무서워하는 아이. 아빠를 심지어는 싸이코라는 말로 표현하는 아이. 그래서 무서워서 잠을 잘 수 없다는 아이. 이 아이에게 무슨 말로 위로를 해줄 것인가?

일단은 그 아이의 말을 끝까지 들어주었다. 자신이 겪은 일과 생각들을 쏟아낸다. 그리고 이제 어떻게 하면 좋겠냐고 물어본다.

어른으로서 솔직하게 말해주었다. 어른들이 부족한 부분이 많다. 엄마 아빠도 마찬가지다. 하지만 변하지 않는 사실은 엄마 아빠가 너에겐 세상에서 하나밖에 없는 존재라는 것이다. 그런데 지금은 네가 힘이 없고 약하기에 그분들을 도와드릴 수는 없을 것 같다. 지금은 네가 나설 때가 아니라는 이야기다.

즉 지금은 네가 스스로를 소중히 여기면서 스스로를 지켜가며 자신만의 에너지를 채워가는 시간이다. 그 에너지를 채워가다 보면 어느 순간 그 에너지를 사용하게 될 날이 올 것이고, 그때 바로 부모님을 위해, 너를 위해 그 에너지를 써야 한다. 그래서 지금은 부모님의 행동에 대해 너무 깊이 관여하지 않도록 주의하고 스스로 에너지를 채울 수 있도록 지금 하는 일에 최선을 다하라고 알려줬다. 아이는 일단 자신의 에너지를 채우겠다고 한다. 하지만 걱정이다. 정말로.'

자신의 부모님이 싫다고 이야기하는 아이도 마음속엔 부모님에 대한 사랑과 걱정이 있다고 생각합니다. 하지만 부모님이 지닌 삶의 무게를 아이들이 고스란히 받아들이기엔 그 아픔이 너무 큽니다. 이런 아이에게 제가 해줄 수 있는 일은 들어주는 일밖에 없었습니다. 안타깝지만 어쩔 수 없다는 것을 잘 알기에, 그것을 받아들이고 아이의 이야기를 들어줍니다.

그런데 이때 제가 할 수 있는 또 하나의 일은 바로 지금의 상황에 대한 이야기였습니다. 아이에게 자신이 아이임을 다시 상기시키는 일이었습니다. 아이는 부모님의 일을 자기가 어떻게든 해결해보려고 고민하게 됩니다. 제 어린 시절을 생각하면 이 마음이 얼마나 불안한지 알 수 있습니다. 저 또한 어린 시절 불안한 가정환경 속에서 해결하지도 못할 부모님의 싸움을 바라보며 전전긍긍했으니까요. 그리고 그 시기가 지나고 난 후에야 알게 되었습니다. 부모님의 문제는 내가 해결할 수 없다는 것을 말입니다.

저는 아이에게 이런 저의 이야기와 더불어 지금 자신의 상황을 돌아볼 수 있도록 합니다. 그렇게 함으로써 지금의 상황을 한발 떨어져서 볼 수 있도록 하면 아이의 아픔에 조금이나마 위로가 될 것이라고 생각합니다. 그리고 아이가 지금 해야 할 일은 부모님의 일을 나서서 해결하는 것이 아니라 자신의 할 일에 충실하는 것이라고 이야기할 수 있습니다. 그래서 지금 최선을 다하자는 말이 더욱 중요합니다.

지금의 감각과 학부모 상담

학년 초가 되면 어김없이 하게 되는 학부모 상담에서도 '지금'의 감각은 중요한 부분입니다. 학부모 상담에서 중요한 포인트 중 하나는 단순한 전달이 아니라 아이와 교사의 삶이 반영된 해석이어야 한다는 점입니다. 학부모이기에 아이에 대해 제한될 수 있는 시선을 교사가 적극적으로 해석해줄 수 있다면 분명 도움이 될 테니까요. 그리고 그 해석의 기본은 바로 '지금'에 기반해야 합니다. 그래서 교사는 아이가 지금 가질 수 있는 모습을 폭넓게 이해하고 있어야 합니다.

기본적인 이해를 위해 제가 생각하는 학년별 구별법을 말씀드리면 다음과 같습니다.

● 1, 2학년 아이

산만하고 몸과 마음이 통일되지 못하는 것이 당연하다. 수업시간이나 쉬는 시간에 놀이를 통해 더 많은 것을 배울 수도 있다. 하지만 진지하게 앉아서 다른 사람의 말을 듣는 태도와 다른 사람의 몸이나 말에 함부로 끼어들지 않도록 하는 것을 배울 수 있어야 한다.

● 3, 4학년 아이

서서히 또래 집단이 생겨나고 그로 인해 부모님보다 친구관계를 더 소중히 하는 경향이 보인다. 아이가 부모님과 보내는 시간보다 친구와 보내는 시간을 더 많이 가진다고 서운해하지 않아야 한다. 움직이는 것을 좋아하기에 뛰다가 다치는 경우가 많고, 4학년부터는 학습이 어려워지기 시작한다. 3학년까지는 자신과 잘 놀아주는 사람과 더 잘 지내지만 4학년부터는 자신에게 도움이 되는 사람과 더 친밀한 느낌을 나누게 된다. 그래서 교사나 부모 모두 아이에게 무엇인가를 알려줄 때는 당황하지 말고 천천히, 확실하게 알려주는 것이 좋다.

● 5, 6학년 아이

서서히 사춘기가 시작되는 시기이다. 누군가를 사랑하는 것에 대한 호기심이 중요 변수가 되기도 한다. 자연스럽게 누군가와 사귈 수 있음을 이해하고, 부모님과 자신이 좋아하는 누군가에 대한 이야기를 자연스럽게 나눌 수 있도록 한다. 그러려면 평소 아이와의 관계에서 아이의 특징에 맞는 대화법을 사용하는 것이 좋다. 사춘기가 빨리 온 아이일수록 이성적이고 논리적인 대화에 더 잘 반응한다. 자신의 일에 대해 이성적인 접근이 가능하도록 안내하고, 스스로 선택하고 책임질 수 있도록 계속적으로 노력해야 한다. 학년이 올라갈수록 부모님과의 거리는 조금씩 멀어지므로 세세한 이야기가 아니더라도 중요한 이야기는 나눌 수 있는 관계를 만들도록 해야 한다. 관계를 해치지 않도록 하려면 부모님이 원하는 것을 정할 때에도 아이의 의견을 반영하는 것이 도움이 된다.

학년에 따른 아이들의 특징에 대해서는 다양한 이론과 의견들이 있을 것입니다. 저는 다행히도 초등학교 전 학년을 모두 한 번 이상씩은 맡아 경험해보았고, 그때마다 학부모님들과 상담하며 생각했던 것이 큰 도움이 되었습니다. 위와 같은 기준을 가지고 아이가 지금 보이는 모습에 대해 이야기를 나누는 것이 상담의 요령이었던 것 같습니다. 최근에는 어느 6학년 학생의 학부모와 다음과 같이 상담을 했습니다.

부모님 1 　아이가 픽시 자전거를 사달라고 조릅니다. 어찌나 강력하게 요구하는지, 어떻게 해야 할지 고민입니다. 픽시 자전거는 위험하다는 이야기를 들어서 걱정입니다. 제가 위험해서 안 된다고 했는데도 듣지 않고 막무가내입니다.

선생님 　네. 아이가 보이는 반응은 어쩌면 당연할 수 있습니다. 고학년 아이는 자신이 요구하는 것에 대한 나름의 이유가 있거든요. 사춘기가 되면 그동안 감정의 뇌를 사용하던 아이는 점차 이성의 뇌를 사용하기 시작합니다. 아이의 사춘기는 그래서 혼란스러운 것입니다. 이런 상황에서 아이를 설득하는 방법은 아이의 뇌가 원하는 방법으로 접근하는 것입니다.
먼저 아이가 원하는 것에 대해 어른인 부모님이 인정해주어야 합니다. 그러고 나서 솔직하게 무엇이 걱정되는지 설명해야 합니다. 또 픽시 자전거에 대해 잘 모르기 때문에 걱정하는 부분도 있다는 것을 설명하고, 알 수 있도록 도와달라고 요청하는 것이 좋습니다. 아이가 정말로 그 자전거를 원한다면 자신이 원하는 것에 대해 스스로 조사하고 설명할 수 있어야 한다고 말이지요. 그리고 그 설명엔 부모님이 걱정하는 안전 문제를 해결할 수 있는 부분도 들어 있어야 한다고 이야기합니다. 설명을 들어보고 충분히 설득이 된다면 네가 원하는 자전거를 사줄 수 있다고 말입니다. 그리고 아이가 진심을 다해 자전거에 대해 조사해온다면 부모님도 마음을 열고 그 이야기를 들어야 합니다. 또 궁금하거나 미진한 부분을 이야기하며 아이가 스스로 자신이 원하는 것이 무엇인지 깨닫게 하고, 또 원하는 것을 얻기 위해서는 떼를 쓰는 것이 아니라 설득의 과정이 필요하다는 것을 가르쳐야 합니다. 가능하다면 자전거 구입에 드는 비용에 대한 이야기도 나누면 더 좋습니다. 그래서 나중에 자전거를 잘 타지 않게 되었을 때 처리할 수 있는 방법에 대해서도 고민해보도록 합니다.

부모님 2　집에서 혼자서 풀고 있는 문제집을 너무 늦게 풀어서 답답합니다. 30분이면 끝날 문제를 2시간이 넘도록 붙잡고 있으면 어떻게 해야 하나요? 얼마 전에도 그것 때문에 아빠가 화가 나서 인터넷을 끊어버렸답니다. 그래서 아이는 저에게 불만을 이야기했고요. 더 문제는 불만을 저에게 이야기할 뿐, 아빠의 화를 달래거나 풀어주기 위한 일은 하지 않는다는 점입니다.

선생님　많은 부모님들께서 걱정하시는 부분입니다. 하지만 부질없는 걱정이기도 합니다. 어떤 아이도 부모님의 뜻대로만 사는 아이는 없습니다. 아이는 부모의 바램과는 달리 자신의 삶을 살아갈 뿐입니다. 먼저, 아이가 30분이면 풀 수 있는 문제라는 생각을 버리는 것이 좋습니다. 문제를 푸는 것은 부모님이 아니라 아이니까요. 그리고 사춘기가 된 아이에게는 그동안 당연하게 따르던 부모님의 말도 당연한 것이 아니게 됩니다.

이런 방법을 한번 써보시면 어떨까요? 아이에게 왜 엄마가 답답한지 설명하는 것입니다. 네가 문제를 늦게 풀었을 때 그 다음 일정이나 쉴 수 있는 시간을 조절하지 못하게 되는 상황을 설명하는 것입니다. 그리고 문제를 적게 풀어도 좋으니 아이가 30분 만에 풀 수 있는 문제의 양을 정하도록 하고, 대신 30분 동안 문제를 푸는 것은 지키도록 하는 것입니다. 이렇게 하면 아이는 자신이 스스로 정한 약속을 지키는 경험을 하게 되고, 그 약속을 지키는 것이 문제를 몇 개 더 푸는 것보다 지금을 더 알차게 살아가는 삶의 기술이라는 것을 알게 됩니다. 또 아버지가 화를 내시면 그것을 풀어주기 위해 노력하는 모습이 보이면 좋겠다고 하셨는데, 그것 또한 가르쳐야 할 부분입니다. 특히 남자아이는 그런 경우에도 그냥 시간을 흘러보내는 일이 더 많습니다. 그럴 때 엄마가 나서서 무엇을 하면 좋을지 힌트를 주는 것입니다. 물론 그 힌트를 듣고 실천하는 것은 아이의 몫이고요. 아이의 입장에서 생각한다면 분명 좋은 결과를 얻을 수 있을 거라 생각합니다.

단순히 지금 주어진 문제만을 해결하려 하기보다는 앞으로를 살아갈 삶의 지혜로 바라보는 것이 중요합니다. 그리고 그것은 최선을 다하는 삶과 연결되겠지요.

[학급살이와 수업 프로젝트 3]
지금과 최선, 동전의 양면

연탄재 함부로 발로 차지 마라.

너는

누구에게 한 번이라도 뜨거운 사람이었느냐.

    안도현 시인의 유명한 시 〈너에게 묻는다〉의 첫 부분입니다. 처음 이 시를 접했을 때 바로 느낌이 다가왔습니다. 아마도 연탄을 주 연료로 살아본 어릴 때의 기억이 있어서였을 것입니다. 그 당시 연탄을 가는 일은 누나와 저의 일이었으니까요. 시뻘겋게 달아오른 연탄을 작은 철집게로 옮길 때마다 그 뜨거움에 몸서리쳤던 기억이 소환된 것입니다. 그 느낌이 그대로 '뜨거운 사람'과 연결되었으니 시의 느낌이 증폭되었고, 저에게 더욱 의미 있는 시가 된 것 같습니다. 그리고 "나는 이렇게 뜨겁게 살아가고 있을까?" 하는 생각을 했습니다.

    연탄이 뜨거워지는 것은 누군가를 위해서라기보다는 연탄 자체가 가진 성질 때문입니다. 그 성질이 누군가에게 따뜻함을 준 것이지, 연탄이 그런 의도를 가진 것은 아니니까요.

누군가의 삶도 이와 같지 않을까요? 자신이 가진 재능에 따라 최선을 다한다면 그것이 누군가에게 도움이 되는 따뜻함으로 전달되지 않을까요? 저는 연탄이 자신의 역할을 충실하게 이행한 것처럼 저 또한 제 역할에 충실해야 한다고, 그리고 이것이 최선을 다하는 자세라고 생각했습니다.

최선과 최고

"Best라 쓰고 최고가 아닌 최선이라 읽는다!"

2014년 출판한 《교육과정콘서트》라는 책의 한 문장입니다. 2010년 혁신학교로 대표되는 교육현장에 발을 담그며 그 전까지 고민하던 부분들을 해결하기 위한 과정을 기록한 책이었습니다.

그 책을 쓸 때 가장 기본이 된 마음이 바로 최선에 대한 마음이었습니다. 누군가를 이겨서 최고가 되고자 하는 것이 아니라 내가 할 수 있는 최선의 노력을 다할 수 있기를 간절히 바랬던 것입니다. 그래서 최선을 다한다는 마음속에는 경쟁의 마음보다는 함께하는 마음이 자리 잡고 있어야 했습니다. 누군가와 끊임없이 비교하며 자신을 독려하는 것이 아니라 자신에게 부끄럽지 않도록 최선을 다하는 것, 지금 자신이 해야 할 일에 최선을 다해 집중하는 것이 중요하기 때문입니다.

이런 마음이라면 누구와 함께 지내도 상관없고, 어떤 곳에 있어도 괜찮았습니다. 자신에게 충실하고 최선을 다하는 것은 특별한 조건이 필요하지 않으니까요. 오히려 이런 마음이 우리를 만드는 것에 중요한 역할을 하였습니다.

우리로 표현되는 공동체가 생기면 누군가는 그 속에서 자신이 최고가 되기를 원할 수도 있습니다. 하지만 공동체 속에서 최고가 되려 하기보다 각자가 최선을 다한다면 그 공동체는 더욱 오래 유지될 수 있습니다. 그래서 우리도 중요하지만 또한 내가 중요한 것이기도 합니다. 또 내가 중요해야만 우리가 중요해지는 것이기도 하지요.

자신에게 부끄럽지 않도록 최선을 다해 인류사에 위대함을 남기고 떠난 링컨의 이야기를 생각해봅니다. 링컨은 어릴 때 아버지의 사업 파산으로 어려운 형편 속에서 자랐는데, 그 와중에도 자신이 해야 할 일에 최선을 다해 변호사 자격증을 따기도 했습니다. 하지만 정치인으로서 또 사업가로서 성공보다는 실패의 길을 더 많이 걸었고, 그럼에도 포기하지 않고 노예제도에 대한 비판적 입장을 고수해 결국은 미국의 16대 대통령이 되었습니다. 어떤 글에서는 링컨이 인생사를 통해 27번의 커다란 실패를 맛보았다고 하더군요.

저는 링컨에 대해 많은 것을 알지는 못합니다. 하지만 그가 실패를 거듭하며 어떤 생각을 가졌을지 생각해보았습니다. 그는 성공을 삶의 목표로 삼지 않고, 최선을 다해 살아가기위해 노력한 사람이라는 생각이 들었습니다. 그래서 그토록 수많은 실패에도 불구하고 쓰러지지 않았다는 생각도 듭니다.

그런데 이런 사람이 링컨뿐일까요? 우리 주변의 많은 사람들 중 최선을 다해 노력을 하는 사람이라면 누구라도 위대한 사람이 아닐까 생각합니다. 그런 의미에서 최고가 아닌 최선을 다한다는 것은 분명 중요하고 의미 있는 경험일 것입니다. 그리고 이러한 경험과 느낌은 바로 수업을 통해 배워야 할 것입니다.

"지금 난 말이지~", 수업 속 아이들의 '지금'

교사는 결국 수업을 통해 아이들에게 개인의 중요성과 우리의 중요성을 모두

전해야 합니다. 각자가 가진 자신만의 개성과 우리로 함께 살아가는 것에 대한 감각을 동시에 익힐 수 있도록 가르쳐야 하는 것입니다.

'나 너 그리고 우리' 수업의 핵심 중 하나는 자신에 대한 소개입니다. 그리고 그 수업이 바로 '지금 난 말이지~' 수업입니다. 일반적인 규모의 학급이라면 학년 초에 자신에 대한 소개를 하게 됩니다. 이때 주로 친구들과 친해지길 바라며 놀이 위주의 수업으로 진행되는 경우도 많습니다. 이름을 외우거나 자신이 어떤 것을 좋아하고 잘하는지 놀이를 통해 나누는 것입니다. 저 또한 이런 활동에 의미가 있다는 생각으로 매년 이런 활동들을 해왔습니다. 하지만 아쉬운 점도 있었습니다. 서로 친해지는 것을 넘어 아이들 각자가 자신이 누구인지 알고, 자신의 현재 욕구와 우리로 함께 지낸다는 것의 의미가 무엇인지 더 많이 생각하기를 바라기 때문입니다.

중요한 핵심은 이제까지 거듭 강조했던 '지금'과 '우리'입니다. 아이들은 매 순간 달라지는 존재이고, 고학년 아이들이라 해도 어른들보다는 훨씬 많은 변화를 겪습니다. 작년의 아이와 지금의 아이는 전혀 다른 아이일 수도 있습니다. 하지만 아이들조차 이런 자신들의 변화를 잘 알지 못하고, 이미 서로에 대해 꼬리표를 달아놓고 바라보기도 합니다. 그런 꼬리표는 그 아이를 규정짓고, 다시 과거의

그 꼬리표가 그 아이를 규정짓는다.
그 꼬리표가 그 아이를 다시 그렇게 만든다.

꼬리표 떼기로부터 새 학년은 시작한다!

잘못을 반복하도록 강요하는 일도 일어납니다. 그래서 모든 아이들에게 호기심과 기대감을 가지게 하는 학년 초 수업을 이용하여 자신의 현재 모습을 드러내고 소통하게 만드는 것입니다.

학년 초가 아니라면 이처럼 자신에 대해 솔직하게 드러내고 친구들 앞에서 발표하는 것이 어려울 수도 있습니다. 하지만 학년 초의 새로운 다짐과 함께라면 충분히 할 수 있기도 하지요.

아이들에게 자신의 현재 모습을 캐리커처로 그려서 표현하도록 합니다. 얼굴은 자기 모습을 그리고 몸 부분은 현재 자신이 관심 있거나 하고 싶은 일을 그리도록 하는 것입니다. 그림을 그리는 것은 대부분의 아이들에게 익숙한 활동입니다. 있는 그대로가 아니라 캐릭터화한 것같은 캐리커처 그림은 아이들에게 더 쉽게 접근 가능한 활동입니다.

그런데 얼굴은 자신의 모습으로 그리고 몸은 현재 관심 있는 것으로 그려보라고 하면, 이 말을 어렵게 생각하는 친구들도 있습니다. 관심 있는 일이라는 것을 자신의 진로, 즉 직업이나 일로 생각하는 친구들이 그렇습니다. 이 아이들에겐 '지금'이라는 말이 온몸으로 받아들여지지 않는다는 느낌이 강하게 들었습니다. 그동안 지금에 충실한 삶이 아닌 미래를 위한 삶을 살아온 아이일수록 더 그런 경향을 보이게 됩니다. 이럴 때는 다시 설명해야 합니다.

"선생님이 말하는 것은 여러분이 지금 현재 관심 있는 것입니다. 무엇이어도 좋습니다. 최근에 내가 무엇을 가장 하고 싶어 했는지 솔직하게 표현하세요. 게임을 너무 하고 싶어서 지금 이 순간에도 학교만 끝나면 빨리 가서 게임을 하고 싶은 친구도 있을 수 있습니다. 그런 친구는 몸 부분에 게임을 하는 자신의 모습을 표현하면 됩니다."

아이들과 매년 수업 시간에 이 활동을 하면서 느끼는 것 중 하나는 우리 아이들에게 현재, 즉 지금이 없다는 것이었습니다. 아이들에게 지금이 아닌 미래만 중요한 것처럼 가르치고, 미래를 준비하라고만 하는 우리 어른들이 반성해야 한다는 생각도 많이 들었습니다.

이제 아이들은 몸 부분을 어떻게 그려야 할지 고민하지만, 곧 최선을 다해 그림으로 표현하려고 애씁니다. 학년 초이기에 더욱 열심히 수업에 참여하는 모습입니다. 자연스럽게 최선을 다하는 경험을 하게 되는 것입니다.

아이들의 완성작을 칠판에 하나씩 붙여주면 뒤늦게 하는 친구들에게 자극과 함께 참고가 될 수 있다.

최선을 다한 발표

자신의 얼굴과 현재 하고 싶은 일을 표현했다면 이젠 그것을 '우리'로 만들어 가야 합니다. 각자가 최선을 다한 작품을 서로에게 소개하는 시간을 가지는 것입니다. 이때 자신이 그린 캐리커처를 손에 쥐고 있다가 발표하는 것은 무척 힘이 된답니다. 발표를 두려워하는 친구들에게 두려움을 줄여주는 방법 중 하나는 손에 무언가를 쥐어주는 것입니다. 손이 허전할 때보다 훨씬 더 안정적으로 발표할 수 있습니다.

모두가 자신을 바라보고 있는 상태에서 발표하는 것은 쉬운 일이 아닙니다. 또 자기가 개인적으로 원하는 것에 대해 드러내서 이야기하는 것은 더 어렵고 어색

반 전체 아이들의 시선을 온전히 느끼는 것은 그 자체로 특별한 경험이 된다. 혹시 어려움을 겪는 친구가 있다면 조용히 기다리거나 한 마디라도 했다면 그것으로 인정해주는 것도 필요하다.

할 수 있습니다. 하지만 모두가 해야 한다는 말과 학년 초 수업의 특수성이 결합하여 아이들은 발표를 해야 한다는 사실을 받아들이고, 친구들 앞에서 자신을 소개하게 됩니다. 개인의 활동이 모두의 활동으로 이어지며 '우리'가 탄생하게 되는 것입니다. 이때 아이는 누가 시키지 않아도 최선을 다하게 됩니다. 누군가 자신을 뚫어지게 바라보는 순간만큼 자신에게 집중하는 시간은 없을 테니까요. 이렇게 자연스럽게 최선을 다하는 태도 역시 경험하게 됩니다.

최선을 다한 듣기 : 들들들 : 친구에 대한 존중

캐리커처 그리기와 그것을 발표하는 수업은 활동적인 수업이라기보다는 모두가 집중하는 수업입니다. 최선을 다하는 것에 초점이 있기에, 다른 사람의 말을 제대로 들어야 이루어지는 수업인 것입니다.

학년 초에 아이들과 즐겁게 수업하며 시작을 하는 것도 의미가 있다고 생각합니다. 하지만 자칫 그 즐거움이 부메랑이 되어 다른 수업 시간을 지루하게 생각하거나, 차분하고 진지한 분위기의 수업을 견디지 못하게 되는 등 부작용도 있을 수 있습니다.

아이들은 즐겁고 활동적인 수업을 좋아하므로 재미있는 수업이 필요하다는 것에 동의합니다. 하지만 동시에 아이들은 차분하지만 진지한 수업도 좋아합니다. 차분하고 진지하게 펼쳐지는 수업에서 누군가 자신을 진지하게 바라보는 경험, 자신의 이야기를 존중하는 태도로 들을 수 있는 경험은 즐겁고 활동적인 수업과는 다른 느낌을 선사해주기 때문입니다.

이런 수업이 특히 필요한 학년은 고학년 아이들입니다. 저학년, 특히 1학년 아이들에겐 이런 수업이 쉽지 않습니다. 기본적으로 듣기보다는 몸으로 말하고 받아들이는 것에 더 익숙하니까요. 하지만 학년이 올라갈수록 아이들은 자신에게 도움이 되는 경험을 원하게 됩니다. 특히 수업에서는 자신이 그동안 알지 못했던 새로운 정보와의 만남이나 자신의 고정관념을 뛰어넘는 배움을 바라게 됩니다. 이런 욕구를 가진 아이들과 진지하게 수업하는 것도 반드시 필요합니다.

　　대신 아이들과 이렇게 진지하고 차분한 수업을 했다면 쉬는 시간만큼은 아이들과 격의 없이 놀며 긴장을 해소하는 것도 필요합니다. 그래서 학년 초엔 아이들의 마음을 잡아야 하고, 교사에겐 쉬는 시간도 수업의 일부처럼 더욱 신경 써야 할 시간입니다. 아이들에게는 신나게 떠들고 노는 것이 바로 쉬는 것이고요.

쉬는 시간에는 교실 바닥에 앉아만 있어도 재미있는 놀이가 펼쳐질 수 있다. 교실에 굴러다니는 각종 도구들이 놀이의 도구가 된다. 사진은 수학 교구를 가지고 놀고 있는 모습.

쉰다는 것!

아이들과 다양한 활동을 하며 알게 된 사실 중 하나는 아이들은 지치지 않는다는 것입니다. 아니, 정확하게 말하면 쉽게 회복하는 것이라고 해야겠지요.

아이들은 무언가를 하느라 얼마 전까지 죽을 것 같은 표정으로 힘들어하다가도 언제 그랬냐는 듯이 다시 다른 활동에 적극적으로 몰두합니다. 이런 모습은 어른들로서는 따라가기 힘든 것으로, 교사로 살아가며 겪게 되는 보이지 않는 어려움 중 하나가 되기도 합니다. 이렇게 무한한 아이들의 에너지를 어른의 몸으로는 따라갈 수가 없으니까요.

아이들의 쉬는 시간은 어른들이 생각하는 쉬는 시간과는 무척 다릅니다. 아이들은 쉬는 시간에 더 적극적으로 움직이며 활동하고, 떠들고 놀아야 비로소 쉬었다고 생각합니다. 기존의 활동과 다른 활동을 했을 때, 기존의 활동에서 힘들었던 것에서 벗어날 수 있다는 본능이 작동하는 것 같습니다. 이런 아이들에게 쉬는 시간에 조용히 다음 시간을 준비하라는 말은 쉬지 말라는 이야기와도 같습니다. 그래서 쉬는 시간에는 교사도 아이들과 함께 놀 수 있다면 정말 좋을 것입니다. 하지만 이것은 어른인 교사에게는 물론 힘든 일이고, 때로는 그 과정에서 아이들로부터 상처도 받을 수 있습니다. 하지만 어쩌면 우리의 삶도 그런 것이겠지요. 최선을 다했지만 매번 실패할 수밖엔 없는 시시포스처럼 말입니다.

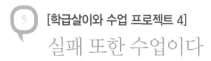

[학급살이와 수업 프로젝트 4]
실패 또한 수업이다

어떤 일에 도전했지만 실패했다면 어떤 기분일까요? 저 또한 많은 실패의 경험을 가지고 있기에 실패의 기분을 알고 있습니다. 이처럼 누구나 자신의 삶에서 실패의 경험을 가지고 있을 것입니다. 하지만 실패의 경험을 온전히 받아들이는 사람은 많지 않은 것 같기도 합니다.

그렇다면 실패의 경험을 통해 우리는 무엇을 배울 수 있을까요? 실패한 경험에서 중요한 것은 실패하기까지의 과정을 되돌아보는 것에 있습니다. 즉, 실패했어도 그 과정에서 자신이 최선을 다했다면 그 실패를 담담히 받아들일 수 있다는 의미입니다. 하지만 최선을 다하지 않았거나 다른 것의 영향으로 실패했다고 생각하는 사람은 실패를 실패로 받아들이지 않는다고 생각합니다. 그런데 문제는 실패했다는 사실은 변하지 않는다는 것입니다. 실패를 받아들이건, 받아들이지 않건 실패한 사실은 변함이 없습니다. 그렇다면 실패를 받아들인 사람과 받아들이지 않는 사람의 차이는 무엇일까요?

시시포스의 도전과 실패

시시포스는 그리스 신화 속 인물로, 신들에게 맞서다 언덕 위로 영원히 바위를 밀어올려야 하는 형벌을 받게 된 인물입니다. 꼭대기까지 밀어올리면 다시 떨어지고 마는 바위를 보며 시시포스는 어떤 생각을 했을까요? 형벌을 받기 전까지 시시포스는 신들을 속이기까지 하던 영리한 사람이었습니다. 이렇게 영리한 사람이 바위를 끝까지 밀어올려도 결국엔 떨어지고 만다는 것을 모를 리 없는데, 왜 포기하지 않고 계속 바위를 밀어올리는 것일까요?

모든 신화의 이야기들이 그렇듯이 시시포스 이야기도 결국 우리 인간의 삶에 대한 비유적 표현입니다. 하루하루 열심히 살아가지만 결국 제자리로 돌아오는 우리의 인생을 시시포스는 온몸으로 보여주고 있습니다.

그렇다면 이렇게 항상 제자리로 돌아오고 말 인생을 우리는 어떤 자세로 맞

이해야 할까요? 만약 시시포스가 더 이상 바위를 꼭대기로 밀어올리지 않겠다고 결심한다면 그것은 무엇을 말하는 것일까요?

다시 반복될 것을 알면서도 시시포스가 무거운 바위를 꼭대기로 올리는 것은 우리가 살아 있기 때문일 겁니다. 실패하더라도 매일매일 최선을 다해야 하는 것이 우리의 인생이기 때문입니다. 시시포스는 이런 고통을 감내하며, 자신이 할 수 있는 일을 끝까지 해내며 신들에게 보란 듯이 살아갑니다. 당신들이 나에게 벌을 내릴 순 있어도 나를 꺾진 못한다는 것을 보여주는 것입니다. 시시포스는 그래서 실패하더라도 도전을 멈추지 않는 우리의 삶을 보여주고 있습니다.

저는 아이들과의 생활에도 이런 마음이 필요하다고 생각합니다. 실패를 겸허히 받아들이는 자세 또한 우리의 삶에 반드시 필요한 부분이니까요. 그리고 우리는 그 실패를 우리라는 공동체 속에서 함께 감싸고 함께 울어줄 수 있어야 합니다. 눈물을 훔친 후엔 다시 도전하는 삶을 살아가야 하는 것입니다.

'우리로 살기 위한 나의 다짐' 수업

실패에 대한 감각을 익히는 것은 중요한 교육입니다. 그래서 수업을 통해 아이들과 이러한 감각도 나눠야 합니다. '우리로 살기 위한 나의 다짐' 수업은 국어 교과와 미술 교과, 창의적 체험활동이 결합된 수업입니다. 국어 교과에서는 자신의 주장을 논설문 형태로 쓰는 수업과 그것을 고쳐 쓰기, 그리고 주장글에 대한 비판적인 판단에 대한 수업이 적용되어 있습니다.

이 수업에서 중요한 것은 자신에게 필요한 주장을 하는 것입니다. 그래서 학년 초 상황을 활용하여 자신은 어떤 마음과 실천을 가지고 새 학년을 살아가겠다는 주장 글을 쓰게 했습니다.

감상적인 느낌이 아니라 논리적인 이유를 들어가며 글을 쓰는 활동은 자신에 대해 좀 더 분명하게 생각하도록 안내합니다. 막연하게 생각하던 자신의 지난 행동을 돌아보며 지금 이 순간 어떻게 지낼지 고민하도록 합니다. 교사는 이렇게 쓰인 글을 다시 다듬고 글의 내용에 대해 서로가 비판적인 시선으로 돌아보게 만드는 작업을 아이들과 함께 진행하고 발표하게 합니다.

그런데 이 발표는 특별한 활동과 함께합니다. 바로 학급 내에서 친구들에게 발표하는 것이 아니라, 거리에 나가 외부의 낯선 사람들에게 자신의 주장을 발표하는 것입니다. 따라서 아이들은 평소보다 더 많이 긴장하게 됩니다. 글을 쓸 때도 낯선 사람들이 들을 수 있다는 생각에 더 신경을 쓰게 되지요. 또 글을 고칠 때도 더 간결하고 분명하게 자신의 주장을 이야기해야 한다는 확실한 기준점이 생기게 됩니다. 이렇게 목적을 가지고 진행하는 수업은 그 자체로 에너지를 가지게 되지요.

하지만 글을 쓰면서, 그리고 글을 다듬으면서 아이들은 계속 불안해합니다. 과연 자신이 낯선 사람들 앞에서 자신의 주장을 말할 수 있을지 걱정하게 되는 것입니다. 이러한 걱정을 잘 알아주고 그것에 맞서서 당당할 수 있도록 함께하는 사람이 교사입니다. 아이들은 자신에게 용기를 불어넣는 교사에게 많은 고마움을 느끼게 되고, 이는 학급에서 살아가는 것에 큰 힘이 됩니다.

최선을 다한 실패, 그리고 우리

저는 아이들의 걱정을 덜어주는 유일한 방법은 실전 같은 연습뿐이라고 생각했습니다. '실전은 연습처럼, 연습은 실전처럼'이라는 말도 있듯이, 학교 밖으로 나가기 전 학교 안에서 충분히 연습하며 그 감각을 익히도록 하는 것은 도움이 되었습니다. 이럴 때 최적의 장소는 바로 교무실과 같은 곳입니다. 아이들에게 교무실은 교실보다 낯선 공간이기도 하고, 많은 선생님들이 계시기에 긴장될 수밖에 없으니까요. 마찬가지로 교장실도 최고의 장소가 됩니다. 교장 선생님 앞에서 연습할 수 있다면 밖에서도 훌륭히 해낼 수 있을 테니까요. 이때 중요한 것은 교사의 일방적인 지시나 순서에 따른 연습이 아니라, 철저히 희망에 의한 연습이어야 한다는 것입니다.

아이 스스로 연습에 대한 용기를 낼 수 있도록 유도하는 것은 쉽지 않습니다. 하지만 그렇게 아이들을 기다려주는 모습을 보여야 아이들도 자신의 생각을 정리하고 도전할 용기를 끌어낼 수 있습니다. 아이들은 용기가 없는 것이 아니라 용기를 제대로 사용해본 경험이 부족한 것이니까요.

저는 연습을 위해 학교 구석구석을 다니다가 아이들에게 이렇게 이야기합니다.

"이번 연습 장소는 교장실이야. 이번엔 누가 연습을 해볼까? 그동안 하지 않았던 친구들이 했으면 좋겠어."

그러면 아이들은 다들 눈치만 살피고 있습니다. 준비가 완벽히 되었다고 생각하는 친구들은 보통 처음 연습 때 먼저 발표를 하는 경우가 많습니다. 하지만 연습이 진행될수록 자신 없어 하는 친구들도 차츰 연습에 나서게 됩니다. 학교 밖으로 나가는 것보다는 학교 안에서 조금은 더 편안하게 발표할 수 있을 것 같다는 생각 때문이겠지요. 교사는 그런 아이들이 발표할 수 있도록 기다려주어야 합니다.

이제 자신 없어 하던 친구가 발표를 하게 됩니다. 집중해서 친구의 발표를 들어야 한다는 교사의 안내로 분위기는 더욱 진중하고 무거워집니다. 이런 상황에서 자신의 주장을 이야기하는 것은 누구에게나 어려운 일입니다. 마음으론 멋지게 발표를 끝내고 싶지만 몸이 반응하지 않습니다. 때로는 닭똥 같은 눈물을 뚝뚝 흘리며 그 자리에 그저 서 있는 아이도 있습니다. 그 순간은 모두가 말없이 조용합니다. 그저 묵묵히 최선을 다해 그 아이가 할 수 있는 만큼 하기를 바랄 뿐입니다. 그렇게 기다린 끝에 아이가 더듬더듬, 자신이 써 온 주장 글을 읽다시피 해도 끝까지 해낸다면 우렁찬 박수로 함께 기뻐할 수 있었습니다. 그리고 아이의 모습을 끝까지 기다려주고 함께 들었던 선생님 또한 눈물을 보이며 응원해줍니다. 아이의 얼굴은 눈물과 콧물로 뒤섞여 있습니다. 하지만 이 순간만큼은 누구도 이 모습을 부끄러워하지 않습니다.

이 순간의 모습이 어떤가요? 최선을 다해도 자신에게 한계가 있음을 깨닫는 순간과, 동시에 조금씩 성장해가기 위해 최선을 다해 앞으로 나아가는 모습이 등

▌ 자신의 주장 글을 다른 사람 앞에서 발표하는 것은 쉬운 일이 아니다.

장하는 순간. 전 이 순간이 반드시 필요한 실패의 경험이라 말하고 싶습니다. 누구나 자신의 한계를 만날 때가 있지만 그 한계를 인정하고 다시 나아가야 하기 때문입니다.

다음에는 미술시간을 활용하여 학교 밖에서의 활동에 대비합니다. 우리가 학교 밖에 놀러 나온 것이 아니라 지금 수업을 하고 있다는 것도 알려야 하고, 주변의 지나가는 분들에게 우리 수업에 함께 해달라는 부탁도 해야 하니까요.

그렇게 미술시간에 정성스럽게 만든 피켓을 들고 학교 밖으로 나가는 날은 모두가 긴장합니다. 하지만 함께하기에 아이들은 용기를 낼 수 있습니다.

모두가 발표하는 친구를 중심으로 둥글게 서 있고, 가지런히 함께 앞으로 모은 손들이 우리가 함께함을 표현하고 있다.

"오늘까지 글을 쓰고, 다듬고 연습하느라 다들 고생이 많았어요. 아마 오늘은 그동안 연습했던 것과는 또 다른 어려움이 있을 수도 있어요. 하지만 함께하기에 우리 모두 할 수 있음을 선생님은 믿어요. 자! 우리 모두 함께하는 시간이 되길 바랍니다. 갑시다."

교사에게 이 수업의 목표 중 하나는 바로 '우리'라는 느낌을 가지게 하는 것입니다. 최선을 다한다는 것은 우리로 살기 위한 삶의 태도 중 하나이니까요.

그렇게 시작한, 혼자선 도저히 할 수 없을 것 같았던 동네에서의 발표 수업은 대부분의 아이들이 자신의 주장을 당당하게 이야기하는 수업으로 마무리됩니다. 함께했기에 가능한 일입니다. 아이들도 비슷한 이야기를 합니다. 혼자 했으면 못했을 것 같은데, 함께하는 친구들이 있어서 든든했다고 말입니다. 오히려 연습 때보다도 더 떨리지 않았다면서 말이지요.

들들들과 존중의 자세

유난히 말을 하지 않는 친구가 있었습니다. 발표를 할 때도 너무 작은 목소리로 말해서, 정말 집중해서 듣지 않으면 무슨 말을 하는지 알기 힘든 친구입니다. 다른 친구들 이야기로는 집에서는 그렇지 않다고 하는데, 학교에서는 이런 모습이 계속되었다고 하더군요.

다양한 원인이 있을 수 있지만 일단은 이 친구의 모습을 인정해주는 것이 필요합니다. 대신 자신이 해야 할 일에 최선을 다해야 한다는 것도 강조합니다. 목소리는 작을 수도 있지만, 자신이 말하는 것은 반드시 전달될 수 있도록 노력하는 것이 최선을 다하는 것이라고 말입니다. 이렇게 주어진 역할에 대한 책임과 최선을 다해야 한다는 것을 일관되게 강조해야만 아이들도 그것을 따르고 지키기 위해 노력하게 됩니다.

목소리가 작은 이 친구도 학교 밖 자신의 주장 발표에 참여하여 발표를 했습니다. 그런데 문제가 생겼습니다.

'이번엔 누구에게 발표를 해야 할까? 지나가는 어른들이 많이 없어서 발표 대상자를 찾기가 쉽지 않네. 아! 저쪽에서 걸어오시는 할머님께 부탁을 드려야 겠다.'

학교 밖 발표에서 어려운 점 중 하나는 발표를 들어줄 대상자가 없다는 점입니다. 아무래도 평일 오전의 거리에 사람들이 많지는 않으니까요. 그때 저 멀리에서 할머님 한 분이 걸어오고 계셨습니다. 기쁜 마음에 달려가 수업에 대한 안내와 협조를 부탁드렸고, 할머님도 허락하셨습니다. 그런데 할머니는 귀가 잘 들리지 않는다고 하셨습니다. 이제 발표를 해야 하는데, 마침 그 말 없는 친구의 차례였습니다. 걱정스럽기도 했지만 순서를 바꿀 순 없었습니다. 아이는 발표를 시작했고, 예상대로 할머님께서는 아이의 발표를 제대로 알아듣지 못하셨습니다. 아이의 목소리도 작았고, 할머니는 귀가 어두우셨으니까요. 그때 반전이 일어납니다.

"애야, 내가 귀가 어두워서 너의 이야기가 잘 안 들려. 그러니 이렇게 하자!"

할머니께서는 대뜸 그 친구의 입 앞으로 당신의 귀를 갖다 대셨습니다. 그리고 최선을 다해 그 작은 목소리를 듣기 위해 노력하시는 것이었습니다. 이 장면을 같이 본 친구들은 할머니의 그 모습에 다들 놀라움을 감추지 못했습니다.

"아까 할머니께서 우리의 이야기를 귀 기울여 들어주시는 모습을 보며 다른 사람의 말을 잘 듣는다는 것이 무엇인지 생각하게 되었어요."

아이들과의 학교 밖 수업은 그 자체로 긴장되고 두려운 수업입니다. 한편으로는 학교라는 공간이 얼마나 안전하고 편안한 공간인지 알게 되기도 합니다. 하지만 세상과의 조우 또한 아이들에게 필요합니다. 사람들이 얼마나 열심히, 최선을 다해 살아가고 있는지 확인할 수 있는 기회일 테니까요.

이 수업에서 만난 할머니의 모습에서 아이들은 왜 우리가 다른 사람의 말을 잘 들어야 하는지, 그리고 다른 사람을 존중한다는 것이 무엇을 말하는지 알게 되었습니다. 비록 큰 소리로 자신의 주장을 당당하게 발표한 것은 아니지만 발표를 했던 친구도 자신이 할 수 있는 최선을 다했기에 실패가 아니라는 느낌도 가질 수 있었지요. 또 아이들은 지나가는 어른들이 자신들의 이야기를 열심히 들어주어서 너무 고마웠다고 말합니다.

최선을 다했다고 항상 성공할 순 없을 것입니다. 하지만 최선을 다했다면 그 자체로 자신을 다독거릴 수 있고, 다른 사람에게 좋은 영향을 줄 수 있습니다.

[학급살이와 수업 프로젝트 5]

협력 수업을 위한 용기

학년이 시작되고 학급이 만들어지면 우리라는 공동체가 되는 것이 중요하다고 이야기했습니다. 하지만 우리가 되는 것은 둥근 사각형을 그려보라는 이야기와 같이 어렵고 지난한 과정이라는 이야기도 강조했습니다. 그래서 우리가 되기위한 기본요소 세 가지를 든든히 받쳐줄 것이 필요하고, 그것은 바로 용기가 아닐까 생각합니다. '들들들'을 실천하고, 모든 존재를 존중하며, 최선을 다하는 태도를 가지기 위해서는 용기가 필요합니다. 또 과거나 미래가 아니라 지금 이 순간을 위해 필요한 것도 용기일 것입니다.

학년 초의 특수한 상황은 아이들에게 없던 용기도 샘솟게 합니다. 우리라는 공동체 속에 있기에 용기가 생기기도 하고, 각자가 용기를 내니 다시 우리가 되는 순환구조를 가지고 있기도 합니다.

용기는 수업 시간에도 필요합니다. 수업 시간에 모르는 부분이 생겼을 때 누군가에게 물어보는 데에도 용기가 필요하니까요. 모르는 것을 모른다고 인정하는 용기가 없다면 우리는 배움의 기회조차 잃게 될 수 있습니다.

학년 초에 진행되는 '나 너 그리고 우리' 수업에도 이러한 용기와 관련된 수업이 있습니다. 우리라는 공동체가 형성되기 위해 용기가 필요하다는 것을 우회적으로 생각하도록 만드는 수업입니다.

협력버스 수업

▌ 의도적으로 버스의 모습에서 앞을 알 수 없도록 그림을 그리는 것이 포인트다.

학교에서 '우리'라는 공동체의 모습을 보기는 사실 쉽지 않습니다. 학년이 올라갈수록 아이들 사이엔 더 큰 강이 존재하는 듯 각자 흩어진 모습이 더 많아지는 것이 사실입니다. 그나마 최근에는 학생의 학교생활 전반에 대한 평가가 중요해져서, 함께하는 공동작업이나 프로젝트 형식의 수업이 많아졌지만 그 속에는 '경쟁'이 포함되어 있기에 진정한 의미의 우리가 형성되기는 쉽지 않습니다.

학급으로 함께 살아가기 위해 우리가 중요하다면, 우리를 이루기 위한 핵심 가치 중 하나인 '협력'에 대한 감각도 무척 중요합니다. 하지만 말로만 협력하자거나 다른 사람의 이야기를 듣는다고 해서 협력이 이루어지는 것은 아닙니다. 우리가 속해 있는 세상은 온통 경쟁으로 이루어져 있고, 경쟁을 통해 성장하는 듯이 보이니까요. 그래서 협력한다는 것은 그 자체로 용기를 내야 하는 일입니다. 이러한 협력의 의미를 아이들이 스스로 생각할 수 있도록 하기 위한 수업이 '협력버스' 수업입니다. 이것은 위의 그림 속 버스의 모습을 잘 관찰한 후 이 버스가 나아가는 방향, 즉 버스의 앞부분을 찾는 수업입니다.

"선생님이 방금 나눠준 그림 속 버스는 우리나라 버스의 모습이랍니다. 그 버스의 앞부분이 어디인지 찾아봅시다. 대신 선생님이 안내하는 말을 잘 듣고 그대로 따라줘야 합니다. 그러면 먼저 자신의 공책에 1번이라는 번호를 쓰고, 어디가 이 버스의 앞인지 생각하고 써보세요. 옆이나 주변 친구들이 내 공책을 보지 못하도록 가리고 써야 합니다."

이 문제는 버스의 모습을 자세히 관찰할수록 함정에 빠지기 쉽습니다. 교사는 그런 함정을 적절히 이용하여 아이들이 쉽게 답을 찾지 못하도록 방해하는 역할을 하기도 합니다.

아이들은 선생님의 첫 안내에 따라 그림을 자세히 살피며 동시에 주변 친구들이 자신의 1번 답을 보지 못하도록 가립니다. 일정한 시간이 지난 후 이번에는 공책에 2번이라는 번호를 쓰고, 이제 자신의 짝과 의견을 통일하라고 안내합니다. 만약 의견이 다르면 서로를 설득하여 하나의 의견을 써야 한다고 알려줍니다. 다음 3번 문항에는 4명의 아이들이 서로 합의해 하나의 의견을 쓰게 하고, 4번은 8명, 5번은 16명, 그리고 마지막 6번은 반 전체가 모여서 하나의 의견으로 통일하게 합니다. 아이들은 답을 찾았을까요? 네, 아주 정확한 답을 찾는 것을 볼 수 있었습니다.

"정답은 왼쪽 부분이 이 버스의 앞부분이라는 것입니다. 왜냐하면 지금 그림에는 창문만 있고 올라타는 문이 보이지 않아요. 그렇다면 반대편에 타는 문이 있다는 것인데, 우리나라 버스라면 당연히 왼쪽에 문이 있을 테니 말이죠. 정답인 사람 손 들어볼까요?"

아이들은 힘차게 자신들이 정답을 맞췄다며 좋아합니다. 교사는 이렇게 다시 이야기합니다.

"그러면 손을 내리고 모두 자신의 공책을 다시 봅시다. 우리가 1번부터 6번까지 쓴 답이 보일 겁니다. 그중에서 1번에 쓴 답과 방금 우리가 말한 6번의 답이 이유까지 정확하게 일치하는 친구는 손을 들어보세요."

1번의 답과 6번 마지막 답이 일치하는 친구는 극히 적습니다. 대부분의 아이들은 교사의 함정, 즉 그림을 잘 관찰하라는 이야기에 빠져서 겉으로 보이는 그림에만 집중하게 되니까요. 하지만 친구들과 소통하며 알아가는 과정을 통해 6번에 이르러서는 모두가 정답을 알게 되고, 그렇게 의논하고 동의하게 되는 과정이 이 수업입니다. 1번부터 답을 알고 있는 친구는 1명일 때도 있고, 많으면 5명일 때도 있었습니다. 하지만 마지막에 정답을 쓴 친구는 모두인 것입니다. 이 차이 속에 중요한 의미가 포함되어 있습니다.

"1번부터 알고 있던 친구가 1명이네요. 그러면 한번 다시 생각해봅시다. 여러 분이 1번에 답을 쓸 때와 6번에서 답을 쓸 때 무엇이 달랐는지 말이죠."

"1번을 쓸 땐 선생님께서 친구들에게 보여주면 안 된다고 하셔서 친구가 못 보게 했었는데, 6번은 친구들과 함께 이야기해서 답을 썼어요."

"1번은 서로 경쟁 관계 속에서 쓴 답이라면 6번은 모두가 함께하면서 쓴 답인 것 같습니다."

"그렇군요. 선생님도 그 말에 동의합니다. 1번은 경쟁이 중요한 부분이었고 6 번은 협력이 중요한 부분이었죠. 그렇다면 우리가 앞으로 1년을 함께 살아가 며 성장하기 위해서는 경쟁을 앞세워야 할지 아니면 협력을 중심에 두고 지내 야 할지 자신의 생각을 써볼까요?"

이런 수업을 받았다면 여러분은 어떤 답을 쓰고 싶으신가요? 교사의 교육적 의도가 아주 무지막지하게 드러나 보이지요? 그래서 부담스러우신가요? 하지만 전 교육이란 이렇게 의도적인 것이라 생각합니다.

교육적 의도를 담은 학급살이

협력버스 수업을 통해 함께하는 것의 의미를 생각했다면 그 여세를 몰아 아이 들에게 이런 제안을 할 수 있습니다. 우리의 일상을 매일매일 기록하며 우리로 살 아가고 있음을 증명해보자고 말입니다.

"협력을 통해 우리 모두가 성장할 수 있다는 이야기가 많아서 선생님도 기뻐 요. 그런데 함께하는 것을 수업시간에만 하는 것이 아니라, 우리가 함께 살아가는 학급에서도 실천했으면 해요. 그래서 한 가지 활동을 제안하려고 하는데 한번 들어보세요."

매일매일의 단체사진 찍기는 생각보다 어려울 수 있다. 아이들 모두가 한마음이 아닐 땐 단체사진을 찍어야 한다는 사실을 잊어버리기 일쑤이기 때문이다. 하루도 빠짐없이 찍을 수 있다면 그것만으로도 대단한 일이다.

아이들에게 협력버스가 가진 의미를 학급에서의 생활과 연결시키는 것은 굉장히 중요합니다. 학년 초, 아직 수업과 학급살이가 따로 생각될 수 있는 상황에서 두 가지를 연결할 수 있는 좋은 기회가 되니까요.

아이들에게 매일매일의 사진을 찍고 그 사진을 남겨보자고 제안합니다. 이때 매일 사진을 찍게 되면 마지막엔 어떤 일이 일어날지 상상하게 하는 것은 더 강력한 동기를 만들어낼 수 있습니다. 아이들은 흔쾌히 동의했고, 매일매일 자신들의 모습을 기록해나갔습니다. 교사에게 이 활동은 그리 어려운 활동은 아닙니다. 요즘의 스마트폰은 훌륭한 카메라 기능을 가지고 있으니까요. 이렇게 찍은 사진을 모두 모아 학년이 끝날 때 아이들과 부모님들께 공유하는 것은 생각보다 큰 기쁨이고요.

교육에 의도를 담을 용기는 누구에게 필요할까?

우리는 교육을 받아서 무엇을 할 수 있을까요? 그리고 자신이 겪게 될 모든 문제들의 해결방법을 교육을 통해 얻을 수 있다고 생각하는 사람이 있을까요? 우리가 삶에서 만나는 대부분의 문제는 학교에서 교과서로 배울 수 없을 테니 말입니다. 하지만 만약 교육을 통해 우리가 깨어 있을 수 있다면 어떨까요? 깨어 있다는 것은 내가 겪는 많은 일들을 순간순간 의식하며 살아가는 것이라고 생각합니다. 그러기 위해서 우리는 생각하는 존재가 되어야 하겠지요.

저는 교육의 중요한 목적은 생각하는 사람을 길러내는 것이라고 믿습니다. 아이들은 협력버스 수업을 한 후 이런 답을 써주었습니다. (의도를 가지고 있는 수업이었고, 아이들 마음속에서 100% 자발적으로 나온 답이라고 할 수는 없기에 써주었다는 표현을 하겠습니다.)

"난 그동안 나의 성장을 위해서 경쟁이 필수라 생각했고 경쟁을 통해서만 성장할 수 있다고 알고 있었다. 하지만 오늘 수업을 하고 나서 협력 또한 나를 성장시켜줄 수 있음을 알게 되었다. 친구들과 함께하는 것 또한 나의 성장에 도움이 된다는 사실은 나에겐 놀라운 일이다. 그래서 난 결심했다. 앞으로 나의 성장을 위해 협력할 것이다. 그리고 동시에 경쟁에서도 지지 않도록 노력할 것이다."

교육은 어려운 일입니다. 의도를 가지고 접근해야 한다는 점에서 더욱 그렇습니다. 하지만 교사라면 그 의도를 최대한 드러내지 않으면서 아이들이 스스로 생각하게 만들어야 합니다. 이런 수업들이 아이들의 의식을 깨울 수 있을 테니까요.

3월 한 달의 수업 '나 너 그리고 우리'

첫 만남의 낯설음과 두려움을 수업으로 연결하여 진행한 수업이 끝났습니다. 수업을 하며 자연스럽게 우리로 살아가는 것에 대해 생각하게 만드는 것이 목표였습니다. 그리고 우리가 되기 위해 용기가 필요함을, 그리고 지금 최선을 다해야 함을 생각하게 했습니다. 실패하더라도 다시 도전할 수 있음을, 경쟁도 좋지만 협력이 우리를 어떻게 성장시키는지를 경험하도록 한 수업들입니다.

이 모든 수업은 다 의도가 있는 수업입니다. 그리고 그 의도를 통해 아이들은 자연스럽게 자신들이 어떤 모습으로 살아갈지 의식하기 시작한다고 생각합니다. 아이들의 의식은 아이 자신을 깨우는 중요한 포인트가 될 것이고요.

함께 살아가는 것의 중요성에 대한 수업이 이뤄졌으니 이제 학급에서 살아가는 모두가 하나가 되었다고 생각하시나요? 그럴수도 있고 그렇지 않을 수도 있습니다. 하지만 10여 년을 진행한 첫 번째 주제수업의 효과는 학년이 끝나기 전에 반드시 나타났습니다. 그 시기가 빠를 수도 있고 늦을 수도 있을 뿐, 우리라는 공동체가 아이들 개개인의 의식에서 깨어나 함께하는 것을 실천하는 모습을 볼 수 있었습니다.

교사의 의도가 학급살이와 수업을 통해 아무리 훌륭히 전달되었다 하더라도 그것을 받아들이는 존재는 아이들임을 다시 한번 강조합니다. 그러므로 기다리고 기다려야 합니다. 그렇다고 너무 의기소침할 필요도 없습니다. 아이들은 자신들의 성장에 도움이 되는 것은 너무 잘 알아보는 존재이니까요. 그리고 그것을 실천하는 선한 마음씨를 가졌으니 말입니다.

아이들이 깨어나 실천할 때까지 그 순간순간을 받아들이며 최선을 다해 살아갈 수 있기를 바랍니다.

고마운 마음心
: 고맙고, 고맙고, 고맙습니다

"손에서 매뉴얼을 내려놓을 때 진짜 삶이 시작된다."

질문 : 학급이 마무리될 때 선생님은 무엇을 가장 바라며 마무리하시나요?

상처 난 열매와 아이

「아이 같지 않고
어른 같은 아이」
「이미 성숙한 듯이 보이는 아인」
상처를 감싸주고
위로해줄 용기가
필요하다.

떨어지고
상처난 과일이
먼저 익는다.

아이들을 만납니다. 아이들이기에 순수합니다. 하지만 모두가 그런 것은 아닙니다. 어떤 아이들은 아이면서도 어른처럼 행동하고 말하는 모습을 보입니다. 교사 생활 20년이 넘어도 이런 아이들을 만나면 당황스러운 것은 마찬가지입니다. 젊고 경험이 짧은 교사일 땐 그런 아이가 미워질 것 같아 마음 깊이 혼란스러울 때도 있었습니다. 하지만 점차 어른처럼 행동하는 아이가 가진 아픔을 알게 되었습니다. 세상으로부터 떨어져 나온 것 같은 그 마음을 말입니다.

길을 걷다 주변의 나무들 밑에 떨어져 있는 열매를 봅니다. 열매는 채 익기 전에 떨어졌는데도 어느새 익은 것처럼 물러 있습니다. 하지만 아직은 열매가 익어야 할 때가 아니기에, 그저 익은 것처럼 보일 뿐입니다. 열매를 줍습니다. 열매 곳곳에 새겨진 상처들이 제 마음도 헤집는 것 같습니다. 상처 난 열매가 먼저 익습니다.

겉이 아닌 속이 꽉 찬

겉모습의 화려함은 단순한 감각일 뿐이다

화려한 모습으로 살아가는 아이가 있습니다. 아이들은 그런 친구를 부러워합니다. 하지만 그 친구가 보이는 화려함 속에 들어 있는 진짜 모습은 보지 못합니다. 교사는 아이들의 겉모습을 넘어 그 아이의 속까지 볼 수 있어야 합니다. 그리고 겉모습의 화려함은 단순한 감각일 뿐임을 아이에게 전해야 합니다.

교사의 이야기를 듣고 자신의 속을 어떻게 채울지 결정할 수 있는 것은 아이 자신뿐입니다. 우리는 그저 그 아이가 더 많이 아파하지 않도록, 더 공허해지지 않도록 그저 옆에 있을 수밖에 없습니다. 하지만 우리가 옆에 있기에 아이들은 우리에게 기대어 자신을 채울 수 있습니다.

영재와 마음 그릇

깨끗한 그릇이
좋은 음식을
완성시킨다

윙이잉

2011 乙

입만 열면 욕을 쏟아내는 아이가 있습니다. 친구들 뒤에서 친구에 대한 나쁜 이야기도 자주 하곤 합니다. 하지만 아는 것도 많아서 공부도 꽤 하는 것 같습니다. 자신이 좋아하는 일은 웬만한 어른들보다 더 잘하는 것 같습니다. 우리는 이렇게 어린 나이에 한 가지 분야를 깊이 알고 있는 아이들을 영재라고 부르기도 합니다. 하지만 전 이런 아이들을 볼 때마다 마음이 아픕니다. 아이의 지적 재능에 비해 아이가 가진 마음 그릇은 온전치 않아 보이니까요.

아무리 맛있고 좋은 음식을 만들어도 좋은 그릇에, 깨끗한 그릇에 담지 않는다면 우리는 그 음식을 먹을 수 없을 겁니다. 어떤 음식이 담겨 있을지 알아보고 싶지도 않습니다. 파리만 윙윙거리는 그 자리를 비켜가고 싶을 뿐이겠죠. 그런데 지금 아이가 만드는 음식이 보잘것없어 보일지라도 그 아이가 가진 그릇이 정말 깨끗하고 온전하다면, 그 아이가 앞으로 만들어가고 담을 음식이 기대가 될 것입니다.

제가 생각하는 영재는 단순히 지적인 성취도가 높은 아이가 아니라 마음의 수준이 높은 아이들입니다. 그저 무조건적으로 희생하고 양보하며 착하게 살아가는 아이가 아니라 정직한 판단으로 바르게 살아가는 아이 말입니다. 자신의 마음 그릇을 깨끗하게 닦을 수 있는 아이가 진정한 영재일 것입니다.

눈물, 그리고 마음의 변화

꼭 묶인 매듭을 풀기 위해 필요한 것은?

예전에 어떤 드라마에서 손이 묶인 주인공이 탈출하기 위해 자신을 묶은 줄 위에 물을 붓는 장면을 보았습니다. 물이 줄을 느슨하게 만들어 결국 탈출에 성공하는 내용이었죠. 무심코 지나갈 수도 있는 이 장면은 저에게 아이들을 떠올리게 했습니다. 아이들 중에도 마음속 실타래가 꼬이고 꼬여서 도저히 어디에서부터 손을 대야 할지 모르는 친구들이 있으니까요. 이런 아이의 마음속 실타래를 풀기 위해서는 물이 필요하다고 생각했습니다. 그리고 그 물은 아이들의 눈물이겠지요.

유난히 눈물을 많이 흘리며 지내는 해가 있습니다. 아이들은 자신들의 마음속 아픔들을 토해내며 힘들어합니다. 친구와 선생님을 붙잡고 눈물을 쏟아내기도 합니다. 그 아이들을 보며 우리는 눈물을 통해 사과하고 감동하고 기뻐하고 슬퍼한다는 사실을 새삼 느꼈습니다. 그리고 이렇게 눈물이 있을 때 아이들은 엉켜 있는 스스로의 매듭을 풀 수 있다는 사실도 깨달았습니다.

지금 눈물이 필요하다고 생각하면 부끄러워하지 말고 실컷 울어보세요. 분명 그 눈물이 마음속 매듭을 부드럽게 해줄 테니까요.

교사의 탄생, 그리고 학급의 탄생

어떤 것에 이름을 붙이는 것은 쉬운 일입니다. 그런데 그 이름 때문에 정말로 중요한 부분이 왜곡될 수도 있습니다.

'교사는 수업하는 사람'

교사를 수업하는 사람으로만 인식하면 교사에 대해 진정으로 이해하기 힘듭니다. 교사는 수업 외에 행정업무도 해야 하고 아이들과 살아가기도 해야 합니다.

그래서 교사로 처음 현장에 나왔을 때 저 또한 힘들고 혼란스러웠습니다. 수업 이외의 것을 요구하는 현실이 야속하기도 했습니다. 그리고 선택의 순간과 마주했습니다. 교사란 존재가 무엇인지 근본적으로 고민하게 된 것입니다. 그리고 고민 끝에 깨달을 수 있었습니다. 제가 겨눠야 할 칼날은 외부가 아닌 바로 저 자신임을 말입니다.

저에게 관대할수록 외부에는 차가워지는 제가 보였습니다. 저는 외부의 상황을 탓하면서 스스로를 감싸는 데 급급했습니다. 이런 제 모습을 돌아보니 어느새 제가 괴물이 된 것이 보였습니다. 그래서 저는 저를 제대로 바라보자고 선택했습니다. 그때의 이야기를 담은 것이 《교사의 탄생》이라는 책입니다. 마음 아픈 글들이지만, 저는 그런 제 모습을 인정하고 돌아보았기에 오히려 외부에 너그러워질 수 있었습니다. 그리고 그 이야기들이 누군가에도 도움이 되리라 생각해서 글을 쓰게 되었습니다.

아이들과 지내는 것은 반듯하고 좋은 길을 걷는 것이 아닙니다. 구불구불하고 돌투성이인 길을 걷는 것과 같습니다. 때로는 깊이 패인 구덩이도 있고 갑자기 웅덩이를 뛰어넘어야 할 때도 있습니다. 20년이 넘게 교사로 살아왔지만 이런 현장은 여전합니다. 하지만 현실이 아무리 힘들고 어려워 보여도 너그럽게 볼 수 있는 마음을 가지게 되었습니다. 아픈 교육 현실에 마음 아파하면서도 따뜻한 마음으로 아이들을 바라볼 수 있게 되었습니다. 이 책 《학급의 탄생》은 이런 제 마음과 눈길이 담긴 글들을 모은 것입니다.

학급에서 일어나는 모든 일을 일일이 설명하고 담을 수는 없습니다. 그래서 제가 중심으로 삼고 항상 되새기는 이야기를 6가지로 나누어 담아보았습니다.

이 책이 어떻게 이해되고 전해질지는 모르겠습니다. 그렇지만 마지막으로, 앞으로 살아가며 항상 생각하면 좋을 것을 이야기하며 마치려 합니다.

미안해하지 말고

아쉬워하지 말고

당연하다고 하지 말고

"고맙다"라고 말해봅시다.

우리 삶의 행복은 고마움 속에서만 싹틀 수 있으니까요.

고맙습니다.